W0255001

Anton Liebetrau

# Turbo Pascal 5.0/5.5 Units und Utilities

Die optimale Toolbox für den
Profi mit 180 Routinen

**Vieweg DeskManager**
Eine menügesteuerte Benutzeroberfläche für die effektive
Festplattenorganisation mit Datensicherung
von Karl Scheurer

**Vieweg GraphikManager: ARA**
Ein kompaktes speicherresidentes Graphikprogramm für die
EGA-Graphikkarte
von Markus Weber

## Turbo Pascal 5.0/5.5 Units und Utilities
Die optimale Toolbox für den Profi
mit 180 Routinen

**Vieweg WindowManager: Tools**
Eine Entwicklungsumgebung in Turbo C für komplexe
Menüstrukturen und Fenstersysteme mit Maussteuerung
von Andreas Dripke (Hrsg.)

**Vieweg DisplayManager**
Für die Programmierung leistungsfähiger und komfortabler
Benutzerschnittstellen
von Karl Scheurer

Anton Liebetrau

# Turbo Pascal 5.0/5.5 Units und Utilities

Die optimale Toolbox für den Profi mit 180 Routinen

Fried. Vieweg & Sohn    Braunschweig / Wiesbaden

Umschlaggestaltung: Markgraf, Wiesbaden

ISBN-13:978-3-528-04716-0     e-ISBN-13:978-3-322-83678-6
DOI: 10.1007/978-3-322-83678-6

# Vorwort

Wenn ich an meinem Computer sitze und sich dieser wieder einmal mit einer langweiligen Endlosschleife begnügt, wünsche ich mir eine Programmiersprache, die mich etwas besser versteht:

"Lieber Computer, schreib mir bitte einen kleinen Editor, der sich sehr einfach bedienen läßt und außerdem über allen Schnick-Schnack verfügt; äußerst interessant wäre zum Beispiel ein integrierter Wecker, ein praktischer Terminkalender und ein kleines Malprogramm. Aber du kennst mich ja schon seit längerer Zeit und weißt genau, was ich unter Schnick-Schnack verstehe."

Der Compiler arbeitet etwas vor sich hin und fragt dann frech: "Und wozu brauchst du eigentlich dieses Programm?"

Da es solche Compiler nie geben wird, sind heutzutage viele Programm-Bibliotheken im Umlauf, die einen Software-Entwickler hilfreich entlasten und es ihm erlauben, die ganze Kraft in die wesentlichen Teile seines Software-Poduktes zu stecken.

Dieses Buch eignet sich besonders für denjenigen Programmierer, der für seine Software-Entwicklungen Turbo Pascal (ab Version 4.0) verwendet und trotz der mehr als 300 Prozeduren und Funktionen an Grenzen stößt. Dies bedeutet, daß alle Routinen dieses Buches unter Turbo Pascal 4.0, Turbo Pascal 5.0 und **Turbo Pascal 5.5** ablauffähig sind.

Die sieben in diesem Buch beschriebenen Units enthalten rund 180 neue Routinen und erweitern Turbo Pascal beträchtlich. Besonders nennenswert erscheint mir die Unit Spell; mit ihr wird es möglich, anhand eines Referenz-Wörterbuches Orthographie-Fehler in einem Text zu suchen. Sie erkennt zusammengesetzte Hauptwörter, unterscheidet zwischen Groß- und Kleinschreibung und ist außerdem unglaublich schnell. Eine ähnliche Unit ist bis zum heutigen Zeitpunkt nicht auf dem Software-Markt erhältlich.

Dieses Buch ist in drei Teile gegliedert. Der erste Teil beschreibt die Wirkungsweise der einzelnen Routinen und verdeutlicht einzelne Aspekte durch kurze Beispiel-Programme. Im zweiten Teil finden Sie die Quell-Codes der einzelnen Units; die zahlreichen Erläuterungen machen Sie mit den wichtigsten Grundzügen der verwendeten Algorithmen vertraut und teilen Ihnen das nötige technische Fach-Wissen mit. Im Anhang schließlich finden Sie neben Tabellen und einer Übersicht aller Routinen eine Zusammenfassung, die die wesentlichen Punkte bei der Erstellung von Units beschreibt.

Die einzelnen Routinen sind mit größter Sorgfalt geschrieben und getestet worden. Da sich aber Fehler nie ganz ausschließen lassen oder vielleicht einzelne Routinen nicht Ihren Vorstellungen entsprechen, bin ich für Hinweise und Anregungen jederzeit dankbar.

## Danken möchte ich ...

... meinem Vater, der mir vor bald 10 Jahren die ersten Programmierschritte beigebracht und trotz eigener Buch- und Software-Projekte die Zeit gefunden hat, das Manuskript zu diesem Buch zu lesen und zu kommentieren.

... Martin Sauter, der sich meine Schwärmereien immer kritisch angehört und bei der Gestaltung einiger der hier beschriebenen Routinen mitgewirkt hat.

... Regina für die letzten drei schönen Jahre.

... meiner Mutter, meinem Vater und meinen drei Schwestern für die unbeschwerte Jugend.

... dem Vieweg-Verlag für das entgegengebrachte Vertrauen.


Winterthur, Februar 1989                                    Anton Liebetrau

# Inhaltsverzeichnis





## Teil I · Verzeichnis der Routinen



## Teil II · Quellcodes der Units



## Anhang

# Teil I
# Verzeichnis der Routinen

# Die Unit Mouse

**Zweck**
Erlaubt die Verwendung einer Maus als Eingabegerät.

**Bemerkung**
Um eine Maus betreiben zu können, benötigen Sie neben der Hardware auch einen Maustreiber (MOUSE.COM oder MOUSE.SYS), der die Funktionen zur Maussteuerung bereitstellt. Für die Installation des Maustreibers stehen Ihnen zwei Wege offen:

| | |
|---|---|
| MOUSE.COM | wird wie ein gewöhnliches Programm gestartet und kann bei Bedarf in die Datei AUTOEXEC.BAT aufgenommen werden (somit wird der Treiber bei jedem Systemstart selbständig geladen). Der Treiber bleibt resident im Speicher. |
| MOUSE.SYS | befindet sich in der Datei CONFIG.SYS und lädt den Maustreiber bei jedem Systemstart (erweitern Sie also die Datei CONFIG.SYS um die Zeile DEVICE= MOUSE.SYS). |

Die Unit **Mouse** erkennt automatisch, ob ein Treiber installiert ist. Falls nicht, sind die meisten Routinen nicht ausführbar (siehe auch *MouseReady*), jedoch behindern sie auch nicht die Programmausführung. Folgende Prozeduren und Funktionen stehen in der Unit **Mouse** zur Verfügung:

| | |
|---|---|
| **AnyButton** | Prüft, ob eine beliebige Maustaste gedrückt wird |
| **Buttons** | Ermittelt die verfügbaren Maustasten |
| **ConvertOff** | Schaltet die Umrechnung (in Abhängigkeit des aktuellen Bildschirm-Modus) für die Maus-Position aus |
| **ConvertOn** | Schaltet die Umrechnung (in Abhängigkeit des gesetzten Bildschirm-Modus) für die Maus-Position ein (entspricht der Standard-Einstellung) |
| **DoubleClick** | Prüft, ob eine Maustaste in einer gewissen Zeitspanne zwei Mal gedrückt wird |
| **GetClickPos** | Ermittelt die Position, bei der eine Maustaste gedrückt wurde |
| **GetMotion** | Ermittelt die relative Mausbewegung in der Einheit "Mickey" |
| **GetMousePos** | Ermittelt die aktuelle Position des Mauszeigers |
| **GetReleasePos** | Ermittelt die Position, bei der eine Maustaste losgelassen wurde |

| | |
|---|---|
| **InitMouse** | Setzt einige Maus-Parameter auf ihre Anfangswerte zurück |
| **IsConvertOn** | Prüft, ob die Maus-Koordinaten umgewandelt werden (in Abhängigkeit des gesetzten Bildschirm-Modus) |
| **IsMouseOn** | Prüft, ob der Mauszeiger sichtbar ist |
| **LeftButton** | Prüft, ob die linke Maustaste gedrückt wird |
| **MiddleButton** | Prüft, ob die mittlere Maustaste gedrückt wird |
| **MouseActRange** | Prüft, ob sich die aktuelle Maus-Position in einem bestimmten rechteckigen Bereich befindet |
| **MouseCondOff** | Schaltet den Mauscursor aus, sobald dieser in einen gewissen Bildschirmausschnitt geführt wird |
| **MouseOff** | Schaltet den Mauscursor aus |
| **MouseOn** | Schaltet den Mauscursor ein |
| **MouseRange** | Prüft, ob sich ein bestimmter Punkt in einem rechteckigen Ausschnitt befindet |
| **MouseReady** | Prüft, ob eine Maus betrieben werden kann |
| **RightButton** | Ermittelt, ob die rechte Maustaste gedrückt wird |
| **SetGraphCursor** | Definiert einen neuen Cursor für den Graphik-Modus |
| **SetMousePos** | Setzt den Mauszeiger an einen bestimmten Punkt |
| **SetMouseRange** | Definiert einen Bereich, in dem sich der Mauszeiger bewegen darf |
| **SetMouseStyle** | Wählt einen vordefinierten Graphik-Cursor |
| **SetRatio** | Legt das Ausmaß einer Mausbewegung fest |
| **SetTextCursor** | Definiert einen neuen Text-Cursor |
| **SetThreshold** | Legt fest, wann die Geschwindigkeit des Mauszeigers verdoppelt werden soll |
| **SingleClick** | Prüft, ob eine Maustaste während einer gewissen Zeitspanne genau einmal gedrückt wird |

Die Prozedur *SetGraphCursor* kann folgenden vordefinierten Datentyp
verwenden:

```
TYPE
   CursorType=ARRAY [0..31] OF WORD;
```

Folgende Konstanten können zusammen mit den Prozeduren *DoubleClick*,
*GetClickPos*, *GetReleasePos* und *SingleClick* verwendet werden:

| | |
|---|---|
| **LeftBut** | =0; Linke Maustaste |
| **RightBut** | =1; Rechte Maustaste |
| **MiddleBut** | =2; Mittlere Maustaste |

Die Standard-Maßeinheit der Mausbewegung wird in "mickey" angegeben
(1 mickey = 1/200 Zoll = 0.127 mm); wäre die Maus ein Affe, dann hieße
die Standard-Einheit "Fipps".


# AnyButton

**Zweck**
Prüft, ob eine der Maustasten gedrückt wird.

**Struktur**

```
FUNCTION AnyButton:BOOLEAN;
```

**Bemerkung**
Die Funktion *AnyButton* übergibt den Wert TRUE, wenn eine beliebige
Maustaste gedrückt wird. Falls keine Maus vorhanden ist, liefert *AnyButton* immer den Wert FALSE.

**Siehe auch**
DoubleClick, LeftButton, MiddleButton, RightButton, SingleClick


# Buttons

**Zweck**
Ermittelt die verfügbaren Maustasten.

**Struktur**

```
FUNCTION Buttons:WORD;
```

**Bemerkung**
Nicht alle Mäuse, die dem Microsoft-Standard entsprechen, verfügen über
gleich viele Maustasten (zwei oder drei Maustasten sind häufig anzutreffen). Folgende Tabelle zeigt Ihnen, mit welchen Funktionen Sie prüfen
können, ob eine bestimmte Maustaste gedrückt wird:

| Maus mit | 3 Tasten | 2 Tasten | 1 Taste |
|----------|----------|----------|----------|
| 1. Taste | LeftButton | LeftButton | LeftButton |
| 2. Taste | MiddleButton | RightButton | - |
| 3. Taste | RightButton | - | - |

*Buttons* liefert den Wert 0, wenn keine Maus verfügbar ist, andernfalls die Anzahl der verfügbaren Maustasten.

**Beispiel**

```
PROGRAM Buttons_Test;
USES
  Mouse;
BEGIN
  WriteLn('Anzahl Maustasten: ',Buttons)
END.
```

**Siehe auch**
LeftButton, MiddleButton, RightButton


# ConvertOff

**Zweck**
Verhindert eine Umwandlung der Maus-Koordinaten in Abhängigkeit des Bildschirm-Modus.

**Struktur**

```
PROCEDURE ConvertOff;
```

**Bemerkung**
Falls Sie eine Hercules-Karte besitzen, arbeitet die Konvertierung der Maus-Koordinaten normalerweise im Graphik-Modus nicht wunschgemäß. Hier kann es empfehlenswert sein, die Umwandlung der Koordinaten zu unterdrücken (nur nötig, wenn die Speicherstelle $449 den Wert 7 enthält; siehe hierzu auch *MouseOn*).

**Siehe auch**
ConvertOn, IsConvertOn

# ConvertOn

## Zweck
Wandelt die Maus-Position in Abhängigkeit des Bildschirm-Modus um.

## Struktur

```
PROCEDURE ConvertOn;
```

## Bemerkung
Der Maustreiber (MOUSE.COM oder MOUSE.SYS) liefert für die aktuelle Mausposition Koordinaten, die nicht in allen Bildschirm-Modi günstig sind. Die Prozedur *ConvertOn* garantiert, daß die Maus-Koordinaten dem aktuellen Modus entsprechend umgewandelt werden (entspricht der Standard-Einstellung).
Berücksichtigt werden die Bildschirm-Modi 0..7 (siehe auch *SetScrMode* in der Unit Sys).

## Siehe auch
ConvertOff, IsConvertOn


# DoubleClick

## Zweck
Prüft, ob eine Maustaste während einer gewissen Zeitspanne zweimal gedrückt worden ist.

## Struktur

```
FUNCTION DoubleClick(taste,zeit:WORD):BOOLEAN;
```

## Bemerkung
Die Funktion *DoubleClick* übergibt den Wert TRUE, wenn die Maustaste *taste* in der Zeitspanne *zeit* (in Millisekunden anzugeben) zweimal gedrückt wurde.
Verwenden Sie bitte für den Parameter *taste* folgende vordefinierten Konstanten:

| | |
|---|---|
| **LeftBut** | =0; Linke Maustaste |
| **RightBut** | =1; Rechte Maustaste |
| **MiddleBut** | =2; Mittlere Maustaste |

Nach dem Funktionsaufruf wartet *DoubleClick* während rund *zeit* Millisekunden auf den ersten Tastendruck von *taste*. Ist dieser erfolgt, wartet *DoubleClick* erneut während *zeit* Millisekunden auf den zweiten Tastendruck. Somit unterbricht *DoubleClick* ein laufendes Programm im ungünstigsten Fall für *zeit x 2* Millisekunden.
Bitte beachten Sie, daß *DoubleClick* in Wirklichkeit prüft, ob die Maustaste *taste* in der angegebenen Zeit zweimal losgelassen wird.
*DoubleClick* wird sofort verlassen, wenn während der Wartezeit die Tastatur betätigt oder eine unerwünschte Maustaste gedrückt wird. In diesem Fall liefert *DoubleClick* den Wert FALSE. Wenn keine Maus vorhanden ist, übergibt *DoubleClick* immer den Wert FALSE.

**Beispiel**
Folgendes Programm ruft erst dann die Funktion *DoubleClick* auf, wenn bereits eine entsprechende Maustaste gedrückt wird.

```
PROGRAM DoubleClick_Test1;
{$B-}
USES
  Crt,Mouse;
VAR
  ch:CHAR;
BEGIN
  ch:=#0;
  WriteLn('Programmabbruch mit <ESC> ...');
  REPEAT
    IF LeftButton AND DoubleClick(LeftBut,500) THEN BEGIN
      WriteLn;
      WriteLn('Linke Maustaste 2x')
    END;
    IF RightButton AND DoubleClick(RightBut,500) THEN
    BEGIN
      WriteLn;
      WriteLn('Rechte Maustaste 2x')
    END;
    Write('.');
    IF KeyPressed THEN ch:=ReadKey
  UNTIL ch=#27
END.
```

Dieses Programm ruft die Funktion *DoubleClick* ohne vorangehenden Test auf.

```
PROGRAM DoubleClick_Test2;
USES
  Crt,Mouse;
```

```
VAR
  ch:CHAR;
BEGIN
  ch:=#0;
  WriteLn('Programmabbruch mit <ESC> ...');
  REPEAT
    IF DoubleClick(LeftBut,500) THEN BEGIN
      WriteLn;
      WriteLn('Linke Maustaste 2x')
    END;
    IF DoubleClick(RightBut,500) THEN BEGIN
      WriteLn;
      WriteLn('Rechte Maustaste 2x')
    END;
    Write('.');
    IF KeyPressed THEN ch:=ReadKey
  UNTIL ch=#27
END.
```

Im ersten Programm kann die Anweisung *Write('.')* ohne merkbare Unterbrechung ausgeführt werden, während im zweiten diese Anweisung eher selten zur Ausführung (einmal pro Sekunde) kommt. In beiden Programmen reagiert jedoch die Funktion *DoubleClick* für die linke und rechte Maustaste blitzschnell.

**Siehe auch**
GetClickPos, GetReleasePos, SingleClick

# GetClickPos

**Zweck**
Ermittelt die Position, bei der eine Maustaste gedrückt wurde.

**Struktur**

```
PROCEDURE GetClickPos(VAR x,y,click:INTEGER; taste:WORD);
```

**Bemerkung**
Die Prozedur *GetClickPos* ermittelt, bei welcher Position die Maustaste *taste* das letzte Mal gedrückt wurde. Verwenden Sie für den Parameter *taste* bitte folgende Konstanten:

| | | |
|---|---|---|
| **LeftBut** | =0; | Linke Maustaste |
| **RightBut** | =1; | Rechte Maustaste |
| **MiddleBut** | =2; | Mittlere Maustaste |

Nach dem Prozeduraufruf bezeichnen $x$ und $y$ die entsprechenden Koordinaten des Punktes, *click* hingegen gibt darüber Auskunft, wie oft die Maustaste seit dem letzten Aufruf von *GetClickPos* gedrückt wurde.

Im Graphik-Modus entspricht der Punkt (0,0), im Text-Modus der Punkt (1,1) der linken oberen Ecke. Bitte beachten Sie, daß *GetClickPos* die vom Maustreiber (MOUSE.COM oder MOUSE.SYS) gelieferten Koordinaten umrechnet, falls sich Ihre Bildschirmkarte in einem Text-Modus (BW40, BW80, CO40 und CO80) befindet. Wenn diese nicht korrekt ermittelt werden (es existieren weitere Textmodi für EGA- und VGA-Karten), folgen Sie bitte den Anweisungen im Quelltext (siehe 2. Teil dieses Buches). Die Umwandlung der Koordinaten läßt sich mit der Prozedur *ConvertOff* unterdrücken.

Der von *GetClickPos* ermittelte Punkt muß nicht mit der aktuellen Mausposition (siehe *GetMousePos*) übereinstimmen.

Bei fehlender Maus liefert die Prozedur *GetClickPos* für die Parameter $x$, $y$ und *click* den Wert 0.

**Beispiel**

```pascal
PROGRAM GetClickPos_Test;
USES
  Crt,Mouse;
VAR
  x,y,click:INTEGER;
  ch:CHAR;
BEGIN
  ClrScr;
  MouseOn;
  GotoXY(1,25);
  Write('Programmabbruch mit <ESC> ...');
  ch:=#0;
  REPEAT
    GetMousePos(x,y);
    GotoXY(1,1);
    Write(x,'/',y); ClrEol;
    GetClickPos(x,y,click,LeftBut);
    IF click>0 THEN BEGIN
      GotoXY(1,3);
      Write('Pos: ',x,'/',y); ClrEol;
      GotoXY(1,4);
      Write('Click: ',click)
    END;
```

```
    IF KeyPressed THEN ch:=ReadKey
  UNTIL ch=#27
END.
```

**Siehe auch**
DoubleClick, GetMousePos, GetReleasePos, SingleClick


# GetMotion

**Zweck**
Ermittelt die relative Mausbewegung.

**Struktur**

```
PROCEDURE GetMotion(VAR x,y:INTEGER);
```

**Bemerkung**
Die Prozedur *GetMotion* ermittelt die relative Mausbewegung (in "mickeys"; 1 mickey = 1/200 Zoll = 0.127 mm) seit dem letzten Aufruf dieser Prozedur. Ein negativer Wert deutet eine relative Richtungsveränderung nach links (für $x$) bzw. oben (für $y$) an, ein positiver hingegen eine nach rechts bzw. unten.
Die beiden Parameter $x$ und $y$ enthalten immer den Wert 0, wenn keine Maus angeschlossen ist.

**Siehe auch**
SetRatio, SetThreshold


# GetMousePos

**Zweck**
Ermittelt die aktuelle Position des Mauszeigers.

**Struktur**

```
PROCEDURE GetMousePos(VAR x,y:INTEGER);
```

**Bemerkung**
Der Punkt *(x,y)* entspricht der aktuellen Position des Mauszeigers (da jeder Mauscursor aus einer Matrix von 16x16 Punkten besteht, wird ein einzelner Punkt innerhalb dieser Matrix als "hot spot" (heiße Stelle) bezeichnet, der die aktuelle Position des Mauscursors festlegt.
Im Graphik-Modus entspricht der Punkt (0,0), im Text-Modus der Punkt (1,1) der linken oberen Ecke (siehe hierzu auch *GetClickPos* und *ConvertOff*).
Mit der Prozedur *SetMouseRange* wird es möglich, die Bewegungsfreiheit der Maus einzuschränken oder zu erweitern.
Die beiden Parameter *x* und *y* enthalten immer den Wert 0, wenn keine Maus vorhanden ist.

**Beispiel**
Folgendes Programm verbindet den Punkt, bei dem Sie die linke Maustaste drücken mit demjenigen, bei dem Sie die linke Maustaste wieder loslassen. Links oben wird die aktuelle Mausposition angezeigt.

```pascal
PROGRAM GetMousePos_Test;
USES
  Crt,Mouse,Graph;
VAR
  gr,mo,
  x,y:INTEGER;
  ch:CHAR;
  unt:BOOLEAN;
BEGIN
  gr:=Detect;
  InitGraph(gr,mo,'');
  DirectVideo:=FALSE;
  MouseOn;
  GotoXY(1,25);
  Write('Ende mit <ESC> ...');
  unt:=FALSE;
  ch:=#0;
  REPEAT
    GetMousePos(x,y);
    GotoXY(1,1);
    Write(x,'/',y,'    ');
    IF LeftButton THEN BEGIN
      IF NOT unt THEN BEGIN
        unt:=TRUE;
        MouseOff;
        PutPixel(x,y,1);
        MoveTo(x,y);
        MouseOn
      END END
```

```
    ELSE IF unt THEN BEGIN
      unt:=FALSE;
      MouseOff;
      LineTo(x,y);
      MouseOn
    END;
    IF KeyPressed THEN ch:=ReadKey
  UNTIL ch=#27;
  CloseGraph
END.
```

**Siehe auch**
GetClickPos, GetReleasePos, SetMousePos, SetMouseRange

# GetReleasePos

**Zweck**
Ermittelt diejenige Position, bei der eine Maustaste losgelassen wurde.

**Struktur**

```
PROCEDURE GetReleasePos(VAR x,y,click:INTEGER; taste:WORD);
```

**Bemerkung**
Die Prozedur *GetReleasePos* ermittelt, bei welcher Position die Maustaste *taste* das letzte Mal losgelassen wurde. Für den Parameter *taste* können Sie folgende Konstanten verwenden:

**LeftBut**         =0; Linke Maustaste
**RightBut**        =1; Rechte Maustaste
**MiddleBut**       =2; Mittlere Maustaste

Nach dem Prozeduraufruf bezeichnen $x$ und $y$ die entsprechenden Koordinaten des Punktes, *click* hingegen gibt darüber Auskunft, wie oft die Maustaste seit dem letzten Aufruf von *GetReleasePos* losgelassen wurde.
Im Graphik-Modus entspricht der Punkt (0,0), im Text-Modus der Punkt (1,1) der linken oberen Ecke (weiteres hierzu bei *GetClickPos* und *ConvertOff*).
Der von *GetReleasePos* ermittelte Punkt muß nicht mit der aktuellen Position des Mauszeigers übereinstimmen (siehe *GetMousePos*).
Die drei Parameter $x$, $y$ und *click* enthalten immer den Wert 0 bei fehlender Maus.

**Siehe auch**
DoubleClick, GetClickPos, GetMousePos, SingleClick


# InitMouse

**Zweck**
Initialisiert die Maus und setzt einige Parameter auf ihre Standard-Werte
zurück.

**Struktur**

```
PROCEDURE InitMouse;
```

**Bemerkung**
*InitMouse* setzt folgende Parameter:

- Mausposition (Bildschirmmitte)
- Aussehen des Cursors (Textmodus: Block, Graphikmodus: Pfeil)
- Bewegungsfreiraum der Maus (gesamter Bildschirm)
- Ausmaß der Bewegung (8 Mickeys pro 8 Punkte)
- Position beim Drücken einer Maustaste (Punkt (0,0))
- Position beim Loslassen einer Maustaste (Punkt (0,0))

Nach dem Ausführen der Prozedur *InitMouse* ist der aktuelle Mauszeiger
nicht auf dem Bildschirm zu sehen.
Die Prozedur *InitMouse* wird im Initialisierungs-Teil der Unit **Mouse**
selbständig aufgerufen.

**Siehe auch**
MouseReady


# IsConvertOn

**Zweck**
Prüft, ob die Maus-Koordinaten in Abhängigkeit des gesetzten Bildschirm-Modus umgewandelt werden.

**Struktur**

```
FUNCTION IsConvertOn:BOOLEAN;
```

**Bemerkung**
Falls die Funktion *IsConvertOn* den Wert TRUE zurückgibt, werden die Maus-Koordinaten bei Bedarf umgewandelt.
Das Funktionsergebnis von *IsConvertOn* wird von den Prozeduren *ConvertOff* und *ConvertOn* beeinflußt.

**Siehe auch**
ConvertOff, ConvertOn


# IsMouseOn

**Zweck**
Prüft, ob der Mauszeiger sichtbar ist.

**Struktur**

```
FUNCTION IsMouseOn:BOOLEAN;
```

**Bemerkung**
Falls die Funktion *IsMouseOn* den Wert TRUE übergibt, ist der Mauszeiger sichtbar, andernfalls nicht.
Das Funktionsergebnis von *IsMouseOn* wird von den Prozeduren *Init-Mouse*, *MouseCondOff*, *MouseOff* und *MouseOn* beeinflußt.

**Siehe auch**
InitMouse, MouseCondOff, MouseOff, MouseOn


# LeftButton

**Zweck**
Prüft, ob die linke Maustaste gedrückt wird.

**Struktur**

```
FUNCTION LeftButton:BOOLEAN;
```

**Bemerkung**
*LeftButton* übergibt den Wert TRUE, wenn momentan die linke Maustaste gedrückt wird.
Bei fehlender Maus liefert *LeftButton* immer den Wert FALSE.

**Siehe auch**
AnyButton, Buttons, DoubleClick, GetClickPos, MiddleButton, RightButton, SingleClick


# MiddleButton

**Zweck**
Prüft, ob die mittlere Maustaste gedrückt wird.

**Struktur**

```
FUNCTION MiddleButton:BOOLEAN;
```

**Bemerkung**
*MiddleButton* übergibt den Wert TRUE, wenn die mittlere Maustaste gedrückt ist, andernfalls FALSE. Diese Funktion ist nur dann sinnvoll einzusetzen, wenn eine Maus über drei Tasten verfügt (siehe auch *Buttons*).
Bei fehlender Maus liefert *MiddleButton* immer den Wert FALSE.

**Siehe auch**
AnyButton, DoubleClick, GetClickPos, LeftButton, RightButton, SingleClick


# MouseActRange

**Zweck**
Prüft, ob die aktuelle Mausposition in einem rechteckigen Ausschnitt liegt.

**Struktur**

```
FUNCTION MouseActRange(x1,y1,x2,y2:INTEGER):BOOLEAN;
```

**Bemerkung**
Der Punkt *(x1,y1)* bezeichnet den linken oberen, der Punkt *(x2,y2)* den rechten unteren Punkt eines rechteckigen Ausschnittes. Die Prozedur *MouseActRange* übergibt den Wert TRUE, wenn sich der Mauszeiger im definierten Bereich befindet.
Im Graphik-Modus entspricht der Punkt (0,0), im Text-Modus der Punkt (1,1) der linken oberen Bildschirmecke (weiteres bei *GetClickPos* und *ConvertOff*).
Die Funktion *MouseActRange* ermittelt immer den Wert FALSE, wenn keine Maus vorhanden ist.

**Siehe auch**
MouseRange, SetMouseRange

# MouseCondOff

**Zweck**
Schaltet den Mauszeiger aus, sobald dieser in einen bestimmten Bildschirmbereich geführt wird.

**Struktur**

```
PROCEDURE MouseCondOff(x1,y1,x2,y2:INTEGER);
```

**Bemerkung**
Der Punkt *(x1,y1)* bezeichnet die linke obere, der Punkt *(x2,y2)* die rechte untere Ecke eines rechteckigen Ausschnittes. Falls der Mauszeiger in dieses Rechteck geführt wird, bleibt dieser bis zum nächsten Aufruf von *MouseOn* unsichtbar. Die Funktion *IsMouseOn* übergibt bereits nach dem Aufruf von *MouseCondOff* den Wert FALSE, obwohl der Mauszeiger unter Umständen noch sichtbar ist.
Bitte beachten Sie, daß die Prozedur *MouseCondOff* nur dann eine Wirkung zeigt, wenn sie nach *MouseOn* ausgeführt wird (*MouseOn* setzt *MouseCondOff* außer Kraft).
Im Graphik-Modus entspricht der Punkt (0,0) der linken oberen Bildschirmecke, im Text-Modus der Punkt (1,1).

## Beispiel

```
PROGRAM MouseCondOff_Test;
USES
  Crt,Mouse,Graph;
VAR
  gr,mo:INTEGER;
  ch:CHAR;
BEGIN
  gr:=Detect;
  InitGraph(gr,mo,'');
  DirectVideo:=FALSE;
  GotoXY(1,25);
  Write('Linke Maustaste zeigt Cursor.');
  Write(' Ende mit <ESC> ...');
  ch:=#0;
  MouseOn;
  MouseCondOff(50,50,100,100);
  Rectangle(50,50,100,100);
  REPEAT
    IF LeftButton AND SingleClick(LeftBut,500) THEN BEGIN
      MouseOn;
      MouseCondOff(50,50,100,100)
    END;
    IF KeyPressed THEN ch:=ReadKey
  UNTIL ch=#27;
  CloseGraph
END.
```

## Siehe auch
ConverToff, MouseOff, MouseOn


# MouseOff

## Zweck
Schaltet den Mauszeiger auf dem Bildschirm aus.

## Struktur

```
PROCEDURE MouseOff;
```

## Bemerkung
Es empfiehlt sich, den Mauszeiger dann auszuschalten, wenn etwas in den
Bildschirm geschrieben werden soll.
Der Mauszeiger wird beim Programmende selbständig ausgeschaltet.

**Siehe auch**
IsMouseOn, MouseOn


# MouseOn

**Zweck**
Schaltet den Mauszeiger auf dem Bildschirm ein.

**Struktur**

```
PROCEDURE MouseOn;
```

**Bemerkung**
Zu Beginn eines Programmes bleibt der Mauszeiger unsichtbar, deshalb muß dieser explizit mit *MouseOn* eingeschaltet werden (siehe hierzu auch *MouseOff*).
Der Mauszeiger folgt selbständig der Mausbewegung (diese Arbeit verrichtet der Maustreiber).
Im Graphik-Modus verändern *SetGraphCursor* und *SetMouseStyle* das Aussehen des Mauszeigers; im Text-Mouse definiert *SetTextCursor* einen neuen Cursor.
**Achtung:** Falls Sie eine Hercules-Karte besitzten und den Mauszeiger auch im Graphik-Modus verwenden wollen, müssen Sie der Speicheradresse \$0449 (enthält aktuellen Bildschirm-Modus) den Wert 6 zuweisen (dieser Wert steht für "Hohe Auflösung in schwarz-weiß"):

```
USES
   Graph,Mouse;
VAR
   gr,mo:INTEGER;
BEGIN
   gr:=HercMono;
   mo:=HercMonoHi;
   InitGraph(gr,mo,'');
   Mem[0:$449]:=6;
   InitMouse;
   MouseOn;        { nun ist Mauszeiger sichtbar }
   .

   .
   CloseGraph;
   Mem[0:$449]:=7  { Monochrom-Modus }
END.
```

Vergessen Sie bitte nicht, dieser Speicherstelle am Schluß Ihres Programmes wieder den Wert 7 zuzuweisen.

**Siehe auch**
InitMouse, IsMouseOn, MouseCondOff, MouseOff


# MouseRange

**Zweck**
Prüft, ob sich ein Punkt in einem rechteckigen Ausschnitt befindet.

**Struktur**

```
FUNCTION MouseRange(xm,ym,x1,y1,x2,y2:INTEGER):BOOLEAN;
```

**Bemerkung**
Der Punkt *(x1,y1)* bezeichnet die obere linke, der Punkt *(x2,y2)* die untere rechte Ecke eines rechteckigen Ausschnittes. Wenn sich der Punkt *(xm,ym)* in diesem Ausschnitt befindet, übergibt die Funktion *MouseRange* den Wert TRUE.
Im Graphik-Modus entspricht der Punkt (0,0), im Text-Modus der Punkt (1,1) der linken oberen Bildschirmecke (weiteres bei *GetClickPos* und *ConvertOff*).
Bei fehlender Maus liefert *MouseRange* immer den Wert FALSE.

**Beispiel**
Folgendes Programm verändert das Aussehen des Maus-Cursors in Abhängigkeit der Maus-Position:

```
PROGRAM MouseRange_Test;
USES
  Graph,Crt,Mouse;
VAR
  gr,mo,
  x,y,
  xh,yh:INTEGER;
  altbe,bereich:BYTE;
  ch:CHAR;
BEGIN
  gr:=Detect;
  InitGraph(gr,mo,'');
  SetMouseRange(0,0,GetMaxX,GetMaxY);
  xh:=GetMaxX DIV 2; yh:=GetMaxY DIV 2;
```

```
   DirectVideo:=FALSE;
   GotoXY(1,25); Write('Ende mit <ESC> ...');
   MouseOn;
   ch:=#0;
   bereich:=0; altbe:=0;
   REPEAT
     GetMousePos(x,y);
     IF MouseRange(x,y,0,0,GetMaxX DIV 2,GetMaxY) THEN
       bereich:=1
     ELSE
       bereich:=2;
     IF bereich<>altbe THEN BEGIN
       altbe:=bereich;
       CASE bereich OF
         1:SetMouseStyle(6);
         2:SetMouseStyle(4)
       END
     END;
     IF KeyPressed THEN ch:=ReadKey
   UNTIL ch=#27
END.
```

**Siehe auch**
MouseActRange, SetMouseRange


# MouseReady

**Zweck**
Prüft, ob eine Maus betrieben werden kann.

**Struktur**

```
FUNCTION MouseReady:BOOLEAN;
```

**Bemerkung**
Damit eine Maus betrieben werden kann, muß neben der Hardware auch
ein Maustreiber (MOUSE.COM oder MOUSE.SYS) vorhanden sein. Dieser
läßt sich mittels des Interrupts 51 ($33) ansprechen.
Wenn der Vektor dieses Interrupts ungleich NIL ist, kann davon ausge-
gangen werden, daß die Treibersoftware installiert ist (wird selbständig im
Initialisierungsteil der Unit **Mouse** überprüft).
Alle Routinen der Unit **Mouse** können auch dann ohne Gefahr eingesetzt
werden, wenn kein Maustreiber oder keine Maus vorhanden ist.

**Siehe auch**
InitMouse


# RightButton

**Zweck**
Prüft, ob die rechte Maustaste gedrückt wird.

**Struktur**

```
FUNCTION RightButton:BOOLEAN;
```

**Bemerkung**
*RightButton* ermittelt den Wert TRUE, wenn momentan die rechte
Maustaste gedrückt wird.
Bei fehlender Maus übergibt die Funktion *RightButton* immer den Wert
FALSE.

**Siehe auch**
AnyButton, Buttons, DoubleClick, LeftButton, SingleClick


# SetGraphCursor

**Zweck**
Definiert einen neuen Maus-Cursor für den Graphik-Modus.

**Struktur**

```
PROCEDURE SetGraphCursor(x,y:INTEGER; VAR daten);
```

**Bemerkung**
Jeder Graphik-Cursor besteht aus 16x16 Bild-Punkten. Die Cursor-Daten
selbst belegen zwei 16x16-Bit-Matrizen (je 32 Bytes); die erste wird
Bildschirm-, die zweite Cursor-Maske genannt. Alle Punkte, die in der
Bildschirm-Maske gesetzt sind, retten den Hintergrund, nicht gesetzte
Punkte löschen diesen. Die Cursor-Maske stellt das eigentliche Bild dar,
das als Maus-Zeiger erscheinen soll.
Jeder Bildpunkt innerhalb der 16x16-Matrix des Maus-Cursors wird
durch die Verknüpfung von zwei logischen Operationen ermittelt:

```
(BildschirmPunkt AND BildschirmMaskenPunkt) XOR CursorMaskenPunkt
```

Folgende Tabelle zeigt die Ergebnisse aller möglichen Verknüpfungen:

| BP | BMP | CMP | Ergeb. |
|----|-----|-----|--------|
| 0 | 0 | 0 | 0 |
| 0 | 0 | 1 | 1 |
| 0 | 1 | 0 | 0 |
| 0 | 1 | 1 | 1 |
| 1 | 0 | 0 | 0 |
| 1 | 0 | 1 | 1 |
| 1 | 1 | 0 | 1 |
| 1 | 1 | 1 | 0 |

```
       └─ AND ─┘
          └────── XOR ─┘
```

```
BP:  aktueller Bildschirmpunkt
BMP: Bildschirm-Masken-Punkt
CMP: Cursor-Masken-Punkt
```

Etwas einfacher ausgedrückt: Jeder Punkt, der in der Bildschirm-Maske gesetzt ist, sorgt dafür, daß der auf dem Bildschirm bereits gesetzte Punkt erhalten bleibt.

Die einzelnen Werte des Maus-Cursors werden wie folgt ermittelt:

```
Bildschirm-Maske (rettet Umgebung)

X X X X X X X . X X X X X X X X   = $FEFF (=1111'1110'1111'1111)
X X X X X X . . X X X X X X X X   = $FCFF
X X X X X . . . X X X X X X X X   = $F8FF
X X X X . . . . X X X X X X X X   = $FOFF
X X X . . . . . X X X X X X X X   = $EOFF
X X . . . . . . . . . . . . . .   = $C000
X . . . . . . . . . . . . . . .   = $8000
. . . . . . . . . . . . . . . .   = $0000
X . . . . . . . . . . . . . . .   = $8000
X X . . . . . . . . . . . . . .   = $C000
X X X . . . . . X X X X X X X X   = $EOFF
X X X X . . . . X X X X X X X X   = $FOFF
X X X X X . . . X X X X X X X X   = $F8FF
X X X X X X . . X X X X X X X X   = $FCFF
X X X X X X X . X X X X X X X X   = $FEFF
X X X X X X X X X X X X X X X X   = $FFFF
```

Cursor-Maske (eigentlicher Mauszeiger):

```
. . . . . . . . . . . . . . . .   = $0000
. . . . . . . . . . . . . . . .   = $0000
. . . . . . . X . . . . . . . .   = $0200
. . . . . . X X . . . . . . . .   = $0600
. . . . . X X X . . . . . . . .   = $0E00
. . . . X X X X . . . . . . . .   = $1E00
. . X X X X X X X X X X X X X .   = $3FFE
. X X X X X X X X X X X X X X .   = $7FFE
. . X X X X X X X X X X X X X .   = $3FFE
. . . X X X X . . . . . . . . .   = $1E00
. . . . X X X . . . . . . . . .   = $0E00
. . . . . X X . . . . . . . . .   = $0600
. . . . . . X . . . . . . . . .   = $0200
. . . . . . . . . . . . . . . .   = $0000
. . . . . . . . . . . . . . . .   = $0000
. . . . . . . . . . . . . . . .   = $0000
```

Im Pascal-Programm werden die ermittelten Daten wie folgt dargestellt:

```
CONST
   pfeillinks:ARRAY [0..31] OF WORD=
     ($FEFF,$FCFF,$F8FF,$F0FF,$E0FF,$C000,$8000,$0000,
      $8000,$C000,$E0FF,$F0FF,$F8FF,$FCFF,$FEFF,$FFFF,
      $0000,$0000,$0200,$0600,$0E00,$1E00,$3FFE,$7FFE,
      $3FFE,$1E00,$0E00,$0600,$0200,$0000,$0000,$0000);
```

*ARRAY [0..31] OF WORD* können Sie durch den in der Unit **Mouse** definierten Datentyp *CursorType* ersetzen:

```
TYPE
   CursorType=ARRAY [0..31] OF WORD;
```

Die Parameter *x* und *y* der Prozedur *SetGraphCursor* definieren die Koordinaten des sogenannten "heißen Punktes" (engl. hot spot), der ausschlaggebend für die aktuelle Maus-Position ist. Der Punkt (0,0) entspricht der linken oberen Ecke der 16x16 Matrix. Bei Bedarf kann der "hot spot" auch außerhalb des eigentlichen Maus-Cursors liegen.
Da die Berechnung der Cursor-Daten nicht zu den lustigsten Dingen des Alltags gehören, finden Sie auf einer der zugehörigen Disketten das Programm CURSOR.EXE (und CURSOR.PAS), mit dem Sie spielerisch Maus-Cursor entwerfen können. Nach dem Programmstart werden zwei 16x16 Matrizen gezeichnet. Die linke entspricht der Bildschirm-, die rechte der Cursor-Maske. Sobald Sie einen Punkt in der rechten Matrix setzen (linke Maustaste), erscheint zusätzlich in der linken an der entsprechenden Stelle ein Punkt mit der halben Helligkeit. Dieser erleichtert den Entwurf der Bildschirm-Maske und verändert ihr Bitmuster nicht.

Mit folgenden Tasten wird das Programm **CURSOR.EXE** bedient:

| | |
|---|---|
| **Linke M.-Taste** | Setzen bzw. Löschen eines Punktes |
| **Rechte M.-Taste** | Ersetzt den aktuellen Maus-Cursor durch den entworfenen (und umgekehrt) |
| **Taste S** | Speichern des Maus-Cursors, wobei Sie dem Cursor einen beliebigen Namen (rund 60 Zeichen) geben können. |
| **Taste L** | Löschen des aktuellen Maus-Cursors. |
| **Taste ESC** | Verlassen des Programmes. Falls Sie vergessen haben, den Maus-Cursor zu speichern, werden Sie darauf hingewiesen. |

Die ermittelten Daten werden in folgender Form in die Datei **CUR-SOR.DAT** geschrieben (definiert als typisierte Konstanten):

```
CONST
  cursor:cursortype=  { Pfeil auf/ab }
    ($FEFF,$FC7F,$F83F,$F01F,$E00F,$C007,$8003,$F83F,
     $F83F,$8003,$C007,$E00F,$F01F,$F83F,$FC7F,$FEFF,
     $0000,$0100,$0380,$07C0,$0FE0,$1FF0,$0380,$0380,
     $0380,$0380,$1FF0,$0FE0,$07C0,$0380,$0100,$0000);
  cursor:cursortype=  { Pfeil links/rechts }
    ($FFFF,$FDBF,$F99F,$F18F,$E187,$C003,$8001,$0000,
     $8001,$C003,$E187,$F18F,$F99F,$FDBF,$FFFF,$FFFF,
     $0000,$0000,$0000,$0420,$0C30,$1C38,$3FFC,$7FFE,
     $3FFC,$1C38,$0C30,$0420,$0000,$0000,$0000,$0000);
```

Um den so definierten Cursor verwenden zu können, brauchen Sie lediglich den Konstanten-Namen *cursor* zu verändern.
**Achtung:** Falls Sie eine Hercules-Karte besitzen und den Mauszeiger auch im Graphik-Modus verwenden wollen, müssen Sie der Speicheradresse $0449 den Wert 6 zuweisen (genaueres bei *MouseOn*).

**Beispiel**

```
PROGRAM SetGraphCursor_Test;
USES
  Mouse,Graph;
CONST
  pfLR:cursortype=  { Pfeil links/rechts }
    ($FFFF,$FDBF,$F99F,$F18F,$E187,$C003,$8001,$0000,
     $8001,$C003,$E187,$F18F,$F99F,$FDBF,$FFFF,$FFFF,
     $0000,$0000,$0000,$0420,$0C30,$1C38,$3FFC,$7FFE,
     $3FFC,$1C38,$0C30,$0420,$0000,$0000,$0000,$0000);
```

```
VAR
  gr,mo:INTEGER;
BEGIN
  IF NOT MouseReady THEN BEGIN
    WriteLn('Keine Mouse vorhanden ...');
    Halt
  END;
  gr:=Detect;
  InitGraph(gr,mo,'');
  SetGraphCursor(7,7,pfLR);
  MouseOn;
  REPEAT UNTIL AnyButton;
  CloseGraph
END.
```

**Siehe auch**
SetMouseStyle, SetTextCursor


# SetMousePos

**Zweck**
Setzt den Mauszeiger auf einen beliebigen Bildschirmpunkt.

**Struktur**

```
PROCEDURE SetMousePos(x,y:INTEGER);
```

**Bemerkung**
Die Prozedur *SetMousePos* setzt den Mauszeiger an den Punkt *(x,y)*. Es ist nicht möglich, die Maus an einen Punkt außerhalb des erlaubten Bereiches zu setzen (siehe auch *SetMouseRange*).
Im Graphik-Modus entspricht der Punkt (0,0), im Text-Modus der Punkt (1,1) der linken oberen Bildschirmecke (weiteres bei *GetClickPos* und *ConvertOff*).

**Siehe auch**
GetMousePos, SetMouseRange

# SetMouseRange

**Zweck**
Legt einen Bereich fest, in dem sich die Maus bewegen darf.

**Struktur**

```
PROCEDURE SetMouseRange(x1,y1,x2,y2:INTEGER);
```

**Bemerkung**
Der Punkt *(x1,y1)* entspricht der linken oberen, *(x2,y2)* der rechten unteren Ecke des Rechteckes, in dem sich die Maus bewegen darf. Im Graphik-Modus bezeichnet der Punkt (0,0), im Text-Modus der Punkt (1,1)
die linke obere Bildschirmecke (siehe hierzu auch *GetClickPos* und *ConvertOff*).
Die Prozedur *SetMouseRange* erlaubt es, den Bewegungsfreiraum der
Maus so zu erweitern, daß sie sich auch außerhalb der physischen Bildschirmgrenzen aufhalten kann:

```
SetMouseRange(-100,-100,100,100); { erlaubt }
```

Folgender Prozeduraufruf garantiert für den Graphik-Modus, daß der
gesamte Bildschirm von der Maus angesprochen werden kann (notwendig,
wenn Sie eine Olivetti-, EGA- oder VGA-Graphikkarte besitzen):

```
SetMouseRange(0,0,GetMaxX,GetMaxY);
```

Nach dem Aufruf von *SetMouseRange* befindet sich der Mauszeiger innerhalb des erlaubten Bereiches. Auch nach der Definition eines Bereiches
bleiben die Maus-Koordinaten absolut, d.h. sie beziehen sich weiterhin
auf die linke obere Bildschirmecke.

**Beispiel**
Folgendes Programm definiert drei voneinander unabhängige Bereiche, in
denen sich der Mauszeiger aufhalten darf. Die einzelnen Bereiche können
Sie mit den Maustasten aktivieren.

```
PROGRAM SetMouseRange_Test;
USES
   Crt,Mouse,Graph;
VAR
   gr,mo:INTEGER;
   ch:CHAR;
```

```
BEGIN
  ch:=#0;
  gr:=Detect;
  InitGraph(gr,mo,'');
  Rectangle(0,0,150,150);
  Rectangle(200,0,350,150);
  Rectangle(400,0,550,150);
  SetTextJustify(CenterText,CenterText);
  OutTextXY(75,160,'Linke Maustaste');
  OutTextXY(275,160,'Mittlere Maustaste');
  OutTextXY(475,160,'Rechte Maustaste');
  DirectVideo:=FALSE;
  GotoXY(1,25); Write('Ende mit <ESC> ...');
  MouseOn;
  SetMouseRange(0,0,150,150);
  REPEAT
    IF SingleClick(LeftBut,500) THEN
      SetMouseRange(0,0,150,150);
    IF SingleClick(MiddleBut,500) THEN
      SetMouseRange(200,0,350,150);
    IF SingleClick(RightBut,500) THEN
      SetMouseRange(400,0,550,150);
    IF KeyPressed THEN ch:=ReadKey
  UNTIL ch=#27;
  CloseGraph
END.
```

**Siehe auch**
SetRatio


# SetMouseStyle

**Zweck**
Wählt einen vordefinierten Maus-Cursor für den Graphik-Modus.

**Struktur**

```
PROCEDURE SetMouseStyle(nr:WORD);
```

**Bemerkung**
Der Parameter *nr* ist standardmäßig für den Bereich 0..18 definiert. Jeder
Wert entspricht einem eigenen Graphik-Cursor:

0    Üblicher Mauszeiger (Pfeil nach links oben); "hot spot" (0,0)
1    Pfeil auf, ab; "hot spot" (7,7)
2    Pfeil links, rechts; "hot spot" (7,7)
3    Pfeil ab; "hot spot" (7,15)
4    Pfeil links; "hot spot" (0,7)
5    Pfeil auf; "hot spot" (7,0)
6    Pfeil rechts; "hot spot" (15,7)
7    Pfeil auf, ab, links, rechts; "hot spot" (7,7)
8    Pfeil, 4 Richtungen, schräg; "hot spot" (7,7)
9    Kreuz; "hot spot" (7,7)
10   Kreuz mit Kreis; "hot spot" (7,7)
11   Kreuz mit Rand; "hot spot" (7,7)
12   Sanduhr; "hot spot" (7,7)
13   Biene; "hot spot" (7,7)
14   Klecks; "hot spot" (7,7)
15   Knopf; "hot spot" (7,7)
16   Diskette; "hot spot" (7,7)
17   Rechner; "hot spot" (7,7)
18   Spritzpistole; "hot spot" (14,3)

Jeder Graphik-Cursor besteht aus einer 16x16 Matrix, der **"hot spot"** gibt an, welcher Punkt innerhalb dieser Matrix die aktuelle Position des Mauscursors bezeichnet.

Mit der Prozedur *SetGraphCursor* können Sie selbstdefinierte Graphik-Cursor verwenden.

**Achtung:** Falls Sie eine Hercules-Karte besitzen und den Mauszeiger auch im Graphik-Modus verwenden wollen, müssen Sie der Speicheradresse $0449 den Wert 6 zuweisen (genaueres bei *MouseOn*).

**Beispiel**
Folgendes Programm verändert bei jedem Druck auf die linke Maustaste den Graphik-Cursor.

```
PROGRAM SetMouseStyle_Test;
USES
  Crt,Graph,Mouse;
VAR
  gr,mo:INTEGER;
  nr:BYTE;
BEGIN
  gr:=Detect;
  InitGraph(gr,mo,'');
  DirectVideo:=FALSE;
  GotoXY(1,25);
  Write('Programmende mit jeder Taste ...');
```

```
      nr:=0;
      SetMouseStyle(0);
      MouseOn;
      REPEAT
        IF SingleClick(LeftBut,500) THEN BEGIN
          Inc(nr);
          IF nr>18 THEN nr:=0;
          SetMouseStyle(nr)
        END
      UNTIL KeyPressed;
      CloseGraph
    END.
```

**Siehe auch**
SetGraphCursor, SetTextCursor


# SetRatio

**Zweck**
Definiert die  Auswirkung einer Mausbewegung auf den Mauscursor.

**Struktur**

```
PROCEDURE SetRatio(x,y:INTEGER);
```

**Bemerkung**
Gemäß der Voreinstellung müssen Sie die Maus rund 8 cm bewegen, um
den Bildschirm mit dem Mauszeiger zu durchqueren (in horizontaler
Richtung). Sie benötigen also 8 mickeys (= 8 x 0.127 mm) für 8 Bild-
punkte. Die Prozedur *SetRatio* verändert dieses Verhältnis, wobei der Parameter *x* bzw. *y* die Anzahl mickeys pro 8 Punkte in horizontaler bzw.
vertikaler Richtung festlegt (*SetRatio(1,1);* verwandelt Ihren Mauszeiger
in eine Mexikanische Wüstenspringmaus, während *SetRatio(1000,1000);*
Sie dazu veranlaßt, die Maus 10,16 m für die Durchquerung des Bildschirmes in horizontaler Richtung zu bewegen).
Falls einer der Parameter *x* oder *y* einen negativen Wert erhält, bewegt
sich der Mauszeiger in entgegengesetzter Richtung zur Maus. Der Prozeduraufruf *SetRatio(0,0);* wird automatisch durch *SetRatio(1,1);* ersetzt.

**Beispiel**
Folgendes Programm ruft bei jedem "Click" der linken Maustaste die
Prozedur *SetRatio* mit unterschiedlichen Parametern auf.

```pascal
PROGRAM SetRatio_Test;
USES
  Crt,Graph,Mouse;
VAR
  gr,mo,
  x,y,nr:INTEGER;
  ch:CHAR;
BEGIN
  gr:=Detect;
  InitGraph(gr,mo,'');
  nr:=0;
  DirectVideo:=FALSE;
  GotoXY(1,25);
  Write('Programmende mit <ESC> ...');
  GotoXY(1,1);
  Write('SetRatio(8,8)');
  ch:=#0;
  MouseOn;
  REPEAT
    IF SingleClick(LeftBut,500) THEN BEGIN
      Inc(nr);
      IF nr>3 THEN nr:=0;
      CASE nr OF
        0:BEGIN x:=8; y:=8 END;
        1:BEGIN x:=1; y:=1 END;
        2:BEGIN x:=-1; y:=8 END;
        3:BEGIN x:=32; y:=4 END
      END;
      MouseOff;
      GotoXY(1,1);
      Write('SetRatio(',x,',',y,')  ');
      SetRatio(x,y);
      MouseOn;
    END;
    IF KeyPressed THEN ch:=ReadKey
  UNTIL ch=#27;
  CloseGraph
END.
```

**Siehe auch**
GetMotion, SetThreshold

# SetTextCursor

## Zweck
Definiert einen neuen Text-Cursor, der vom Maus-Treiber verwendet wird.

## Struktur

```
PROCEDURE SetTextCursor(ch:CHAR);
```

## Bemerkung
Die Prozedur *SetTextCursor* ermöglicht das Verändern des Maus-Cursors (in Abhängigkeit der zu erfüllenden Funktion).
An der aktuellen Maus-Position wird das Zeichen *ch* invers zum aktuellen Bildschirmzeichen dargestellt.

## Beispiel

```
PROGRAM SetTextCursor_Test;
USES
  Crt,Mouse;
VAR
  nr,altnr:BYTE;
BEGIN
  TextAttr:=7;
  WriteLn('Abbruch mit der linken Maustaste ...');
  WriteLn;
  TextAttr:=112;
  WriteLn('Inverser Text.');
  TextAttr:=15;
  WriteLn('Heller Text.');
  TextAttr:=7;
  MouseOn;
  altnr:=0;
  REPEAT
    IF MouseActRange(1,1,40,25) THEN nr:=1 ELSE nr:=2;
    IF nr<>altnr THEN BEGIN
      altnr:=nr;
      CASE nr OF
        1:SetTextCursor(#1);
        2:SetTextCursor(#2)
      END
    END
  UNTIL LeftButton
END.
```

**Siehe auch**
SetGraphCursor

# SetThreshold

**Zweck**
Legt fest, wann die Geschwindigkeit des Mauszeigers verdoppelt werden soll.

**Struktur**

```
PROCEDURE SetThreshold(speed:WORD);
```

**Bemerkung**
Gemäß der Standard-Einstellung wird die Geschwindigkeit des Mauszeigers verdoppelt, wenn Sie die Maus 64 mickeys (entspricht 8.128 mm) pro Sekunde bewegen. Die Prozedur *SetThreshold* (threshold = Schwelle) ermöglicht das Verändern dieser Grenzgeschwindigkeit, wobei *speed* in mickeys pro Sekunde anzugeben ist.
Ein hoher Wert verhindert die Verdopplung der Geschwindigkeit:

```
SetThreshold(4000);  { Grenzgeschwindigkeit: 50.8 cm/Sekunde }
```

**Siehe auch**
SetRatio

# SingleClick

**Zweck**
Prüft, ob eine Maustaste während einer gewissen Zeitspanne genau einmal gedrückt worden ist.

**Struktur**

```
FUNCTION SingleClick(taste,zeit:WORD):BOOLEAN;
```

**Bemerkung**
Die Funktion *SingleClick* übergibt den Wert TRUE, wenn die Maustaste *taste* in der Zeitspanne *zeit* (in Millisekunden anzugeben) einmal gedrückt wurde.
Für den Parameter *taste* können Sie folgende vordefinierten Konstanten verwenden:

**LeftBut**             =0; Linke Maustaste
**RightBut**            =1; Rechte Maustaste
**MiddleBut**           =2; Mittlere Maustaste

Nach dem Funktionsaufruf wartet *SingleClick* während ungefähr *zeit* Millisekunden auf das Loslassen der angegebenen Taste. Falls dies nicht geschieht, liefert *SingleClick* den Wert FALSE.
*SingleClick* wird sofort verlassen, wenn während der Wartezeit eine unerwünschte Maustaste gedrückt oder die Tastatur betätigt wird.
Falls keine Maus verfügbar ist, liefert die Funktion *SingleClick* immer den Wert FALSE.

**Beispiel**
Folgendes Programm zeichnet Ellipsen, die von einem Rechteck umschlossen sind. Jeder "Click" mit der linken Maustaste legt einen Diagonalpunkt des Rechteckes fest. Die rechte Maustaste löscht den gesamten Bildschirm.

```
PROGRAM SingleClick_Test;
USES
  Crt,Mouse,Graph;
VAR
  gr,mo,
  x1,y1,x2,y2,xm,ym:INTEGER;
  ch:CHAR;
  zeich:BOOLEAN;
BEGIN
  ch:=#0;
  zeich:=FALSE;
  gr:=Detect;
  DirectVideo:=FALSE;
  InitGraph(gr,mo,'');
  GotoXY(1,25);
  Write('Ende mit <ESC> ...');
  MouseOn;
  REPEAT
    IF SingleClick(LeftBut,500) THEN BEGIN
      IF NOT zeich THEN BEGIN
        zeich:=TRUE;
```

```
          GetMousePos(x1,y1) END
        ELSE BEGIN
          MouseOff;
          zeich:=FALSE;
          GetMousePos(x2,y2);
          RecTangle(x1,y1,x2,y2);
          xm:=(x1+x2) DIV 2;
          ym:=(y1+y2) DIV 2;
          x1:=Abs(x1-x2) DIV 2;
          y1:=Abs(y1-y2) DIV 2;
          Ellipse(xm,ym,0,360,x1,y1);
          MouseOn
        END
      END;
    IF SingleClick(RightBut,500) THEN BEGIN
      MouseOff;
      ClearDevice;
      GotoXY(1,25);
      Write('Ende mit <ESC> ...');
      MouseOn
    END;
    IF KeyPressed THEN ch:=ReadKey
  UNTIL ch=#27;
  CloseGraph
END.
```

## Siehe auch
DoubleClick, AnyButton, LeftButton, MiddleButton, RightButton

# Die Unit Special

**Zweck**
Enthält nützliche und leicht bedienbare Routinen, die ein Programm bereichern können.

**Bemerkung**
Oft sind es nur Kleinigkeiten, die die Bedienung eines Programms wesentlich vereinfachen und das Ansehen des Software-Produktes nicht unbedeutend beeinflussen. Die in der Unit **Special** definierten Prozeduren und Funktionen sind für sich abgeschlossene Programme; sie können einzeln verwendet oder in einem Software-Paket integriert werden.
Viele der globalen Einstellungen (Textfarbe, Cursor-Größe, Maus-Zeiger ...) werden von den hier beschriebenen Routinen nicht verändert (siehe auch im Teil 2, *SaveParam* und *RestoreParam*).
**Wichtig:** Einige der hier beschriebenen Routinen schreiben aus Geschwindigkeitsgründen direkt in den Bildschirmspeicher. Der Inhalt der Turbo Pascal-Variablen *CheckSnow* (standardmäßig TRUE) bestimmt dabei, ob das typische Flimmern bei CGA-Bildschirmen unterdrückt werden soll.
Folgende Prozeduren und Funktionen sind in der Unit **Special** enthalten:

| | |
|---|---|
| **AsciiTable** | Ascii-Tabelle |
| **CalcAOS** | Taschenrechner mit AOS-Logik |
| **MenuBlinkNumber** | Legt fest, wie oft ein mit der Maus angewählter Menüpunkt blinken soll |
| **MenuBlinkTime** | Legt die Blinkzeit eines mit der Maus angewählten Menüpunktes fest |
| **MenuGetPos** | Ermittelt die Position eines Menüs innerhalb des aktuellen Fensters |
| **MenuHor** | Ruft ein horizontal angeordnetes Menü auf (Balken-Menü) |
| **MenuInvColor** | Bestimmt die Farbe eines angewählten Menüpunktes |
| **MenuNormColor** | Bestimmt die Farbe der nicht angewählten Menüpunkte |
| **MenuQuick** | Legt fest, ob ein Menü nach dem Aufruf sofort wieder verlassen werden soll |
| **MenuSetPos** | Legt die Position eines Menüs innerhalb des aktuellen Fensters fest |
| **MenuSpace** | Bestimmt den Freiraum zwischen den einzelnen Menüpunkten bei einem horizontal angeordneten Menü |
| **MenuVert** | Ruft ein vertikal angeordnetes Menü auf (Pull-Down- oder Pop-Up-Menü) |

**MiniEd**              Ruft den Full-Screen-Editor auf
**ReadFileName**        Ruft eine Datei-Auswahl-Box auf und ermöglicht so
                        ein einfach Einlesen eines Dateinamens
**SpecialError**        Ermittelt, ob ein Fehler aufgetreten ist:
                        -1 Fenster kann nicht geöffnet werden
                        -2 Zu wenige Menü-Einträge
                        -3 Menü außerhalb des Fensters


# AsciiTable

**Zweck**
Öffnet ein Fenster, das eine ASCII-Tabelle enthält.

**Struktur**

```
PROCEDURE AsciiTable(VAR x,y:BYTE);
```

**Bemerkung**
Die Prozedur *AsciiTable* öffnet ein Fenster, das eine ASCII-Tabelle enthält; die Parameter $x$ und $y$ geben dabei die linke obere Ecke des zu öffnenden Fensters an und enthalten nach der Prozedur-Ausführung die
möglichen neuen Werte der linken oberen Fensterecke.
Die unterste Zeile innerhalb des Fensters zeigt den ASCII-Code des markierten Zeichens (dezimal und hexadezimal) und den Zwischenpuffer,
dessen Inhalt bei Bedarf dem Tastaturpuffer übergeben werden kann
(siehe weiter unten):

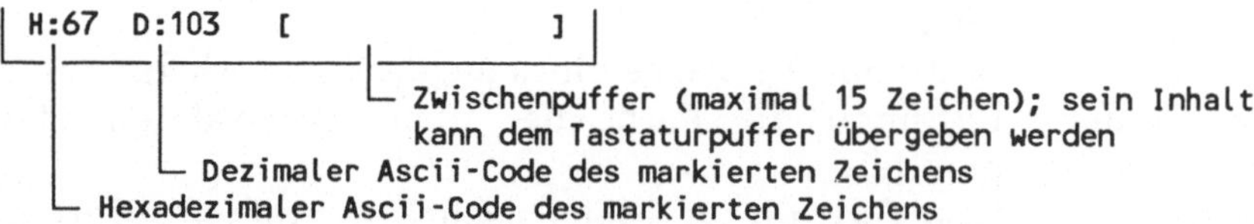


Grundsätzlich besteht die Möglichkeit, die ASCII-Tabelle mit der Tastatur
oder der Maus zu bedienen. Natürlich ist die Mausbedienung nur dann
möglich, wenn Ihr Computersystem über eine Maus verfügt und der
Maustreiber installiert ist (siehe hierzu im Teil 1, Unit Mouse).

**Tastatursteuerung:** Die ASCII-Tabelle kann mit folgenden Tasten bedient werden:

| | |
|---|---|
| <-, -> | Zeichen links, rechts |
| **auf, ab** | Zeichen auf, ab |
| | |
| **Home** | Cursor in die linke obere Ecke setzen |
| **End** | Cursor in die linke untere Ecke setzen |
| **PgUp** | Cursor in die rechte obere Ecke setzen |
| **PgDn** | Cursor in die rechte untere Ecke setzen |
| | |
| **Ctrl <-** | Cursor an den linken Rand setzen |
| **Ctrl ->** | Cursor an den rechten Rand setzen |
| **Ctrl Home** | Cursor an den oberen Rand setzen |
| **Ctrl PgUp** | Cursor an den oberen Rand setzen |
| **Ctrl End** | Cursor an den unteren Rand setzen |
| **Ctrl PgDn** | Cursor an den unteren Rand setzen |
| | |
| **RETURN** | Markiertes Zeichen in den Zwischenpuffer schreiben |
| **Ctrl RETURN** | Zwischenpuffer dem Tastaturpuffer übergeben und Fenster mit ASCII-Tabelle schließen (die Scan-Codes der einzelnen Zeichen sind immer #0, siehe hierzu auch die Prozedur *Sys.WriteKbd*) |
| **ESC** | Fenster mit ASCII-Tabelle schließen |
| **\|<- (BS)** | Letztes Zeichen im Zwischenpuffer löschen |

**Maussteuerung:** Mit folgenden Aktionen der Maus können Sie die einzelnen Tasten simulieren:

| | |
|---|---|
| **RETURN** | Anklicken eines Zeichens mit der linken Maustaste |
| **Ctrl RETURN** | Mit der linken Maustaste den in der untersten Zeile des Fensters abgebildeten Zwischenpuffer anklicken |
| **ESC** | Drücken der linken Maustaste, wenn sich der Mauszeiger außerhalb des Fensters befindet |
| **\|<- (BS)** | Drücken der rechten Maustaste (der Mauszeiger kann dabei an einem beliebigen Ort stehen) |

**Fenster-Verschiebung:** Wenn Sie die *ScrollLock*-Taste Ihrer Tastatur drücken, erscheint in der untersten Zeile innerhalb des Fensters der Text *ScrollModus*; nun können Sie mit den Cursor-Steuertasten *auf*, *ab*, *links* und *rechts* das Fenster in die gewünschte Richtung bewegen (die linke obere Ecke des Fensters wird mit Hilfe der Parameter *x* und *y* zurückgegeben). Ein erneuter Druck auf die *ScrollLock*-Taste schaltet wieder in den normalen Modus zurück.

Wenn Sie verhindern möchten, daß sich der Inhalt des Zwischenpuffers nach dem Verlassen der Prozedur *AsciiTable* im Tastaturpuffer befindet, rufen Sie die Prozedur *Sys.ClearKbd* auf:

```
USES
  Crt,Special,Sys;
VAR
  x,y:BYTE;
BEGIN
  x:=5;
  y:=5;
  AsciiTable(x,y);
  IF KeyPressed THEN ClearKbd  { Löscht Tastatur-Puffer }
END.
```

Falls es nicht möglich ist, die Prozedur *AsciiTable* auszuführen, übergibt die Funktion *SpecialError* den Wert -1 (Fenster kann nicht geöffnet werden).

**Siehe auch**
CalcAOS


# CalcAOS

**Zweck**
Öffnet ein Fenster, daß einen Taschenrechner enthält.

**Struktur**

```
PROCEDURE CalcAOS(VAR x,y:BYTE; VAR reg,sto:REAL);
```

**Bemerkung**
Die Prozedur *CalcAOS* öffnet ein Fenster, das einen Taschenrechner enthält; die Parameter *x* und *y* geben dabei die linke obere Ecke des zu öffnenden Fensters an und enthalten nach der Prozedur-Ausführung die möglichen neuen Werte der linken oberen Fensterecke.
Der Wert des Parameter *reg* wird direkt in die Anzeige geschrieben und *sto* dem Rechenspeicher übergeben (nach dem Prozedur-Ende enthalten

diese beiden Parameter die aktuellen Werte der Anzeige bzw. des Rechenspeichers).

Der mit *CalcAOS* verfügbare Taschenrechner gehorcht der AOS-Logik (AOS: Algebraisches Operations-System); dies bedeutet, daß Punktrechnungen (Multiplikation, Division) vor den Strichrechnungen (Addition, Subtraktion) ausgeführt werden. Somit wird folgender Ausdruck:

    2+3*4-5/6

automatisch wie der folgende interpretiert:

    (2+(3*4))-(5/6)

Die Zahlenwerte in der Anzeige werden im Fließkomma-Format dargestellt. Die Anzeige enthält weiter folgende Informationen:

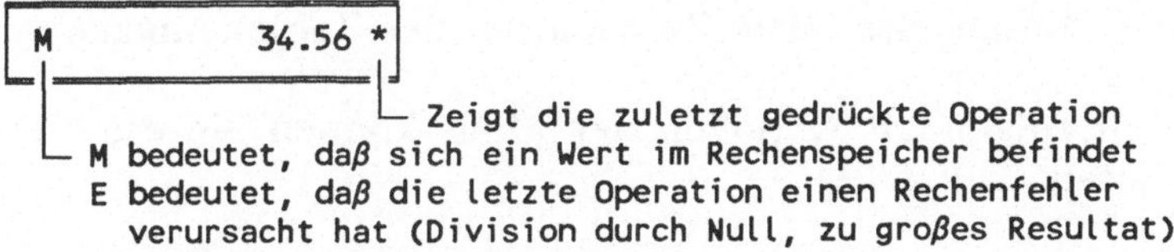


Grundsätzlich besteht die Möglichkeit, den Taschenrechner mit der Tastatur oder der Maus zu bedienen. Natürlich ist die Mausbedienung nur dann möglich, wenn Ihr Computersystem über eine Maus verfügt und der Maustreiber installiert ist (siehe hierzu im Teil 1, Unit Mouse).

**Tastatursteuerung:** Der Taschenrechner kann mit folgenden Tasten bedient werden:

| | |
|---|---|
| 0..9 | Ziffern; bilden den Zahlenwert |
| | Dezimalpunkt; legt den Dezimalpunkt innerhalb eines Wertes fest |
| +, -, *, / | Grundoperationen |
| — | Vorzeichen ("Tiefstrich"); wechselt das Vorzeichen des Wertes in der Anzeige |
| % | Prozentrechnen |
| =, RETURN | Abschließen der laufenden Rechnung |
| C | Löscht Anzeige (engl. *clear*) |
| S | Übernimmt den Wert der Anzeige in den Rechenspeicher (engl. *store*) |

**R**                     Bringt den Wert des Rechenspeichers in die Anzeige
                          (engl. *recall*)

**MC**                    Rechenspeicher löschen (engl. *clear memory*)
**M+**                    Addiert den Wert der Anzeige und den Speicherinhalt
                          zusammen und schreibt das Ergebnis in den Speicher
                          (Speicher:=Speicher+Anzeige)
**M-**                    Speicher:=Speicher-Anzeige
**M***                    Speicher:=Speicher*Anzeige
**M/**                    Speicher:=Speicher/Anzeige

**Ctrl RETURN**           Der Wert der Anzeige wird in den Tastatur-Puffer
                          geschrieben und das Fenster mit dem Taschenrechner
                          geschlossen
**ESC**                   Das Fenster mit dem Taschenrechner wird geschlos-
                          sen
**|<- (BS)**              Löscht das letzte Zeichen bei der Zahleneingabe

**Maussteuerung:** Mit folgenden Aktionen der Maus können Sie die einzelnen Tasten simulieren:

**<Operation>**           Anklicken einer Taste des Taschenrechners mit dem
                          linken Mausknopf
**Ctrl RETURN**           Mit der linken Maustaste in die Anzeige klicken
**ESC**                   Drücken der linken Maustaste, wenn sich der Maus-
                          zeiger außerhalb des Fensters befindet
**|<- (BS)**              Drücken der rechten Maustaste (der Mauszeiger kann
                          dabei an einem beliebigen Ort stehen)

**Fenster-Verschiebung:** Sie können jederzeit mit den Cursor-Steuertasten
*auf*, *ab*, *links* und *rechts* das Fenster in die gewünschte Richtung bewegen
(die linke obere Ecke des Fensters wird mit Hilfe der Parameter *x* und *y*
der Prozedur *CalcAOS* zurückgegeben).

Wenn Sie verhindern möchten, daß sich der Inhalt der Anzeige nach dem
Verlassen der Prozedur *CalcAOS* im Tastaturpuffer befindet, rufen Sie
die Prozedur *Sys.ClearKbd* auf.
Falls es nicht möglich ist, die Prozedur *AsciiTable* auszuführen, übergibt
die Funktion *SpecialError* den Wert -1 (Fenster kann nicht geöffnet werden).

## Beispiel

```pascal
PROGRAM CalcAOS_Test;
USES
  Crt,Special,Sys;
VAR
  x,y:BYTE;
  r,s:REAL;
  ch:CHAR;
BEGIN
  x:=5;
  y:=5;
  r:=Pi;
  s:=0;
  CalcAOS(x,y,r,s);
  IF SpecialError<>0 THEN
    WriteLn('Taschenrechner nicht verfügbar')
  ELSE BEGIN
    WriteLn(' Anzeige: ',r);
    WriteLn('Speicher: ',s);
    IF KeyPressed THEN BEGIN
      Write('Resultat im Tastatur-Puffer: ');
      WHILE KeyPressed DO BEGIN
        ch:=ReadKey;
        Write(ch)
      END;
      WriteLn
    END
  END
END.
```

## Siehe auch
AsciiTable

# MenuBlinkNumber

## Zweck
Legt fest, wie oft ein mit der Maus angewählter Menüpunkt blinken soll.

## Struktur

```pascal
PROCEDURE MenuBlinkNumber(anz:BYTE);
```

**Bemerkung**
Es besteht die Möglichkeit, einen mit der Maus angewählten Menüpunkt
blinken zu lassen. Der Parameter *anz* legt die Anzahl der "Dunkel-Hell-
Sequenzen" fest (2 entspricht der Standard-Einstellung). Falls Sie ein Blin-
ken verhindern wollen, übergeben Sie der Prozedur *MenuBlinkNumber* den
Parameter-Wert 0.

**Siehe auch**
MenuBlinkTime, MenuHor, MenuVert


# MenuBlinkTime

**Zweck**
Legt die Blinkzeit eines mit der Maus angewählten Menüpunktes fest.

**Struktur**

```
PROCEDURE MenuBlinkTime(ms:WORD);
```

**Bemerkung**
Es besteht die Möglichkeit, einen mit der Maus angewählten Menüpunkt
blinken zu lassen. Der Parameter *ms* legt die Zeit einer Dunkel- oder
Hell-Phase fest (in Millisekunden; 50 entspricht der Standard-Einstellung).

**Siehe auch**
MenuBlinkNumber, MenuHor, MenuVert


# MenuGetPos

**Zweck**
Ermittelt die Position eines Menüs innerhalb des aktuellen Fensters.

**Struktur**

```
PROCEDURE MenuGetPos(VAR x,y:BYTE);
```

**Bemerkung**
Der Punkt *(x,y)* entspricht der linken oberen Ecke eines Menüs (der
Punkt (1,1) entspricht der Standard-Einstellung).

**Siehe auch**
MenuHor, MenuSetPos, MenuVert


# MenuHor

**Zweck**
Ruft ein horizontal angeordnetes Menü auf (Menü-Leiste oder Menü-Balken).

**Struktur**

```
PROCEDURE MenuHor(VAR menustr; size:WORD; anz:BYTE; VAR nr,res:BYTE);
```

**Bemerkung**
Die Prozedur *MenuHor* bildet aus den in *menustr* enthaltenen Zeichenketten ein horizontal angeordnetes Menü, deren einzelne Menüpunkte mit der Tastatur oder Maus angewählt werden können.
Dem untypisierten Parameter *menustr* wird idealerweise eine typisierte Konstante übergeben; diese ist ein ARRAY mit einer beliebigen Anzahl von STRING-Komponenten, wobei die STRING-Länge wiederum beliebig sein kann:

```
CONST
  max=5;
  lang=10;
  menubalken:ARRAY [1..max] OF STRING[lang]=
    ('Datei','Bibliothek','Format','Druck','Zusatz');
```

Dem Parameter *size* wird die gesamte Größe (in Bytes) des Parameters *menustr* übergeben (verwenden Sie hierzu die Turbo Pascal-Funktion *SizeOf*):

```
size:=SizeOf(menubalken);
```

Der Parameter *anz* enthält die Anzahl Komponenten oder Menüpunkte, die der Parameter *menustr* umfaßt (für unser Beispiel also 5).
Mit *nr* kann festgelegt werden, welcher Menüpunkt beim Aufruf der Prozedur *MenuHor* markiert werden soll (*nr* wird bei Bedarf so verändert, daß gilt: *1<=nr<=anz*); beim Verlassen von *MenuHor* enthält er die Nummer des markierten Menüpunktes.

Mit Hilfe des Parameters *res* kann schließlich festgestellt werden, mit
welcher Taste die Prozedur *MenuHor* verlassen worden ist. Folgende Werte
sind denkbar:

0     Menüpunkt mit RETURN angewählt (siehe auch *MenuQuick*)
1     Menü mit ESC abgebrochen
2     Menü mit F1 verlassen (Hilfetaste)
3     Menü mit <Pfeil auf> verlassen
4     Menü mit <Pfeil ab> verlassen

Bitte beachten Sie, daß das aufgebaute Menü beim Prozedur-Ende weiterhin auf dem Bildschirm stehen bleibt.
Folgende Prozeduren arbeiten eng mit *MenuHor* zusammen:

**MenuBlinkNumber**   Legt die Anzahl der Blink-Sequenzen eines mit der
                      Maus angewählten Menüpunktes fest
**MenuBlinkTime**     Legt die Blinkzeit eines mit der Maus angewählten
                      Menüpunktes fest
**MenuGetPos**        Legt die linke Ecke des Balken-Menüs fest
**MenuSetPos**        Ermittelt die linke Ecke des Balken-Menüs
**MenuInvColor**      Bestimmt die Farbe eines angewählten Menü-Punktes
**MenuNormColor**     Bestimmt die Farbe der nicht angewählten Menü-
                      punkte
**MenuSpace**         Bestimmt den Freiraum zwischen den einzelnen
                      Menü-Punkten
**MenuQuick**         Legt fest, ob ein Menü sofort wieder verlassen wer-
                      den soll

**Tastatursteuerung:** Mit folgenden Tasten kann der Menü-Balken bedient
werden:

**<-**               Markierung nach links
**|<- (BS)**         Markierung nach links
**Shift Tab**        Markierung nach links

**->**               Markierung nach rechts
**Space**            Markierung nach rechts
**Tab**              Markierung nach rechts

**Home**             1. Menüpunkt markieren
**End**              Letzten Menüpunkt markieren

| | |
|---|---|
| **RETURN** | res:=0; Menüpunkt anwählen (siehe auch *MenuQuick*) |
| **ESC** | res:=1; Balken-Menü verlassen |
| **F1** | res:=2; Hilfe zum Menüpunkt verlangen |
| **<Pfeil auf>** | res:=3; Menü in Richtung oben verlassen |
| **<Pfeil ab>** | res:=4; Menü in Richtung unten verlassen |

**<Zeichen>**  Wenn ein Menü-Eintrag existiert, dessen erstes Zeichen mit dem eingegebenen übereinstimmt, wird dieser markiert (vorangestellte Leerzeichen (Spaces) werden automatisch eliminiert). Falls nur ein einziger Menü-Eintrag mit dem eingegebenen Zeichen übereinstimmt, wird das Menü verlassen (res:=0; wie RETURN-Taste), andernfalls bloß der Menü-Eintrag markiert.

**Maussteuerung:** Mit folgenden Aktionen der Maus können Sie die einzelnen Tasten simulieren:

**RETURN**  Anklicken eines Menüpunktes mit der linken Maustaste

**ESC**  Drücken der Maustaste, wenn sich der Mauszeiger außerhalb des Menübalkens befindet

Die Prozedur *MenuHor* erkennt automatisch, wenn einzelne Menüpunkte nicht mehr im aktuellen Fenster sichtbar sind. Diese werden vollständig ignoriert und können nicht angewählt werden. Maximal werden in einem Menü 25 Menüpunkte berücksichtigt.
Fehler, die während *MenuVert* auftreten, können mit der Funktion *SpecialError* ermittelt werden.

**Beispiel**
Folgende Zeilen verhindern, daß ein mit *MenuHor* aufgerufenes Menü mit den beiden Cursor-Tasten <Pfeil auf> und <Pfeil ab> verlassen werden kann:

```
PROGRAM MenuHor_Test1;
USES
   Special;
CONST
   menubalken:ARRAY [1..5] OF STRING[10]=
     ('Datei','Bibliothek','Format','Druck','Zusatz');
VAR
   nr,res:BYTE;
```

```
BEGIN
  nr:=1;
  REPEAT
    MenuHor(menubalken,SizeOf(menubalken),5,nr,res)
  UNTIL res<3;
  WriteLn('Markierter Menüpunkt: ',nr);
  CASE res OF
    0:WriteLn('RETURN-Taste');
    1:WriteLn('ESC-Taste');
    2:WriteLn('Taste F1')
  END
END.
```

Folgendes Programm generiert mit Hilfe eines kleines Menüs eine Dialog-Box, die oft bei modernen Programmen eingesetzt wird:

```
PROGRAM MenuHor_Test2;
USES
  Crt,Special,Win;
CONST
  auswahl:ARRAY [1..3] OF STRING[15]=
    (' Abbruch ',' Formatieren ',' Neuer Versuch ');
VAR
  nr,res:BYTE;
BEGIN
  MenuSpace(1);  { Abstand zwischen den Menüpunkten }
  MenuSetPos(3,3);
  nr:=3;
  REPEAT
    OpenWindow(5,5,49,9,15,SingleLn);
    WriteTitle(' Diskette kann nicht gelesen werden! ',15,Center,head);
    res:=3;
    REPEAT
      MenuHor(auswahl,SizeOf(auswahl),3,nr,res);
    UNTIL res<2;
    CloseWindow;
    IF (nr=3) AND (res=0) THEN Delay(1000)
  UNTIL (nr<3) OR (res=1);
  IF (res=1) OR (nr=1) THEN
    WriteLn('Abbruch ...')
  ELSE
    WriteLn('Ich formatiere Ihre Diskette ...')
END.
```

**Siehe auch**
MenuQuick, MenuVert

# MenuInvColor

## Zweck
Bestimmt die Farbe des angewählten Menüpunktes.

## Struktur

```
PROCEDURE MenuInvColor(farbe:BYTE);
```

## Bemerkung
Der Parameter *farbe* legt die Farbe des markierten Menüpunktes fest (112 entspricht der Standard-Einstellung; *Black* als Zeichenfarbe, *LightGray* als Zeichenhintergrund).
Die einzelnen Bits des Parameters *farbe* haben folgende Bedeutung:

```
 7 | 6   5   4 | 3   2   1   0 | Bit-Nummer

 b | h   h   h | v   v   v   v | Bedeutung
```

Die Bits 0..3 legen die Vordergrundfarbe fest und 4..6 die Hintergrundfarbe. Falls Bit 7 gesetzt ist, wird ein Text blinkend dargestellt. Mit folgender Formel kann das Farbattribut leicht berechnet werden:

```
farbattribut:=vordergrund+hintergrund*16
farbattribut:=vordergrund+hintergrund*16+128     { blinkend }
```

Zu beachten ist:

```
vordergrund liegt im Bereich 0..15
hintergrund liegt im Bereich 0..7
```

Für *vordergrund* können Sie die von Turbo Pascal definierten Konstanten *Black..White*, für *hintergrund* die Konstanten *Black..LightGray* verwenden.

## Siehe auch
MenuHor, MenuNormColor, MenuVert


# MenuNormColor

## Zweck
Bestimmt die Farbe aller nicht angewählten Menüpunkte.

**Struktur**

```
PROCEDURE MenuNormColor(farbe:BYTE);
```

**Bemerkung**
Der Parameter *farbe* legt die Farbe aller Menüpunkte fest, die nicht markiert sind (7 oder *LightGray* entspricht der Standard-Einstellung). Für die exakte Bestimmung der Farben lesen Sie bitte *MenuInvColor*.

**Siehe auch**
MenuHor, MenuInvColor, MenuVert


# MenuQuick

**Zweck**
Bestimmt, ob ein Menü nach seinem Aufruf sofort wieder verlassen werden soll.

**Struktur**

```
PROCEDURE MenuQuick(ok:BOOLEAN);
```

**Bemerkung**
Falls der Parameter *ok* beim Prozedur-Aufruf den Booleschen Wert TRUE enthält, wird ein Menü (siehe *MenuHor* und *MenuVert*) sofort wieder verlassen. Zuvor jedoch wird der angegebene Menüpunkt *nr* angewählt; nach dem Prozedur-Ende enthält der Parameter *res* (siehe auch hierzu *MenuHor* und *MenuVert*) den Wert 0.

**Siehe auch**
MenuHor, MenuVert


# MenuSetPos

**Zweck**
Legt die Position eines Menüs innerhalb des aktuellen Fensters fest.

**Struktur**

```
PROCEDURE MenuSetPos(x,y:BYTE);
```

**Bemerkung**
Der Punkt *(x,y)* entspricht der linken oberen Ecke eines Menüs (der
Punkt (1,1) entspricht der Standard-Einstellung).

**Siehe auch**
MenuHor, MenuGetPos, MenuVert


# MenuSpace

**Zweck**
Bestimmt den Freiraum zwischen den einzelnen Menüpunkten bei einem
horizontal angeordneten Menü.

**Struktur**

```
PROCEDURE MenuSpace(anz:BYTE);
```

**Bemerkung**
Der Parameter *anz* bezeichnet die Anzahl der Leerstellen, die zwischen
zwei Menüpunkten eingefügt werden sollen (5 entspricht der Standard-
Einstellung). Diese Prozedur zeigt nur bei *MenuHor* eine Wirkung.

**Siehe auch**
MenuHor


# MenuVert

**Zweck**
Ruft ein vertikal angeordnetes Menü auf (Pull-Down- oder Pop-Up-
Menü).

**Struktur**

```
PROCEDURE MenuVert(VAR menustr; size:WORD; anz:BYTE; VAR nr,res:BYTE);
```

**Bemerkung**

Die Prozedur *MenuVert* bildet aus den in *menustr* enthaltenen Zeichenketten ein vertikal angeordnetes Menü, dessen einzelne Menüpunkte mit
der Tastatur oder Maus angewählt werden können.

Dem untypisierten Parameter *menustr* wird idealerweise eine typisierte
Konstante übergeben; diese ist ein ARRAY mit einer beliebigen Anzahl
von STRING-Komponenten, wobei die STRING-Länge wiederum beliebig sein kann:

```
CONST
  max=4;
  lang=16;
  pulldown:ARRAY [1..max] OF STRING[lang]=
    (' Speichern',' Laden',' Zusammenführen',' Bausteine');
```

Dem Parameter *size* wird die gesamte Größe (in Bytes) des Parameters
*menustr* übergeben (verwenden Sie hierzu die Turbo Pascal-Funktion *SizeOf*):

```
  size:=SizeOf(pulldown);
```

Der Parameter *anz* enthält die Anzahl Komponenten oder Menüpunkte,
die der Parameter *menustr* umfaßt (für unser Beispiel also 4).

Mit *nr* kann festgelegt werden, welcher Menüpunkt beim Aufruf der
Prozedur *MenuHor* markiert werden soll (*nr* wird bei Bedarf so verändert,
daß gilt: *1<=nr<=anz*); beim Verlassen von *MenuVert* enthält er die
Nummer des markierten Menüpunktes.

Mit Hilfe des Parameters *res* kann schließlich festgestellt werden, mit
welcher Taste die Prozedur *MenuVert* verlassen worden ist. Folgende
Werte sind denkbar:

0    Menüpunkt mit RETURN angewählt (siehe auch *MenuQuick*)
1    Menü mit ESC abgebrochen
2    Menü mit F1 verlassen (Hilfetaste)
3    Menü mit <Pfeil links> verlassen
4    Menü mit <Pfeil rechts> verlassen

Die Prozedur *MenuVert* ist so gestaltet worden, daß sie eine große Flexi-
bilität zuläßt. Aus diesem Grund wird das Menü nicht selbständig in ein
Fenster passender Größe geschrieben (wie vermutlich oft gewünscht
wird). Die korrekte Fenstergröße berechnet sich wie folgt:

```
  OpenWindow(x,y,x+Succ(lang),y+Succ(max),farbe,rahmen);
```

Wobei gilt:

```
max : Anzahl der Menüpunkte
lang: Länge des längsten Menüpunktes
```

Bitte beachten Sie, daß das aufgebaute Menü beim Prozedur-Ende weiterhin auf dem Bildschirm stehen bleibt.
Folgende Prozeduren arbeiten eng mit *MenuVert* zusammen:

| | |
|---|---|
| **MenuBlinkNumber** | Legt die Anzahl der Blink-Sequenzen eines mit der Maus angewählten Menüpunktes fest |
| **MenuBlinkTime** | Legt die Blinkzeit eines mit der Maus angewählten Menüpunktes fest |
| **MenuGetPos** | Legt die linke obere Ecke des Menüs fest |
| **MenuSetPos** | Ermittelt die linke obere Ecke des Menüs |
| **MenuInvColor** | Bestimmt die Farbe eines angewählten Menü-Punktes |
| **MenuNormColor** | Bestimmt die Farbe der nicht angewählten Menüpunkte |
| **MenuQuick** | Legt fest, ob ein Menü sofort wieder verlassen werden soll |

**Tastatursteuerung:** Mit folgenden Tasten können die einzelnen Menüpunkte angewählt werden:

| | |
|---|---|
| **<Pfeil auf>** | Markierung nach oben |
| **\|<- (BS)** | Markierung nach oben |
| **Shift Tab** | Markierung nach oben |
| **<Pfeil ab>** | Markierung nach unten |
| **Space** | Markierung nach unten |
| **Tab** | Markierung nach unten |
| **Home** | 1. Menüpunkt markieren |
| **End** | Letzten Menüpunkt markieren |
| **RETURN** | res:=0; Menüpunkt anwählen (siehe auch *MenuQuick*) |
| **ESC** | res:=1; Menü verlassen |
| **F1** | res:=2; Hilfe zum Menüpunkt verlangen |
| **<Pfeil links>** | res:=3; Menü in Richtung links verlassen |
| **<Pfeil rechts>** | res:=4; Menü in Richtung rechts verlassen |
| **<Zeichen>** | Wenn ein Menü-Eintrag existiert, dessen erstes Zeichen mit dem eingegebenen übereinstimmt, wird |

dieser markiert (vorangestellte Leerzeichen (Spaces) werden automatisch eliminiert). Falls nur ein einziger Menü-Eintrag mit dem eingegebenen Zeichen übereinstimmt, wird das Menü verlassen (res:=0; wie RETURN-Taste), andernfalls bloß der Menüpunkt markiert.

**Maussteuerung:** Mit folgenden Aktionen der Maus können Sie die einzelnen Tasten simulieren:

**RETURN**          Anklicken eines Menüpunktes mit der linken Maustaste

**ESC**             Drücken der Maustaste, wenn sich der Mauszeiger außerhalb des Menüs befindet

Die Prozedur *MenuVert* erkennt automatisch, wenn einzelne Menüpunkte nicht mehr im aktuellen Fenster sichtbar sind. Diese werden vollständig ignoriert und können nicht angewählt werden. Maximal werden in einem Menü 25 Menüpunkte berücksichtigt.
Fehler, die während *MenuVert* auftreten, können mit der Funktion *SpecialError* ermittelt werden.

**Beispiel**
Folgendes Programm zeigt, wie ein komplexes Menü-System aufgebaut werden kann:

```
PROGRAM MenuVert_Test;
USES
  Crt,Special,Win;
CONST
  balken:ARRAY [1..5] OF STRING[7]=
    ('File','Edit','Run','Compile','Options');
  m1:ARRAY [1..4] OF STRING[6]=
    (' Load',' Pick',' New',' Save');
  m4:ARRAY [1..3] OF STRING[9]=
    (' Compile',' Make',' Build');
  m5:ARRAY [1..2] OF STRING[14]=
    (' Compiler',' Environment');
VAR
  res,nr,resx,nr1,nr4,nr5:BYTE;

  PROCEDURE hilfe(nrh,nrv:BYTE);
  VAR
    ch:CHAR;
    s:STRING;
```

```
BEGIN
  OpenWindow(5,5,31,9,15,SingleLn);
  WriteTitle(' Hilfe für ',112,Center,Head);
  nrh:=nrh*10+nrv;
  CASE nrh OF
    10:s:='File';          40:s:='Compile';
    11:s:='File, Load ';   41:s:='Compile, Compile';
    12:s:='File, Pick';    42:s:='Compile, Make';
    13:s:='File, New';     43:s:='Compile, Build';
    14:s:='File, Save';    50:s:='Options';
    20:s:='Edit';          51:s:='Options, Compiler';
    30:s:='Run';           52:s:='Options, Environment';
  END;
  WriteRel(13-length(s) div 2,2,s);
  ch:=ReadKey;
  WHILE KeyPressed DO ch:=ReadKey;
  CloseWindow
END;

PROCEDURE Schreib(s:STRING);
BEGIN
  GotoXY(1,25);
  IF s<>'' THEN Write('Angewählter Menüpunkt: ',s);
  ClrEol
END;

BEGIN
  ClrScr;
  nr:=1;  nr1:=1;
  nr4:=1; nr5:=1;
  resx:=0;
  TextAttr:=112;
  GotoXY(1,1);
  ClrEol;
  TextAttr:=7;
  REPEAT
    MenuSetPos(5,1);
    MenuInvColor(7);
    MenuNormColor(112);
    REPEAT
      MenuHor(balken,sizeof(balken),5,nr,res)
    UNTIL res<3;
    MenuQuick(FALSE);
    IF res=2 THEN Hilfe(nr,0);    { F1-Taste }
    IF res=0 THEN BEGIN        { RETURN-Taste }
      MenuSetPos(1,1);
      CASE nr OF
        1:BEGIN  { File }
             OpenWindow(4,2,4+7,2+5,112,SingleLn);
             REPEAT
               MenuVert(m1,SizeOf(m1),4,nr1,resx);
```

```
           IF resx=2 THEN Hilfe(1,nr1)
         UNTIL resx<>2;
         CloseWindow;
         IF resx=0 THEN BEGIN
           CASE nr1 OF
             1:Schreib('File, Load');
             2:Schreib('File, Pick');
             3:Schreib('File, New');
             4:Schreib('File, Save')
           END
         END
       END;
    2:Schreib('Edit');
    3:Schreib('Run');
    4:BEGIN          { Compile }
        OpenWindow(30,2,30+10,2+4,112,SingleLn);
        REPEAT
          MenuVert(m4,SizeOf(m4),3,nr4,resx);
          IF resx=2 THEN Hilfe(4,nr4)
        UNTIL resx<>2;
        CloseWindow;
        IF resx=0 THEN BEGIN
          CASE nr4 OF
            1:Schreib('Compile, Compile');
            2:Schreib('Compile, Make');
            3:Schreib('Compile, Build')
          END
        END
      END;
    5:BEGIN          { Options }
        OpenWindow(42,2,42+15,2+3,112,SingleLn);
        REPEAT
          MenuVert(m5,SizeOf(m5),2,nr5,resx);
          IF resx=2 THEN Hilfe(5,nr5)
        UNTIL resx<>2;
        CloseWindow;
        IF resx=0 THEN BEGIN
          CASE nr5 OF
            1:Schreib('Options, Compiler');
            2:Schreib('Options, Environment')
          END
        END
      END
  END
END;
IF resx in [1,3,4] THEN Schreib('');
IF resx=3 THEN dec(nr);  { <- }
IF resx=4 THEN inc(nr);  { -> }
if nr<1 then nr:=5;
if nr>5 then nr:=1;
```

```
    IF (resx in [3,4]) AND (nr in [1,4,5]) THEN MenuQuick(TRUE)
  UNTIL res=1 { ESC-Taste }
END.
```

**Siehe auch**
MenuHor, MenuQuick


# MiniEd

**Zweck**
Ruft den Full-Screen-Editor auf.

**Struktur**

```
PROCEDURE MiniEd(datei:STRING);
```

**Bemerkung**
Die Prozedur *MiniEd* öffnet ein Fenster, in dem sich ein Full-Screen-Editor befindet, der in der Handhabung dem Turbo Pascal-Editor sehr ähnlich ist.
Der Parameter *datei* kann den Namen einer Datei enthalten, die zu Beginn in den Editor geladen werden soll. Falls *datei* einen leeren String enthält, verwendet der Editor automatisch den Text Nummer 1 (erzeugt mit der Unit **Txt**). Nach der Prozedur-Ausführung bleibt der bearbeitete Text weiterhin im Arbeitsspeicher erhalten und kann mit den in der Unit **Txt** enthaltenen Routinen weiter bearbeitet werden.
Der obere Fensterrand des Editors stellt die Statuszeile dar und enthält folgende Informationen:

```
┌ C:\TURBO5\READFILE.INC ────────────────── Ins ─────── Z:1 S:1 ┐
│    └ Aktueller Dateiname (inkl. Suchpfad)    └ Einfügmodus     │
│                                                                │
│         Aktuelle Cursorposition (hier: 1. Zeile, 1. Spalte) ┘  │
```

**Cursorsteuerung:** Folgende Tasten steuern den Cursor auf dem Bildschirm hin und her:

| | |
|---|---|
| **<-** | Zeichen nach links |
| **->** | Zeichen nach rechts |
| **Ctrl <-** | Wort nach links |
| **Ctrl ->** | Wort nach rechts |

| | |
|---|---|
| **<Pfeil auf>** | Zeile nach oben |
| **<Pfeil ab>** | Zeile nach unten |
| **Home** | Zeilenanfang |
| **End** | Zeilenende |
| | |
| **PgUp** | Seite nach oben |
| **PgDn** | Seite nach unten |
| **Ctrl PgUp** | Textanfang |
| **Ctrl PgDn** | Textende |

**Einfügen:** Mit folgenden Tasten lassen sich Zeichen oder Zeilen einfügen oder alle Veränderungen in der aktuellen Zeile verwerfen:

| | |
|---|---|
| **RETURN** | Schließt die aktuelle Zeile ab oder fügt eine neue Zeile ein. |
| **INS** | Einfügmodus ein/aus (wird in der Statuszeile angezeigt) |
| **Ctrl Q T** | Restauriert die aktuelle Zeile |

**Löschen:** Mit folgenden Tasten können einzelne Textteile gelöscht werden:

| | |
|---|---|
| **\|<- (BS)** | Zeichen links des Cursors löschen |
| **DEL** | Zeichen unter dem Cursor löschen |
| **Ctrl T** | Wort löschen |
| **Ctrl Y** | Zeile löschen |
| **Ctrl Q Y** | Zeile ab Cursorposition löschen |

**Funktionstasten:** Die Bedeutung der einzelnen Funktionstasten wird im unteren Fensterrand eingeblendet:

| | |
|---|---|
| **F1** | Zeigt einen kleinen Hilfetext |
| **F2** | Speichert die aktuelle Datei |
| **F3** | Lädt eine beliebige Datei in den Editor |
| **F4** | Sucht im Text ab der aktuellen Cursorposition nach einer Zeichenkette. Falls der von Ihnen eingegebene Dateiname mindestens eines der beiden Stellvertreter-Zeichen ? oder * enthält, wird eine Dateiauswahl-Box geöffnet (siehe *ReadFileName*). |
| **F7** | Zeigt eine Ascii-Tabelle (siehe *AsciiTable*) |
| **F8** | Zeigt einen Taschenrechner (siehe *CalcAOS*) |
| **F10** | Beendet den Full-Screen-Editor. Falls Sie den Text noch nicht abgespeichert haben, werden Sie darauf |

hingewiesen. Der Text bleibt auch nach dem Verlassen der Prozedur *MiniEd* im Speicher erhalten (entspricht dem Text mit der Nummer 1; er kann mit den Routinen der Unit **Txt** bearbeitet werden).

**Wichtig:** Jede Zeile des Editors kann 250 Zeichen enthalten, die maximale Zeilen-Anzahl wird nur durch die Heap-Größe beschränkt. Zeichen, deren Codes kleiner als 32 sind, können mit Hilfe der ALT-Taste und des Ziffernblocks eingegeben werden.
Falls die Prozedur *MiniEd* nicht ausgeführt werden kann, liefert *SpecialError* eine Fehlernummer.

**Beispiel**

```
PROGRAM MiniEd_Test;
USES
  Special,Txt;
VAR
  i:WORD;
  zeile:STRING;
BEGIN
  MiniEd('');
  SelectTxt(1);  { eigentlich nicht nötig, da bereits aktiv }
  WriteLn('Anzahl Zeilen: ',MaxLineNumber);
  WriteLn('Aktuelle Zeile: ',LineNumber);
  GoTop;
  FOR i:=1 TO MaxLineNumber DO BEGIN
    GetLine(zeile);
    WriteLn(zeile)
  END
END.
```

**Siehe auch**
Unit Txt


# ReadFileName

**Zweck**
Öffnet eine Datei-Auswahlbox und ermöglicht so das komfortable Einlesen eines Dateinamens.

**Struktur**

```
FUNCTION ReadFileName(VAR x,y:BYTE; VAR suchmaske:STRING):STRING;
```

**Bemerkung**
Die Funktion *ReadFileName* öffnet ein Fenster, in dem alle Unterverzeichnisse und diejenigen Dateinamen angezeigt werden, die dem Parameter *suchmaske* entsprechen:

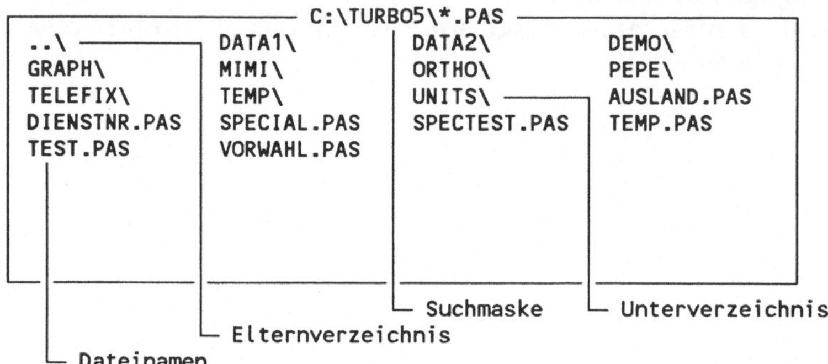


Die Datei-Suchmaske (Parameter *suchmaske*) darf einen Laufwerksnamen und einen Suchpfad enthalten; natürlich sind die beiden StellvertreterZeichen * und ? für die zu suchenden Dateinamen erlaubt. Der Parameter *suchmaske* wird in Großbuchstaben umgewandelt und bei Bedarf ergänzt:

***.pas**            wird zu **C:\TURBO5*.PAS** (Voranstellen des aktuellen Pfades)

**c:\word\lex**     wird zu **C:\WORD\LEX*.*** (Dateimaske fehlt, diese wird durch ***.*** ersetzt)

**a:\.txt**           wird zu **A:*.TXT** (nur Dateierweiterung angegeben, Dateinamen wird durch das Zeichen * ersetzt)

Nach der Funktions-Ausführung enthält der Parameter *suchmaske* die aktuelle Suchmaske (inkl. Laufwerk und Pfad).
Die Parameter *x* und *y* geben die linke obere Ecke des zu öffnenden Fensters an und enthalten nach der Funktions-Ausführung die möglichen neuen Werte der linken oberen Fensterecke (siehe weiter unten).
Als Funktionsergebnis wird ein gültiger Dateiname zurückgegeben (inkl. Laufwerks- und Pfad-Angabe). Bei der Rückgabe eines Leerstrings (STRING mit der Länge 0), ist *ReadFileName* mit der Taste ESC abgebrochen worden.
Die Funktion *ReadFileName* verändert in keinem Fall das aktuelle Laufwerk oder den aktuellen Pfad.

**Tastatursteuerung:** Mit folgenden Tasten kann die Markierung innerhalb der Dateiauswahl-Box verschoben werden:

| | |
|---|---|
| **<-** | Markierung nach links verschieben |
| **->** | Markierung nach rechts verschieben |
| **<Pfeil auf>** | Markierung nach oben verschieben |
| **<Pfeil ab>** | Markierung nach unten verschieben |
| | |
| **PgUp** | Markierung um eine Seite nach oben bewegen |
| **PgDn** | Markierung um eine Seite nach unten bewegen |
| **Home** | Ersten Eintrag markieren |
| **End** | Letzten Eintrag markieren |
| | |
| **<Zeichen>** | Markiert einen Dateinamen oder ein Verzeichnis, dessen erstes Zeichen mit dem eingegebenen übereinstimmt. Bei einer erneuten Eingabe desselben Zeichens wird der nächste passende Eintrag markiert. |

Folgende Tasten wechseln das aktuelle Laufwerk, lesen das Inhaltsverzeichnis neu ein oder brechen die Funktion *ReadFileName* ab:

| | |
|---|---|
| **Ctrl A..G** | Wechselt das aktuelle Laufwerk (Ctrl A = Laufwerk A:, Ctrl B = Laufwerk B: ...); die Dateisuchmaske bleibt dabei unverändert. Falls ein Laufwerk nicht bereit ist (Laufwerks-Klappe offen), erscheint am unteren Fensterrand ein entsprechender Text. |
| **Ctrl R** | Liest das Inhaltsverzeichnis bei gleichbleibender Suchmaske ein (nötig bei einem Wechseln der Diskette) |
| | |
| **<Punkt> (.)** | Öffnet ein kleines Fenster, in dem die aktuelle Datei-Suchmaske (ohne Laufwerk und Pfad) angezeigt wird (insgesamt 12 Zeichen) und bei Bedarf verändert werden kann (Tasten für die Editierung siehe bei *Standard.ReadStr*). Unvollständige Suchmasken werden auch hier erweitert (die Leereingabe entspricht *.*; falls nur Dateierweiterung angegeben wird (inkl. Punkt, z.B.: .PAS), Voranstellen des Stellvertreters *). |
| **RETURN** | Falls das Elternverzeichnis (..\) markiert ist, wird das aktuelle Verzeichnis geschlossen und im Verzeichnisbaum in Richtung Wurzel geklettert. |

Wenn ein Unterverzeichnis (z.B. UNITS\) markiert ist, wird dieses geöffnet und dessen Inhalt angezeigt. Die RETURN-Taste bricht die Funktion *ReadFileName* ab, wenn bei ihrem Druck ein Dateiname markiert ist. Dieser wird samt Suchpfad als Funktionsergebnis zurückgegeben.

ESC            Bricht die Funktion *ReadFileName* ab und gibt einen leeren String zurück (Länge = 0).

**Maussteuerung:** Mit gedrückter Maustaste (links) lassen sich einzelne Einträge der Dateiauswahl-Box markieren. Wenn Sie den Mauszeiger in den oberen (unteren) Fensterrand führen, wird der gesamte Fensterinhalt nach unten (oben) gerollt. Weiter lassen sich mit folgenden Aktionen die unten beschriebenen Tasten simulieren:

**RETURN**     Loslassen der linken Maustaste, wenn sich der Mauszeiger innerhalb der Dateiauswahl-Box befindet.

**ESC**        Drücken der linken Maustaste, wenn sich der Mauszeiger außerhalb des Fensters befindet.

**Fenster-Verschiebung:** Wenn Sie die *ScrollLock*-Taste Ihrer Tastatur drücken, erscheint im unteren Fensterrahmen der Text *ScrollModus*; nun können Sie mit den Cursor-Steuertasten *auf*, *ab*, *links* und *rechts* das Fenster in die gewünschte Richtung bewegen (die linke obere Ecke des Fensters wird mit Hilfe der Parameter $x$ und $y$ beim Verlassen der Funktion zurückgegeben). Ein erneuter Druck auf die *ScrollLock*-Taste schaltet wieder in den normalen Modus zurück.

**Fehler-Meldungen:** Bei Problemen erscheinen am unteren Fensterrand Fehler-Meldungen (*Zuviele Dateien* (maximal 128 Dateien möglich, siehe aber auch Teil 2), *Ungültiger Suchpfad*, *Keinen Eintrag gefunden*, *Laufwerk nicht bereit*), ein Abstürzen der Funktion *ReadFileName* ist jedoch unmöglich.

Falls die Funktion *ReadFileName* nicht ausgeführt werden kann, übergibt die Funktion *SpecialError* den Wert –1 (Fenster kann nicht geöffnet werden).

**Beispiel**

```
PROGRAM ReadFileName_Test;
USES
  Special;
```

```
VAR
  x,y:BYTE;
  maske,datei:STRING;
BEGIN
  x:=4;
  y:=4;
  maske:='*.*';
  datei:=ReadFileName(x,y,maske);
  IF SpecialError<>0 THEN BEGIN
    WriteLn('<ReadFileName> nicht verfügbar!');
    Halt
  END;
  WriteLn(' Dateiname: ',datei);
  WriteLn(' Suchmaske: ',maske);
  WriteLn('Punkt (x,y): (',x,'/',y,')')
END.
```

# SpecialError

**Zweck**
Ermittelt eine Fehlernummer.

**Struktur**

```
FUNCTION SpellError:INTEGER;
```

**Bemerkung**
Falls die Funktion *SpellError* einen Wert ungleich 0 übergibt, ist bei den Routinen *AsciiTable*, *CalcAOS*, *MenuHor*, *MenuVert*, *MiniEd* und *ReadFileName* ein Fehler aufgetreten:

-1  Fenster kann nicht geöffnet werden (Fensterpuffer konnte nicht eingerichtet werden oder bereits voll; siehe auch Unit Win)
-2  Zu wenige Menü-Einträge (tritt bei *MenuHor* und *MenuVert* auf, wenn Sie versuchen, ein Menü darzustellen, das nicht einmal einen einzigen Menü-Eintrag besitzt)
-3  Menü außerhalb des Fensters (tritt bei *MenuHor* und *MenuVert* auf, wenn vorher mit *MenuSetPos* ein Punkt außerhalb des aktuellen Fensters gewählt worden ist)

# Die Unit Spell

**Zweck**
Ermöglicht das Korrigieren von Texten in beliebiger Sprache.

**Bemerkung**
Diese Unit stellt zu diesem Zeitpunkt eine Besonderheit auf dem Soft-
ware-Markt dar, denn mit ihr wird es möglich, in jedes Turbo Pascal-
Programm ein Korrektur-Programm einzubauen, das in beliebigen Texten
nach Orthographie-Fehler sucht.
Das zu dieser Unit gehörende Wörterbuch **SPELL.LEX** (auf einer der zu-
gehörigen Disketten enthalten) enthält mit seinen rund 80'000 Wörtern die
meistgebrauchten deutschen Wörter und erspart es Ihnen weitgehend, in
Kleinstarbeit einen Wortgrundstock zu generieren.
Folgende Merkmale zeichnen die Unit **Spell** aus:

- Unterscheidung zwischen Groß- und Kleinschreibung
- Erkennen von zusammengesetzten Wörtern (zum Beispiel ist das Wort
  "Maulwurf" bekannt, wenn "Maul" und "Wurf" im Wörterbuch enthalten
  sind)
- Wörterbuch auf Festplatte/Diskette oder im Arbeitsspeicher

Ein Wörterbuch kann maximal 131'070 Wörter aufnehmen, aus Sicher-
heits- und Geschwindigkeitsgründen ist es jedoch empfehlenswert,
höchstens 120'000 Wörter in ein Wörterbuch einzufügen; jedes Wort belegt
innerhalb des Wörterbuches nur 2 Bytes und kann sehr schnell gefunden
werden (IBM PC mit 4,77 MHz: rund 250 Wörter/Sekunde; Olivetti M24
mit 8 MHz: rund 500 Wörter/Sekunde). Die Wahrscheinlichkeit, daß ein
falsch geschriebenes Wort als richtig erkannt wird (bei einem Wörterbuch,
daß zu 90% voll ist), beträgt rund 1/10'000 und kann somit vernachlässigt
werden.
Da Korrekturprogramme häufig Texte prüfen sollen, die sich auf der
Festplatte oder einer Diskette befinden, habe ich einige Routinen geschrieben, die beliebige Dateien zeichenweise von der Festplatte/Diskette
lesen und auf diese schreiben können (rund 15 Mal schneller als mit den
Turbo Pascal-Routinen).
Die für die Unit **Spell** verwendeten Algorithmen und Datenstrukturen
werden im 2. Teil dieses Buches sehr ausführlich beschrieben.
Folgende Prozeduren und Funktionen sind in der Unit **Spell** enthalten:

**CloseFastRead**     Schließt Datei für schnelles Lesen der Festplat-
te/Diskette

| | |
|---|---|
| **CloseFastWrite** | Schließt Datei für schnelles Schreiben auf Festplatte/Diskette |
| **CloseLex** | Schließt ein Wörterbuch |
| **CompoundWord** | Prüft, ob ein Wort aus mehreren bekannten Wörtern zusammengesetzt ist |
| **CountWords** | Zählt alle in einem Wörterbuch vorhandenen Wörter |
| **CreateLex** | Erzeugt ein neues Wörterbuch |
| **Deleted** | Prüft, ob ein Wort gelöscht worden ist |
| **DeleteWord** | Löscht ein Wort |
| **EndFastRead** | Prüft, ob Dateiende erreicht ist |
| **FastIOError** | Prüft, ob bei den schnellen Schreib- und Leseoperationen ein Fehler aufgetreten ist (die Fehlernummer entsprechen der Turbo Pascal-Funktion *IOresult*) |
| **FastRead** | Übergibt ein gelesenes Zeichen |
| **FastWrite** | Schreibt ein Zeichen auf Festplatte/Diskette |
| **GetMethod** | Ermittelt, ob das aktuelle Wörterbuch auf der Festplatte/Diskette oder im Arbeitsspeicher zu suchen ist |
| **Inserted** | Prüft, ob ein Wort eingefügt worden ist |
| **InsertWord** | Fügt ein Wort ins Wörterbuch ein |
| **LexError** | Ermittelt eine Fehlernummer: |
| | -1 Anzahl Wörter nicht korrekt |
| | -2 Kein Wörterbuch gewählt |
| | -3 Wörterbuch nicht gefunden |
| | -4 Wörterbuch defekt |
| | -5 Wörterbuch findet keinen Platz im Arbeitsspeicher |
| | -6 Wörterbuch voll |
| | Positive Werte entsprechen den Fehlernummern der Turbo Pascal-Funktion *IOresult* und treten bei Problemen mit der Festplatte/Diskette auf |
| **OpenFastRead** | Öffnet eine Datei, die sehr schnell gelesen werden soll (zeichenweise) |
| **OpenFastWrite** | Öffnet eine Datei, in die sehr schnell geschrieben werden soll (zeichenweise) |
| **OpenLex** | Öffnet ein Wörterbuch |
| **SetMethod** | Legt fest, ob ein Wörterbuch auf der Festplatte/Diskette oder im Arbeitsspeicher zu suchen ist |
| **WordExist** | Prüft, ob ein Wort bekannt ist |
| **WordNumber** | Ermittelt die aktuelle Anzahl Wörter |

Folgende Konstanten können zusammen mit den beiden Prozeduren *Get-Method* und *SetMethod* verwendet werden:

| SpDisk | =0; Wörterbuch befindet sich auf der Festplatte/Diskette |
| SpRAM | =1; Wörterbuch soll in den Arbeitsspeicher geladen werden |

# CloseFastRead

**Zweck**
Schließt die Datei für schnelles Lesen.

**Struktur**

```
PROCEDURE CloseFastRead;
```

**Bemerkung**
Die Prozedur *CloseFastRead* schließt die mit *OpenFastRead* geöffnete
Datei und bringt dabei das Directory auf den neusten Stand.
*CloseFastRead* wird bei einem Laufzeitfehler oder am Ende eines Pro-
grammes automatisch aufgerufen.

**Siehe auch**
CloseFastWrite, FastRead, OpenFastRead

# CloseFastWrite

**Zweck**
Schließt die Datei für schnelles Schreiben.

**Struktur**

```
PROCEDURE CloseFastWrite;
```

**Bemerkung**
Die Prozedur *CloseFastWrite* schreibt die noch im Datenpuffer befindli-
chen Zeichen auf die Festplatte/Diskette und schließt die mit *OpenFast-
Write* geöffnete Datei.
*CloseFastWrite* wird bei einem Laufzeitfehler oder am Ende eines Pro-
grammes automatisch aufgerufen.

**Siehe auch**
CloseFastRead, FastWrite, OpenFastWrite


# CloseLex

**Zweck**
Schließt das aktuelle Wörterbuch.

**Struktur**

```
PROCEDURE CloseLex;
```

**Bemerkung**
Falls sich das aktuelle Wörterbuch im Arbeitsspeicher befindet, wird es
komplett auf die Festplatte/Diskette kopiert.
Die Prozedur *CloseLex* wird am Ende jedes Programmes oder bei einem
Laufzeitfehler automatisch ausgeführt.
Fehler, die während *CloseLex* entstehen, können mit *LexError* ermittelt
werden (Probleme mit der Festplatte/Diskette).

**Siehe auch**
CreateLex, OpenLex


# CompoundWord

**Zweck**
Prüft, ob ein Wort aus mehreren bekannten Teilwörtern besteht.

**Struktur**

```
FUNCTION CompoundWord(VAR wort:STRING):BOOLEAN;
```

**Bemerkung**
In der deutschen Sprache ist es möglich, eine Vielzahl von Hauptwörtern
zusammenzusetzen (z.B. "Zieher", "Schreck" und "Schrauben" zu "Schreck-
schraubenzieher"). Da die Anzahl dieser Zusammensetzungen nicht über-
schaubar ist und das Wörterbuch bereits viele Stammwörter enthält,
scheint es sinnvoll, diese für die eine Worterkennung zu verwenden.

Die Funktion *CompoundWord* prüft, ob das Wort *wort* aus mehreren Hauptwörtern besteht und übergibt den Wert TRUE, wenn dies zutrifft. Bitte beachten Sie, daß *CompoundWord* nur nach Hauptwörtern sucht, die mindestes drei Zeichen umfassen.

Falls Sie *CompoundWord* ein Wort übergeben, das klein geschrieben oder weniger als sechs Zeichen (ein zusammengesetztes Wort muß mindestens zwei Teilwörter à drei Zeichen enthalten) lang ist, erhalten Sie immer FALSE als Funktionsergebnis zurück. Außerdem ist *CompoundWord* nicht in der Lage, *wort* als "bekannt" zu erkennen, wenn dieses zwar im Wörterbuch enthalten aber nicht zusammengesetzt ist (für diesen Zweck verwenden Sie bitte die Funktion *WordExist*).

## Beispiel

```pascal
PROGRAM CompoundWord_Test;
USES
  Spell,Crt;
VAR
  wort:STRING;
  ch:CHAR;
BEGIN
  SetMethod(SpRAM);
  OpenLex('spell.lex');
  IF LexError<>0 THEN BEGIN
    WriteLn('Wörterbuch nicht gefunden oder');
    WriteLn('Arbeitsspeicher zu klein.');
    Halt
  END;
  REPEAT
    Write('Wort: ');
    ReadLn(wort);
    IF wort='' THEN Halt;
    IF WordExist(wort) THEN
      WriteLn('*** <',wort,'> bekannt')
    ELSE IF CompoundWord(wort) THEN
      WriteLn('*** <',wort,'> zusammengesetzt')
    ELSE BEGIN
      WriteLn('*** <',wort,'> nicht gefunden. Einfügen (J/N)? ');
      REPEAT
        ch:=UpCase(ReadKey);
        Write(ch,#8)
      UNTIL pos(ch,'JN')<>0;
      IF ch='J' THEN InsertWord(wort)
    END
  UNTIL FALSE
END.
```

**Siehe auch**
DeleteWord, InsertWord, WordExist


# CountWords

**Zweck**
Zählt alle Wörter innerhalb eines Wörterbuches.

**Struktur**

```
FUNCTION CountWords:LONGINT;
```

**Bemerkung**
Die Funktion *CountWords* durchsucht das aktuelle Wörterbuch und gibt
die Anzahl gültiger Wörter zurück. Falls *LexError* unmittelbar nach
*CountWords* den Wert -1 übergibt, ist während der Funktionsausführung
ein Fehler aufgetreten (im Zusammenhang mit der Festplatte/Diskette).
Beim Schließen eines Wörterbuches wird die Anzahl der Wörter gespeichert und steht beim Öffnen unmittelbar wieder zur Verfügung. Somit
kann *CountWords* im Normalfall durch die wesentlich schnellere Funktion
*WordNumber* ersetzt werden und sollte nur dann zur Anwendung kommen,
wenn nach *WordNumber* die Funktion *LexError* die Fehlernummer -1
übergibt. Dieser Fall ist genau dann denkbar, wenn bei offenem Wörterbuch ein Programm gewaltsam durch einen Warmstart oder einen Netz-
ausfall abgebrochen worden ist und *SetMethod(SpDisk);* dabei aktiv war.

**Beispiel**

```
PROGRAM CountWords_Test;
USES
  Spell;
VAR
  anz:LONGINT;
BEGIN
  OpenLex('spell.lex');
  anz:=WordNumber;
  IF LexError=-1 THEN BEGIN
    WriteLn('Bitte warten ...');
    anz:=CountWords
  END;
  WriteLn('Anzahl Wörter in SPELL.LEX: ',anz)
END.
```

**Siehe auch**
WordNumber


# CreateLex

**Zweck**
Erzeugt ein neues und leeres Wörterbuch.

**Struktur**

```
PROCEDURE CreateLex(name:STRING);
```

**Bemerkung**
Die Prozedur *CreateLex* erzeugt ein leeres Wörterbuch; der Parameter *name* muß einen unter MS-DOS gültigen Dateinamen enthalten (Laufwerks- und Suchpfadangabe möglich). Falls vor dem Prozeduraufruf bereits eine Datei mit dem Namen *name* besteht, wird diese überschrieben.
Mit Hilfe der Prozedur *SetMethod* kann festgelegt werden, ob ein Wörterbuch im Arbeitsspeicher oder auf der Festplatte/Diskette erzeugt werden soll (Festplatte/Diskette entspricht der Standard-Einstellung).
Ein Wörterbuch, das bei *CreateLex* noch offen ist, wird selbständig geschlossen.
Das durch *CreateLex* erzeugte Wörterbuch kann maximal 131'070 Wörter aufnehmen.
Falls *LexError* nach der Prozedur *CreateLex* einen Wert ungleich Null übergibt, konnte diese nicht korrekt ausgeführt werden.

**Beispiel**
Folgendes Programm versucht, ein Wörterbuch zu öffnen. Falls dieses nicht gefunden werden kann, wird ein leeres erzeugt.

```
PROGRAM CreateLex_Test;
USES
  Spell;
VAR
  name:STRING;
BEGIN
  Write('Wörterbuch: ');
  ReadLn(name);
  OpenLex(name);
  IF LexError=-3 THEN BEGIN
    WriteLn('Versuche, Wörterbuch zu erzeugen ...');
```

```
      CreateLex(name)
    END;
    IF LexError<>0 THEN BEGIN
      WriteLn('Wörterbuch <',name,'> nicht gefunden und nicht');
      WriteLn('erzeugt (Probleme mit Festplatte/Diskette)');
      Halt
    END;
    WriteLn('Anzahl Wörter: ',WordNumber)
  END.
```

**Siehe auch**
CloseLex, OpenLex


# Deleted

**Zweck**
Prüft, ob ein Wort gelöscht worden ist.

**Struktur**

```
FUNCTION Deleted:BOOLEAN;
```

**Bemerkung**
Falls die Funktion *Deleted* nach dem Aufruf von *DeleteWord* den Wert
FALSE übergibt, konnte das gewünschte Wort nicht gelöscht werden. Dies
kann folgende Gründe haben:

- Wort nicht im Wörterbuch enthalten
- Kein Wörterbuch gewählt (*LexError* übergibt -2)
- Probleme mit der Festplatte/Diskette (*LexError* übergibt einen positi-
  ven Wert)

**Siehe auch**
DeleteWord, Inserted


# DeleteWord

**Zweck**
Löscht ein Wort innerhalb des Wörterbuches.

**Struktur**

```
PROCEDURE DeleteWord(VAR wort:STRING);
```

**Bemerkung**

Die Prozedur *DeleteWord* sucht im aktuellen Wörterbuch nach dem angegebenen Wort *wort* und löscht es. Wenn *wort* nicht im Wörterbuch enthalten ist, übergibt die Funktion *Deleted* den Wert FALSE.
Fehler, die während *DeleteWord* auftreten, können mit *LexError* ermittelt werden.

**Beispiel**

```
PROGRAM DeleteWord_Test;
USES
  Spell;
VAR
  wort:STRING;
BEGIN
  OpenLex('spell.lex');
  REPEAT
    Write('Zu löschendes Wort: ');
    ReadLn(wort);
    DeleteWord(wort);
    IF Deleted THEN
      WriteLn('Wort gelöscht')
    ELSE
      WriteLn('Wort nicht gefunden')
  UNTIL wort='';
  CloseLex
END.
```

**Siehe auch**
CompoundWord, Deleted, InsertWord, WordExist

# EndFastRead

**Zweck**
Prüft, ob das Dateiende bereits erreicht ist.

**Struktur**

```
FUNCTION EndFastRead:BOOLEAN;
```

**Bemerkung**
Die Funktion *EndFastRead* übergibt den Wert TRUE, wenn das letzte
Zeichen der mit *OpenFastRead* geöffneten Datei gelesen worden ist.
Falls während dem schnellen Lesen mit *FastRead* ein Fehler auftritt (Pro-
bleme mit dem Datenträger), übergibt *EndFastRead* ebenfalls den Wert
TRUE.

**Beispiel**

```
PROGRAM EndFastRead_Test;
USES
  Spell;
VAR
  ch:CHAR;
  name:STRING;
BEGIN
  Write('Dateiname: ');
  ReadLn(name);
  OpenFastRead(name);
  IF FastIOError<>0 THEN BEGIN
    WriteLn('Datei nicht gefunden.');
    Halt
  END;
  WHILE NOT EndFastRead DO BEGIN
    FastRead(ch);
    Write(ch)
  END;
  IF FastIOError<>0 THEN
    WriteLn('Probleme mit dem Datenträger.');
  CloseFastRead
END.
```

**Siehe auch**
FastRead, OpenFastRead


# FastIOError

**Zweck**
Prüft, ob beim schnellen Lesen oder Schreiben ein Fehler aufgetreten ist.

**Struktur**

```
FUNCTION FastIOError:INTEGER;
```

**Bemerkung**
Der Funktionswert von *FastIOError* entspricht der Turbo Pascal-Funktion *IOresult* und ist ungleich 0, wenn ein Fehler im Zusammenhang mit den Prozeduren *FastRead*, *FastWrite*, *OpenFastRead* und *OpenFastWrite* aufgetreten ist.
Die Bedeutungen der einzelnen Fehlernummern sind im Systemhandbuch zu Turbo Pascal zu finden (Band 1, Anhang F), außerdem können Sie mit der Funktion *ErrorMsg* (in der Unit **Standard** enthalten) einen deutschen Fehlertext ermitteln.
Ein Aufruf der Funktion *FastIOError* setzt die Fehlernummer auf 0 zurück; diese muß deshalb bei Bedarf gespeichert werden.

**Siehe auch**
FastRead, FastWrite, LexError

# FastRead

**Zweck**
Übergibt ein Zeichen der Eingabedatei.

**Struktur**

```
PROCEDURE FastRead(VAR ch:CHAR);
```

**Bemerkung**
Die Prozedur *FastRead* liest aus der mit *OpenFastRead* geöffneten Datei ein Zeichen. *FastRead* ist rund 15 Mal schneller als der Prozeduraufruf:

```
Read(f,ch);  { wobei f:FILE OF CHAR; }
```

Somit eignet sich diese Prozedur besonders dann, wenn ein zeichenweises Lesen erwünscht ist (weitere Informationen hierzu finden Sie bei *Open-FastRead*).

**Beispiel**
Folgendes Programm liest den Inhalt einer Datei ein und fügt deren Wörter, die in SPELL.LEX unbekannt sind, ins Wörterbuch ein.

```
PROGRAM FastRead_Test;
USES
  Spell;
```

```pascal
VAR
  name,
  wort:STRING;
  ch:CHAR;
BEGIN
  SetMethod(SpRAM);
  OpenLex('spell.lex');
  IF LexError<>0 THEN BEGIN
    WriteLn('Speicher zu klein oder');
    WriteLn('SPELL.LEX nicht gefunden.');
    Halt
  END;
  WriteLn('Bitte warten ...');
  Write('Textdatei: ');
  ReadLn(name);
  OpenFastRead(name);
  IF FastIOError<>0 THEN BEGIN
    WriteLn('Textdatei nicht gefunden.');
    CloseLex;  { Nicht unbedingt notwendig }
    Halt
  END;
  wort:='';
  WHILE NOT EndFastRead DO BEGIN
    FastRead(ch);
    CASE UpCase(ch) OF
      'A'..'Z','ä','Ä','ö','Ö','ü','Ü','ß':wort:=wort+ch;
      ELSE BEGIN
        IF wort[0]>#1 THEN BEGIN  { wenn Wort länger als 1 }
          InsertWord(wort);
          IF Inserted THEN WriteLn('<',wort,'> eingefügt')
        END;
        wort[0]:=#0  { Wortlänge auf 0 setzen }
      END;
    END
  END;
END.
```

**Siehe auch**
EndFastRead, FastWrite, OpenFastRead


# FastWrite

**Zweck**
Schreibt ein Zeichen in die Ausgabedatei.

## Struktur

```
PROCEDURE FastWrite(ch:CHAR);
```

## Bemerkung

Die Prozedur *FastWrite* schreibt ein Zeichen in die mit *OpenFastWrite* geöffnete Datei. *FastWrite* ist rund 15 Mal schneller als der Prozeduraufruf:

```
Write(f,ch);  { wobei f:FILE OF CHAR; }
```

Diese Prozedur eignet sich besonders dann, wenn ein schnelles Schreiben
in eine Datei erwünscht ist (weiteres hierzu bei *OpenFastWrite*).

## Beispiel

Folgendes Programm sucht in einer Textdatei nach Orthographie-Fehlern
und schreibt den korrigierten Text in eine neue Datei. Pro Minute können
mit diesem Programm rund 120'000 Bytes geprüft werden, was rund 60
Seiten Text entspricht (Olivetti M24 mit 8 MHz; Festplatte mit einer
mittleren Zugriffszeit von 70 ms; Datenpuffer für schnelles Lesen und
Schreiben je 16 KBytes); somit zählt dieses kleine Korrekturprogramm zu
den schnellsten seiner Art.

```
PROGRAM FastWrite_Test;
USES
  Spell,Crt;
VAR
  err:INTEGER;
  lesen,schreiben,wort:STRING;
  ch,ein:CHAR;
  alt,neu,tot,anz:LONGINT;

  PROCEDURE schreib(VAR wort:STRING);
  VAR
    la:BYTE ABSOLUTE wort;
    i:BYTE;
  BEGIN
    FOR i:=1 TO la DO FastWrite(wort[i])
  END;

BEGIN
  SetMethod(SpRam);
  Writeln('*** Wörterbuch wird gelesen.');
  OpenLex('spell.lex');
  err:=LexError;
  IF err<>0 THEN BEGIN
    CASE err OF
      -3:WriteLn('*** Wörterbuch nicht gefunden.');
```

```
      -5:WriteLn('*** Wörterbuch findet keinen Platz im Speicher.')
    END;
    Halt
END;
Write('Datei, die gelesen werden soll: ');
ReadLn(lesen);
OpenFastRead(lesen);
IF FastIOError<>0 THEN BEGIN
  WriteLn('*** Datei nicht gefunden.');
  WriteLn('*** Wörterbuch wird geschlossen.');
  CloseLex;
  Halt
END;
Write('Datei, in die geschrieben werden soll: ');
ReadLn(schreiben);
OpenFastWrite(schreiben);
wort:='';
anz:=0;
tot:=0;
alt:=WordNumber;
WHILE NOT EndFastRead DO BEGIN
  FastRead(ch);
  Inc(anz);
  CASE ch OF
    'A'..'Z','a'..'z','ä','Ä','ö','Ö','Ü','ü','ß':
      wort:=wort+ch;
    ELSE BEGIN
      IF wort[0]>#1 THEN BEGIN
        ein:='K';
        Inc(tot);
        WHILE NOT WordExist(wort) AND (ein='K') DO BEGIN
          WriteLn(anz,' Bytes: <',wort,'> nicht bekannt.');
          Write('Aufnehmen, Ignorieren, Korrigieren (A/I/K)? ');
          REPEAT
            ein:=UpCase(ReadKey);
            Write(ein,#8)
          UNTIL Pos(ein,'AIK')<>0;
          WriteLn;
          IF ein='K' THEN BEGIN
            Write('Korrigiertes Wort: ');
            ReadLn(wort)
          END;
          IF ein='A' THEN InsertWord(wort)
        END
      END;
      IF wort[0]>#0 THEN schreib(wort);
      FastWrite(ch);
      wort[0]:=#0
    END
  END
END;
```

```
   IF wort[0]>#0 THEN schreib(wort);
   CloseFastRead;
   CloseFastWrite;
   neu:=WordNumber;
   WriteLn('Anzahl Wörter im Wörterbuch: ',neu:7);
   WriteLn('      Anzahl Wörter im Text: ',tot:7);
   WriteLn('                Neu eingefügt: ',neu-alt:7);
   WriteLn('*** Wörterbuch wird geschrieben.');
   CloseLex
END.
```

**Siehe auch**
FastRead, OpenFastWrite

# GetMethod

**Zweck**
Ermittelt, ob die Routinen der Unit **Spell** das Wörterbuch im Arbeitsspeicher oder auf der Festplatte/Diskette zu suchen haben.

**Struktur**

```
PROCEDURE GetMethod(VAR mode:BYTE);
```

**Bemerkung**
Folgende Konstanten können zusammen mit *GetMethod* verwendet werden:

**SpDisk**                  =0; Wörterbuch auf Festplatte/Diskette
**SpRAM**                   =1; Wörterbuch im Arbeitsspeicher

**Beispiel**

```
PROGRAM GetMethod_Test;
USES
  Spell;
VAR
  mode:BYTE;
BEGIN
  GetMethod(mode);
  IF mode=SpDisk THEN
    WriteLn('Wörterbuch auf Festplatte')
```

```
    ELSE
      WriteLn('Wörterbuch im Arbeitsspeicher')
  END.
```

**Siehe auch**
OpenLex, SetMethod


# Inserted

**Zweck**
Prüft, ob ein Wort ins Wörterbuch eingefügt worden ist.

**Struktur**

```
FUNCTION Inserted:BOOLEAN;
```

**Bemerkung**
Falls die Funktion *Inserted* nach dem Aufruf von *InsertWord* den Wert
FALSE übergibt, konnte das gewünschte Wort nicht ins Wörterbuch auf-
genommen werden. Dies kann folgende Gründe haben:

- Wort bereits im Wörterbuch enthalten
- Wort umfaßt nur ein einziges Zeichen
- Kein Wörterbuch gewählt (*LexError* übergibt -2)
- Wörterbuch voll (*LexError* übergibt -6)
- Probleme mit der Festplatte/Diskette (*LexError* übergibt einen positi-
  ven Wert)

**Beispiel**

```
PROGRAM Inserted_Test;
USES
  Spell;
VAR
  err:INTEGER;
  wort:STRING;
BEGIN
  OpenLex('spell.lex');
  REPEAT
    Write('Wort: ');
    ReadLn(wort);
    InsertWord(wort);
```

```
      IF Inserted THEN
        WriteLn('Wort aufgenommen')
      ELSE BEGIN
        err:=LexError;
        CASE err OF
           0:WriteLn('Wort bereits bekannt');
          -2:WriteLn('Kein Wörterbuch gewählt');
          ELSE WriteLn('Festplatte/Diskette prüfen')
        END
      END
    UNTIL wort='';
    CloseLex
  END.
```

**Siehe auch**
Deleted, InsertWord


# InsertWord

**Zweck**
Fügt ein Wort ins Wörterbuch ein.

**Struktur**

```
PROCEDURE InsertWord(VAR wort:STRING);
```

**Bemerkung**
Die Prozedur *InsertWord* sucht im aktuellen Wörterbuch einen freien Platz
und fügt das Wort *wort* ein. Jedes Wort wird nur ein einziges Mal im
Wörterbuch gespeichert, auch dann, wenn Sie versuchen, ein einzelnes
Wort mit *InsertWord* mehrmals einzufügen. Mit der Funktion *Inserted* läßt
sich prüfen, ob ein Wort erfolgreich eingefügt werden konnte.
Die Zeichenkette *wort* darf alle Zeichen im Bereich #0..#255 enthalten.
Zwischen Groß- und Kleinschreibung wird unterschieden, d.h. die drei
Wörter "gehen", "Gehen" und "GEHEN" sind nicht identisch.
Fehler, die während *InsertWord* auftreten, können mit *LexError* ermittelt
werden.

**Beispiel**
```
PROGRAM InsertWord_Test;
USES
  Spell;
VAR
```

```
      wort:STRING;
      err:INTEGER;
   BEGIN
     OpenLex('spell.lex');
     REPEAT
       Write('Wort: ');
       ReadLn(wort);
       InsertWord(wort);
       IF Inserted THEN
         WriteLn('Wort eingefügt.')
       ELSE BEGIN
         err:=LexError;
         IF err=0 THEN
           IF wort[0]<#2 THEN
             WriteLn('Wort zu kurz.')
           ELSE
             WriteLn('Wort bereits bekannt.')
         ELSE
           WriteLn('Fehler Nr. ',err,' aufgetreten ...');
       END
     UNTIL wort='';
     CloseLex
   END.
```

**Siehe auch**
CompoundWord, DeleteWord, Inserted, WordExist


# LexError

**Zweck**
Ermittelt eine Fehlernummer.

**Struktur**

```
FUNCTION LexError:INTEGER;
```

**Bemerkung**
Die Funktion *LexError* prüft, ob während der folgenden Routinen ein
Fehler aufgetreten ist:

```
OpenLex       CreateLex      DeleteWord     CompoundWord
CloseLex      InsertWord     WordExist      CountWords
```

Den einzelnen negativen Werten von *LexError* kommen folgende Bedeutungen zu:

-1  Anzahl Wörter nicht korrekt (während dem Festplatten/Disketten-Modus (*SetMethod(SpDisk);*) konnte das Wörterbuch nicht wunschgemäß geschlossen werden (Systemabsturz, Stromausfall); mit *CountWords* kann die exakte Anzahl Wörter ermittelt werden)
-2  Kein Wörterbuch gewählt
-3  Wörterbuch nicht gefunden
-4  Wörterbuch defekt (Wörterbuch umfaßt nicht 262'144 Bytes)
-5  Wörterbuch findet keinen Platz im Speicher (versuchen Sie es in diesem Fall mit *SetMethod(SpDisk);*)
-6  Wörterbuch voll (ein Wörterbuch kann maximal 131'070 Wörter aufnehmen)

Die Bedeutungen der einzelnen positiven Fehlernummern sind im Systemhandbuch zu Turbo Pascal zu finden (Band 1, Anhang F), außerdem können Sie mit der Funktion *ErrorMsg* (in der Unit **Standard** enthalten) einen deutschen Fehlertext ermitteln.

Ein Aufruf der Funktion *LexError* setzt die Fehlernummer auf 0 zurück; diese muß deshalb bei Bedarf gespeichert werden.

**Siehe auch**
FastIOError


# OpenFastRead

**Zweck**
Öffnete eine Datei, die sehr schnell gelesen werden soll.

**Struktur**

```
PROCEDURE OpenFastRead(name:STRING);
```

**Bemerkung**
Die Prozedur *OpenFastRead* öffnet eine Datei für schnelle Leseoperationen; der Parameter *name* muß einen unter MS-DOS gültigen Dateinamen enthalten (Laufwerks- und Suchpfadangabe möglich). Falls vor dem Prozeduraufruf bereits eine Datei für schnelles Lesen geöffnet worden ist, schließt *OpenFastRead* diese automatisch.

Bei einem Korrektur-Programm ist es wünschenswert, eine Datei (in der nach Orthographie-Fehlern gesucht werden soll) zeichenweise einzulesen. Dies ergibt sich aus dem Umstand, daß viele Textverarbeitungsprogramme ihre Texte nicht in einer unter Turbo Pascal lesbaren Textdatei speichern (einzelne Zeilen länger als 255 Zeichen, das Zeichen ^Z mitten im Text). Somit empfiehlt es sich, folgende Dateivariable zu vereinbaren:

```
TYPE
   lesen:FILE OF CHAR;
```

Da die Lesegeschwindigkeit bei einer so definierten Datei nicht befriedigend ist, kann mit Hilfe von *OpenFastRead* eine Datei geöffnet werden, die wie eine Datei des Typs *FILE OF CHAR* benutzt werden kann (*FastRead* liest ein Zeichen). Die Lesegeschwindigkeit ist dabei rund 15 Mal größer.
**Wichtig:** Der für die schnellen Leseoperationen reservierte Datenpuffer umfaßt standardmäßig 512 Bytes. Wie Sie diese Puffergröße verändern können, erfahren Sie im 2. Teil dieses Buches (Quellcode der Unit Spell).
Bitte beachten Sie, daß *OpenFastRead* nur eine einzige geöffnete Datei zuläßt, in der gelesen werden soll. Fehler, die während der Prozedurausführung auftreten, können mit *FastIOError* ermittelt werden.

**Siehe auch**
CloseFastRead, EndFastRead, FastRead, OpenFastWrite


# OpenFastWrite

**Zweck**
Öffnet eine Datei, in die sehr schnell geschrieben werden soll.

**Struktur**

```
PROCEDURE OpenFastWrite(name:STRING);
```

**Bemerkung**
Die Prozedur *OpenFastWrite* öffnet eine Datei für schnelle Schreiboperationen; der Parameter *name* muß einen unter MS-DOS gültigen Dateinamen enthalten (Laufwerks- und Suchpfadangabe möglich). Falls vor dem Prozeduraufruf bereits eine Datei für schnelles Schreiben geöffnet worden ist, schließt *OpenFastWrite* diese selbständig.

Ein Korrektur-Programm liest üblicherweise den Inhalt einer Datei, bereinigt alle entdeckten Orthographiefehler und erzeugt eine zweite Datei, die den korrïgierten Text enthält. Hierzu eignet sich folgende Deklaration:

```
TYPE
   schreiben:FILE OF CHAR;
```

Da die Schreibgeschwindigkeit bei einer so definierten Datei nicht befriedigend ist, kann mit Hilfe von *OpenFastWrite* eine Datei geöffnet werden, die wie eine Datei des Typs *FILE OF CHAR* benutzt werden kann (*FastWrite* schreibt ein Zeichen in die Datei). Die Schreibgeschwindigkeit ist dabei rund 15 Mal größer.

**Wichtig:** Der für die schnellen Schreiboperationen reservierte Datenpuffer umfaßt standardmäßig 512 Bytes. Wie Sie diese Puffergröße verändern können, erfahren Sie im 2. Teil dieses Buches (Quellcode der Unit Spell).

Bitte beachten Sie, daß *OpenFastWrite* nur eine einzige geöffnete Datei zuläßt, in die geschrieben werden soll. Fehler, die während der Prozedurausführung auftreten, können mit *FastIOError* ermittelt werden.

**Siehe auch**
CloseFastWrite, OpenFastRead

# OpenLex

**Zweck**
Öffnet ein Wörterbuch.

**Struktur**

```
PROCEDURE OpenLex(name:STRING);
```

**Bemerkung**
Die Prozedur *OpenLex* öffnet ein bestehendes Wörterbuch; der Parameter *name* muß einen unter MS-DOS gültigen Dateinamen enthalten (Laufwerks- und Suchpfadangabe möglich). Falls vor dem Prozeduraufruf bereits ein Wörterbuch offen ist, wird dieses zuerst geschlossen.

Wenn vor dem Öffnen eines Wörterbuches der Prozeduraufruf *SetMethod(SpRAM);* erfolgt ist, wird das gewünschte Wörterbuch in den Arbeitsspeicher geladen; andernfalls bleibt es auf der Festplatte oder Diskette (entspricht der Standardeinstellung, natürlich sind in diesem Fall die

Prozeduren *InsertWord*, *DeleteWord*, *CountWords* und *WordExist* wesent-
lich langsamer).
Fehler, die während *OpenLex* auftreten, können mit der Funktion *Lex-
Error* ermittelt werden.

**Siehe auch**
CloseLex, CreateLex, SetMethod


# SetMethod

**Zweck**
Legt fest, wo die einzelnen Routinen der Unit **Spell** das Wörterbuch zu
suchen haben (im Arbeitsspeicher oder auf der Festplatte/Diskette).

**Struktur**

```
PROCEDURE SetMethod(mode:BYTE);
```

**Bemerkung**
Die Prozedur *SetMethod* muß bei geschlossenem Wörterbuch ausgeführt
werden, um eine Wirkung zu erzielen. In der Standardeinstellung wird das
zu öffnende Wörterbuch nicht in den Arbeitsspeicher geladen.
Folgende Konstanten können verwendet werden:

**SpDisk**              =0; Wörterbuch soll auf Festplatte/Diskette gesucht
                        werden
**SpRAM**               =1; Wörterbuch befindet sich im Arbeitsspeicher

**Siehe auch**
GetMethod, OpenLex


# WordExist

**Zweck**
Prüft, ob ein Wort im Wörterbuch enthalten ist.

**Struktur**

```
FUNCTION WordExist(VAR wort:STRING):BOOLEAN;
```

**Bemerkung**

Die Funktion *WordExist* sucht im geöffneten Wörterbuch nach dem Wort *wort* und übergibt den Wert TRUE, falls dieses darin enthalten ist.

Da viele klein geschriebenen Wörter (z.B. suchen) in der deutschen Sprache auch groß geschrieben werden können (das Suchen), ist es empfehlenswert, groß geschriebene Wörter, die im Wörterbuch nicht zu finden sind, erst dann zu bemängeln, wenn sie auch nicht in Kleinschreibung im Wörterbuch existieren:

```
USES
  Spell,Standard;
VAR
  wort:STRING;
BEGIN
  OpenLex('spell.lex');
  Write('Wort: ');
  ReadLn(wort);
  IF WordExist(wort) THEN
    WriteLn('Wort bekannt.')
  ELSE BEGIN
    wort:=Lower(wort);
    CASE wort[1] OF
      'a'..'z','ä','ö','ü':
        IF WordExist(wort) THEN
          WriteLn('Wort in Kleinschreibung bekannt.')
        ELSE
          WriteLn('Wort nicht bekannt.');
      ELSE
        WriteLn('Wort nicht bekannt.')
    END
  END
END.
```

Mit der Funktion *CompoundWord* läßt sich prüfen, ob ein Wort aus mehreren bekannten Wörtern zusammengesetzt ist.

**Siehe auch**
CompoundWord, InsertWord

# WordNumber

**Zweck**
Ermittelt die aktuelle Anzahl Wörter, die in einem Wörterbuch enthalten sind.

## Struktur

```
FUNCTION WordNumber:LONGINT;
```

## Bemerkung

Die aktuelle Anzahl Wörter, die in einem Wörterbuch enthalten sind, wird im Normalfall gespeichert und steht nach *OpenLex* unmittelbar mit *Word-Number* zur Verfügung. Falls jedoch die Funktion *LexError* nach *Word-Number* den Wert −1 übergibt, war die gespeicherte Anzahl Wörter beim Öffnen des Wörterbuches nicht korrekt. In diesem Fall gibt *WordNumber* lediglich darüber Auskunft, wieviele Wörter seit dem Öffnen eingefügt oder gelöscht worden sind (weitere Informationen bei *CountWords*).

## Siehe auch

CountWords

# Die Unit Standard

**Zweck**
Stellt wichtige Routinen zur Verfügung, die immer wieder gebraucht werden.

**Bemerkung**
In meiner Programmierpraxis habe ich die Erfahrung gemacht, daß ich immer wieder dieselben Prozeduren und Funktionen benötige, die nicht zum Sprachumfang von Turbo Pascal gehören. Stets entwickelte ich diese neu, da es sich vermeintlich nicht lohnte, solche Anfänger-Algorithmen zu sammeln und zu pflegen; weit interessantere Probleme warteten bereits im Hintergrund. Nun, endlich habe ich diese Unit geschrieben und fühle mich sehr gut dabei, wenn ich ohne zu denken auf Routinen zugreifen kann, die weder viel Schweiß noch manche Tasse Kaffee gekostet haben:

| | |
|---|---|
| **BeepOff** | Schaltet den Warnton aus, der bei den Prozeduren *ReadInt*, *ReadReal* und *ReadStr* verwendet wird |
| **BeepOn** | Schaltet den Warnton ein (Standardeinstellung) |
| **Bin** | Wandelt einen Wert ins binäre Zahlensystem um |
| **BitSet** | Prüft, ob ein bestimmtes Bit gesetzt ist |
| **CharRange** | Prüft, ob sich ein Zeichen in einem gewünschten Bereich befindet |
| **ClrBit** | Löscht ein bestimmtes Bit |
| **CopyBuffer** | Richtet für *CopyFile* einen Puffer ein |
| **CopyError** | Ermittelt eine Fehlernummer |
| **CopyFile** | Kopiert eine Datei |
| **DelZero** | Eliminiert führende Nullen |
| **ErrorMsg** | Übergibt eine Fehlermeldung in deutscher Sprache |
| **FileExist** | Prüft, ob eine bestimmte Datei vorhanden ist |
| **FirstUpper** | Wandelt eine Zeichenkette so um, daß der erste Buchstabe groß, die restlichen hingegen klein geschrieben sind |
| **Float** | Stellt eine reelle Zahl mit Fließkomma dar |
| **Hex** | Wandelt einen Wert ins hexadezimale Zahlensystem um |
| **InStr** | Prüft, ob eine Zeichenkette in einer anderen (ab einer bestimmten Position) enthalten ist |
| **IntRange** | Prüft, ob sich ein ganzzahliger Wert in einem gewünschten Bereich befindet |
| **LongFileName** | Stellt einem Dateinamen den vollständigen Suchpfad voran |
| **Lower** | Wandelt eine Zeichenkette in Kleinbuchstaben um |

| | |
|---|---|
| **LString** | Übergibt eine Zeichenkette, die von einer anderen links abgeschnitten wurde |
| **LTrim** | Beseitigt die einer Zeichenkette vorangestellten Leerzeichen |
| **ReadInt** | Liest einen ganzzahligen Wert ein |
| **ReadReal** | Liest einen reellen Wert ein |
| **ReadStr** | Liest eine Zeichenkette ein |
| **RealRange** | Prüft, ob sich ein reeller Wert in einem bestimmten Bereich befindet |
| **Replicate** | Bildet aus einem Zeichen eine Zeichenkette beliebiger Länge |
| **Rnd** | Ermittelt eine Zufallszahl, die sich in einem gewissen Bereich befindet |
| **RString** | Übergibt eine Zeichenkette, die von einer anderen rechts abgeschnitten wurde |
| **RTrim** | Eliminiert die einer Zeichenkette folgenden Leerzeichen |
| **SetBit** | Setzt ein bestimmtes Bit |
| **ShortFileName** | Stellt einen Dateinamen ohne führenden Suchpfad zur Verfügung |
| **Trim** | Entfernt alle Leerzeichen, die sich in einer Zeichenkette befinden |
| **Upper** | Wandelt eine Zeichenkette in lauter Großbuchstaben um |
| **ValBin** | Wandelt einen binären Wert um |
| **ValHex** | Wandelt einen hexadezimalen Wert um |

Folgende Variable ist in der Unit **Standard** definiert und steht Ihnen zur Verfügung:

| | |
|---|---|
| **Esc** | Wird von den Prozeduren *ReadInt*, *ReadReal* und *ReadStr* verwendet und enthält den Wert TRUE, falls eine dieser Prozeduren mit der <ESC>-Taste verlassen worden ist. |

# BeepOff

**Zweck**
Schaltet den Signalton aus.

**Struktur**

```
PROCEDURE BeepOff;
```

**Bemerkung**
Die Funktionen *ReadInt*, *ReadReal* und *ReadStr* erzeugen bei ungültigen
Tastatureingaben einen kurzen Signalton, der mit der Prozedur *BeepOff*
ausgeschaltet werden kann.

**Siehe auch**
BeepOn, ReadInt, ReadReal, ReadStr


# BeepOn

**Zweck**
Schaltet den Signalton ein.

**Struktur**

```
PROCEDURE BeepOn;
```

**Bemerkung**
Die Prozedur *BeepOn* schaltet den Signalton ein, der von den Funktionen
*ReadInt*, *ReadReal* und *ReadStr* bei ungültigen Tastatureingaben ausgelöst
wird. Standardmäßig ist der Signalton aktiv.

**Siehe auch**
BeepOff, ReadInt, ReadReal, ReadStr


# Bin

**Zweck**
Wandelt eine dezimale Zahl in einen binären Wert um.

**Struktur**

```
FUNCTION Bin(wert:LONGINT):STRING;
```

**Bemerkung**

Die dem Parameter *wert* übergebene Zahl wird ins Binärsystem umgewandelt und als String mit einer Länge von 32 Zeichen zurückgegeben. Dieser String kann mit der Funktion *RString* auf eine gewünschte Länge gebracht werden. Führende Nullen sind bei Bedarf mit der Funktion *DelZero* zu eliminieren.

**Beispiel**

```
PROGRAM Bin_Test;
USES
  Standard;
VAR
  i:INTEGER;
  w:WORD;
  b:BYTE;
  l:LONGINT;
BEGIN
  i:=1444;
  w:=MaxInt+1;
  b:=23;
  l:=MaxLongInt;
  WriteLn(RString(Bin(i),16));
  WriteLn(RString(Bin(w),16));
  WriteLn(RString(Bin(b),8));
  WriteLn(Bin(l));
  WriteLn(DelZero(Bin(i)))
END.
```

**Siehe auch**

DelZero, Hex, ValBin, ValHex


# BitSet

**Zweck**

Prüft, ob ein bestimmtes Bit einer Zahl gesetzt ist.

**Struktur**

```
FUNCTION BitSet(wert:LONGINT; nr:BYTE):BOOLEAN;
```

**Bemerkung**

Die Funktion *BitSet* prüft, ob das Bit *nr* des Parameters *wert* gesetzt ist.

Der Datentyp besteht aus 4 Bytes (entspricht 32 Bits). Bitte beachten Sie, daß dem ersten Bit die Nummer 0 zugeordnet ist. Falls *nr* einen Wert enthält, der größer als 31 ist, übergibt *BitS*et immer FALSE.

**Beispiel**

```
PROGRAM BitSet_Test;
USES
  Standard;
VAR
  b:BYTE;
  i:INTEGER;
  w:WORD;
  l:LONGINT;
BEGIN
  b:=127;
  w:=45876;
  l:=1000000;
  FOR i:=0 TO 7 DO WriteLn(i:2,'. Bit von <b>: ',BitSet(b,i));
  FOR i:=0 TO 15 DO WriteLn(i:2,'. Bit von <w>: ',BitSet(w,i));
  FOR i:=0 TO 31 DO WriteLn(i:2,'. Bit von <l>: ',BitSet(l,i))
END.
```

**Siehe auch**
ClrBit, SetBit


# CharRange

**Zweck**
Prüft, ob sich ein Zeichen im angegebenen Bereich befindet.

**Struktur**

```
FUNCTION CharRange(wert,anfang,ende:CHAR):BOOLEAN;
```

**Bemerkung**
Die Funktion *CharRange* liefert den Wert TRUE, wenn der Parameter *wert* im Bereich *anfang..ende* liegt.

**Beispiel**

```
CharRange('4','A','Z') ergibt FALSE
CharRange('A','A','Z') ergibt TRUE
CharRange('Q','A','Z') ergibt TRUE
```

```
CharRange('Z','A','Z') ergibt TRUE
CharRange('a','A','Z') ergibt FALSE
```

**Siehe auch**
IntRange, RealRange


# ClrBit

**Zweck**
Löscht ein bestimmtes Bit einer Zahl.

**Struktur**

```
FUNCTION ClrBit(wert:LONGINT; nr:BYTE):LONGINT;
```

**Bemerkung**
Die Funktion *ClrBit* löscht das Bit *nr* des übergebenen Parameters *wert*, der maximal aus 4 Bytes besteht (entspricht 32 Bits). Bitte beachten Sie, daß dem ersten Bit die Nummer 0 zugeordnet ist.

**Beispiel**

```
PROGRAM ClrBit_Test;
USES
  Standard;
VAR
  ch:CHAR;
BEGIN
  ch:='a';
  WriteLn('Kleinbuchstabe: ',ch);
  ch:=CHAR(ClrBit(BYTE(ch),5));
  WriteLn('Großbuchstabe: ',ch)
END.
```

**Siehe auch**
BitSet, SetBit

# CopyBuffer

**Zweck**
Richtet einen Datenpuffer für *CopyFile* ein.

**Struktur**

```
PROCEDURE CopyBuffer(size:WORD);
```

**Bemerkung**
Der Parameter *size* bestimmt die Puffergröße in Bytes und wird innerhalb
der Prozedur so umgewandelt, daß er im Bereich 1'024 bis 65'535 liegt.
Damit die Prozedur *CopyBuffer* eine Wirkung zeigt, muß sie vor *CopyFile*
aufgerufen werden, andernfalls richtet sich die Prozedur *CopyFile* selbständig einen Datenpuffer von 16 KBytes ein.
Wenn die Funktion *CopyError* nach *CopyBuffer* den Wert -2 liefert,
konnte kein Puffer von der gewünschten Größe eingerichtet werden.
Versuchen Sie in diesem Fall, einen kleineren Daten-Puffer zu erzeugen.

**Siehe auch**
CopyError, CopyFile

# CopyError

**Zweck**
Ermittelt eine Fehlernummer, die die Ursache eines Kopierfehlers beschreibt.

**Struktur**

```
FUNCTION CopyError:INTEGER;
```

**Bemerkung**
Die von *CopyError* ermittelten Fehlernummern entsprechen den Werten
der Pascal-Funktion *IOresult* (siehe Systemhandbuch Band 1, Anhang F).
Folgende zwei Werte sind neu hinzugekommen:

-1  Eine Datei kann nicht in sich selbst kopiert werden
-2  Kein Datenpuffer eingerichtet (der Heap ist beim Programmstart zu
    klein gewählt worden oder bereits besetzt)

Der Funktionsaufruf *CopyError* löscht die aktuelle Fehlernummer (außer -2), diese muß also bei Bedarf gespeichert werden. Die Funktion *ErrorMsg* übergibt eine deutsche Fehlermeldung.

**Siehe auch**
CopyFile, ErrorMsg


# CopyFile

**Zweck**
Kopiert eine Datei beliebigen Typs.

**Struktur**

```
PROCEDURE CopyFile(quelle,ziel:STRING);
```

**Bemerkung**
Die Prozedur *CopyFile* kopiert den Inhalt der Datei *quelle* in die Datei *ziel*. Falls *ziel* bereits existiert, wird deren ursprünglicher Inhalt gelöscht. Bitte achten Sie darauf, daß *CopyFile* keine Wirkung zeigt, wenn *quelle* und *ziel* eine identische Datei bezeichnen (*CopyError* ermittelt die Fehlernummer -1).
Fehler, die während des Kopiervorganges auftreten, lassen sich mit der Funktion *CopyError* ermitteln.
Standardmäßig verwendet *CopyFile* einen Datenpuffer von 16 KBytes, dessen Größe aber mit der Prozedur *CopyBuffer* verändert werden kann.
Falls *CopyError* den Fehler -2 zurückgibt, verfügt der Heap nicht über genügend Speicherplatz für den Puffer. In diesem Fall kann *CopyFile* nicht ausgeführt werden.

**Beispiel**

```
PROGRAM CopyFile_Test;
USES
  Standard;
VAR
  quelle,ziel:STRING;
  ch:CHAR;
  error:INTEGER;
BEGIN
  Write('Quelldatei: ');
  ReadLn(quelle);
```

```
  Write('Zieldatei: ');
  ReadLn(ziel);
  IF FileExist(ziel) THEN BEGIN
    Write(LongFileName(ziel),' vorhanden. Überschreiben (J/N)? ');
    ReadLn(ch);
    IF UpCase(ch)<>'J' THEN Halt
  END;
  CopyFile(quelle,ziel);
  error:=CopyError;
  IF error<>0 THEN BEGIN
    WriteLn('Fehler Nr. ',error,' aufgetreten.');
    WriteLn(ErrorMsg(error))
  END
END.
```

**Siehe auch**
CopyBuffer, CopyError, ErrorMsg, FileExist, LongFileName

# DelZero

**Zweck**
Löscht führende Nullen.

**Struktur**

```
FUNCTION DelZero(s:STRING):STRING;
```

**Bemerkung**
Alle Nullen, die am Anfang einer Zeichenkette stehen, werden eliminiert.
*DelZero* kann mit den beiden Funktionen *Bin* und *Hex* zusammenarbeiten.

**Siehe auch**
Bin, Float, Hex, LTrim, RTrim

# ErrorMsg

**Zweck**
Übergibt eine deutsche Fehlermeldung.

## Struktur

```
FUNCTION ErrorMsg(nr:INTEGER):STRING;
```

## Bemerkung

Die Funktion *ErrorMsg* ermittelt zu einer Fehlernummer einen passenden deutschen Text. *ErrorMsg* wird vorzugsweise von den beiden Funktionen *CopyError* und *IOresult* (Turbo Pascal-Funktion) verwendet.

## Beispiel

```
PROGRAM ErrorMsg_Test;
USES
  Standard;
VAR
  i:INTEGER;
BEGIN
  FOR i:=-2 to 255 DO
    WriteLn(i:3,': ',ErrorMsg(i))
END.
```

## Siehe auch

CopyError, CopyFile

# Esc

## Struktur

```
VAR
  Esc:BOOLEAN;
```

## Bemerkung

Die globale Variable *Esc* enthält den Wert TRUE, falls eine der Funktionen *ReadInt*, *ReadReal* oder *ReadStr* mit der <ESC>-Taste verlassen worden ist.

## Beispiel

```
PROGRAM Esc_Test;
USES
  Standard;
```

```
VAR
  f:FILE;
  name:STRING;
BEGIN
  name:='';
  REPEAT
    Write('Dateiname: ');
    name:=ReadStr(name,64);
    WriteLn;
    IF NOT Esc THEN BEGIN
      Write('<',name,'> existiert');
      IF NOT FileExist(name) THEN Write(' nicht');
      WriteLn('.')
    END
  UNTIL Esc
END.
```

**Siehe auch**
ReadInt, ReadReal, ReadStr


# FileExist

**Zweck**
Prüft, ob eine Datei auf einem Datenträger vorhanden ist.

**Struktur**

```
FUNCTION FileExist(name:STRING):BOOLEAN;
```

**Bemerkung**
Die Funktion *FileExist* sucht auf einem Datenträger nach dem Dateinamen *name* und liefert TRUE zurück, falls dieser gefunden wurde. Es
besteht die Möglichkeit, den Dateinamen mit einem Suchpfad zu versehen.

**Beispiel**

```
PROGRAM FileExist_Test;
USES
  Standard;
VAR
  f:TEXT;
  name:STRING;
```

```
BEGIN
  Write('Dateiname: ');
  ReadLn(name);
  IF FileExist(name) THEN BEGIN
    Assign(f,name);
    Append(f);
    WriteLn('Eine weitere Zeile wird geschieben.');
    WriteLn(f,'Eine weitere Zeile.') END
  ELSE BEGIN
    Assign(f,name);
    Rewrite(f);
    WriteLn('Die erste Zeile wird geschrieben.');
    WriteLn(f,'Die 1. Zeile.')
  END;
  Close(f)
END.
```

**Siehe auch**
LongFileName


# FirstUpper

**Zweck**
Wandelt das erste Zeichen eines Strings in einen Großbuchstaben und die restlichen in Kleinbuchstaben um.

**Struktur**

```
FUNCTION FirstUpper(s:STRING):STRING;
```

**Bemerkung**
Die deutschen Buchstaben 'Ä', 'ä', 'Ö', 'ö', 'Ü' und 'ü' werden richtig umgewandelt, 'ß' hingegen bleibt unverändert.

**Beispiel**

```
PROGRAM FirstUpper_Test;
USES
  Standard;
BEGIN
  WriteLn(FirstUpper('äRMELKANAL'));
  WriteLn(FirstUpper('ÜberLaufVentil'))
END.
```

**Siehe auch**
Lower, Upper

# Float

**Zweck**
Stellt reelle Werte mit Fließ-Komma dar.

**Struktur**

```
FUNCTION Float(r:REAL):STRING;
```

**Bemerkung**
Unter Pascal ist es nicht möglich, eine reelle Zahl mit Fließkomma dar-
zustellen, vielmehr muß bei der Zahlen-Ausgabe eine bestimmte Anzahl
Dezimalstellen festgelegt werden.
Die Funktion *Float* stellt den Wert *r* so dar, daß alle signifikanten Dezi-
malstellen erhalten bleiben.

**Beispiel**

```
PROGRAM Float_Test;
USES
  Standard;
VAR
  i:INTEGER;
BEGIN
  FOR i:=1 to 20 DO WriteLn(i:2,': ',Float(10/i))
END.
```

**Siehe auch**
DelZero, ReadReal

# Hex

**Zweck**
Wandelt eine dezimale Zahl in ihren hexadezimalen Wert um.

### Struktur

```
FUNCTION Hex(wert:LONGINT):STRING;
```

### Bemerkung

Die dem Parameter *wert* übergebene Zahl wird ins hexadezimale System
umgewandelt und als String mit einer Länge von 8 Zeichen zurückgegeben. Dieser String kann mit der Funktion *RString* auf eine gewünschte
Länge gebracht werden. Führende Nullen sind bei Bedarf mit der Funktion *DelZero* zu eliminieren.

### Beispiel

```
PROGRAM Hex_Test;
USES
  Standard;
VAR
  w:WORD;
  l:LONGINT;
BEGIN
  w:=44000;
  l:=1234567;
  WriteLn(RString(Hex(w),4));
  WriteLn(Hex(l));
  WriteLn(DelZero(Hex(255)))
END.
```

### Siehe auch
Bin, DelZero, ValBin, ValHex

# InStr

### Zweck
Prüft, ob ein String in einem anderen ab einer bestimmten Position enthalten ist.

### Struktur

```
FUNCTION InStr(teil,ganz:STRING; position:BYTE):BYTE;
```

**Bemerkung**
Die Zeichenkette *ganz* wird ab der Stelle *position* nach dem Teilstring *teil* durchsucht. Falls *teil* in *ganz* gefunden wird, übergibt *InStr* die Position des ersten übereinstimmenden Zeichens, andernfalls den Wert 0.

**Beispiel**

```
PROGRAM InStr_Test;
USES
  Standard;
VAR
  s:STRING;
  p:BYTE;
BEGIN
  s:='Da stehe ich vor der Telefonzelle an unsrer Ecke und warte.';
  p:=0;
  REPEAT
    inc(p);
    p:=InStr('te',s,p);
    IF p<>0 THEN WriteLn('<te> gefunden bei: ',p)
  UNTIL p=0
END.
```

# IntRange

**Zweck**
Prüft, ob sich ein ganzzahliger Wert im angegebenen Bereich befindet.

**Struktur**

```
FUNCTION IntRange(wert,anfang,ende:INTEGER):BOOLEAN;
```

**Bemerkung**
Die Funktion *IntRange* ermittelt den Wert TRUE, wenn der Parameter *wert* im Bereich *anfang..ende* liegt.

**Beispiel**

```
IntRange(5,10,20) ergibt FALSE
IntRange(10,10,20) ergibt TRUE
IntRange(15,10,20) ergibt TRUE
IntRange(20,10,20) ergibt TRUE
IntRange(25,10,20) ergibt FALSE
```

**Siehe auch**
CharRange, RealRange


# LongFileName

**Zweck**
Erweitert einen Dateinamen um Laufwerk und Suchpfad.

**Struktur**

```
FUNCTION LongFileName(name:STRING):STRING;
```

**Bemerkung**
Die Funktion *LongFileName* ermittelt für den übergebenen Dateinamen
*name* Laufwerk und Suchpfad. Falls der angegebene Dateiname keine
Laufwerksbezeichnung besitzt, wird der Suchpfad für das aktuelle Laufwerk ermittelt.
Falls der Dateiname keine Erweiterung enthält, wird er durch einen Punkt
abgeschlossen. Directories ohne führenden Backslash (\) werden so interpretiert, daß der dabei entstehende Dateiname den Regeln von MS-DOS
entspricht:

```
USES
  Standard;
BEGIN
  ChDir('C:\TURBO4');
  WriteLn(LongFileName('UNITS\SCREEN.PAS'));
    { Ausgabe: C:\TURBO4\UNITS\SCREEN.PAS }
  WriteLn(LongFileName('A:TEST.PAS'));
    { Ausgabe: A:\TEST.PAS }
END.
```

Bitte beachten Sie, daß ab Turbo Pascal 5.0 die Prozedur *FExpand* definiert ist, die die gleiche Wirkung wie die Funktion *LongFileName* zeigt.


**Beispiel**
Folgendes Programm erweitert die von Ihnen eingegebenen Dateinamen.
Dieses Programm kann durch eine Leereingabe abgebrochen werden.

```
PROGRAM LongFileName_Test;
USES
  Standard;
```

```
VAR
  s:STRING;
BEGIN
  REPEAT
    s:='';
    Write('Dateiname: ');
    ReadLn(s);
    WriteLn('Komplett: ',LongFileName(s))
  UNTIL s=''
END.
```

**Siehe auch**
FileExist


# Lower

**Zweck**
Wandelt eine Zeichenkette in Kleinbuchstaben um.

**Struktur**

```
FUNCTION Lower(s:STRING):STRING;
```

**Bemerkung**
Die in *s* enthaltene Zeichenkette wird in Kleinbuchstaben umgewandelt,
wobei die Buchstaben 'Ä', 'Ö' und 'Ü' ebenfalls berücksichtigt werden.

**Beispiel**

```
PROGRAM Lower_Test;
USES
  Standard;
BEGIN
  WriteLn(Lower('ÜBERWÄLTIGT VOM GLANZ DES MINERALGLASES'))
END.
```

**Siehe auch**
FirstUpper, Upper

# LString

## Zweck
Übergibt eine Zeichenkette, die links von einer andern abgeschnitten wurde.

## Struktur

```
FUNCTION LString(s:STRING; lang:BYTE):STRING;
```

## Bemerkung
Die Funktion *LString* übergibt eine Zeichenkette mit der Länge *lang*, die die ersten *lang* Zeichen des Strings *s* enthält. Falls *lang* größer als die effektive Länge der Zeichenkette *s* ist, werden die verbleibenden Stellen mit Leerzeichen gefüllt; somit wird es möglich, Zeichenketten linksbündig auszugeben.

## Beispiel

```
PROGRAM LString_Test;
USES
  Standard;
VAR
  s:STRING;
  i:INTEGER;
BEGIN
  s:='Randstein';
  FOR i:=0 TO 20 DO WriteLn(LString(s,i),'<- String-Ende')
END.
```

## Siehe auch
RString


# LTrim

## Zweck
Schneidet die einer Zeichenkette vorangestellten Leerzeichen ab.

## Struktur

```
FUNCTION LTrim(s:STRING):STRING;
```

**Bemerkung**
Die führenden Leerstellen der Zeichenkette *s* werden eliminiert.

**Beispiel**

```
PROGRAM LTrim_Test;
USES
  Standard;
BEGIN
  WriteLn(LTrim('   Glastüre'));              { ergibt 'Glastüre'            }
  WriteLn(LTrim(' Nanu, was ist los? '))   { ergibt 'Nanu, was ist los? ' }
END.
```

**Siehe auch**
DelZero, Trim, RTrim

# ReadInt

**Zweck**
Liest einen ganzzahligen Wert ein.

**Struktur**

```
FUNCTION ReadInt(laenge:BYTE):LONGINT;
```

**Bemerkung**
Die Funktion *ReadInt* liest einen ganzzahligen Wert (LONGINT, 4 Bytes) im Bereich -2'147'483'648..2'147'483'647 ein. Der Parameter *laenge* legt die Feldlänge der einzugebenden Zahl fest (entspricht der Anzahl Ziffern und Spezialzeichen, die ein Wert umfassen darf). Folgende Zeichen erlaubt *ReadInt* bei der Eingabe:

| | |
|---|---|
| **Ziffern** | 0..9 |
| **Buchstaben** | A..F, a..f (hexadezimale Darstellung) |
| **Sonderzeichen** | - (negative Zahl, nur als erstes Zeichen) |
| | $ (hexadezimale Zahl, nur als erstes Zeichen) |

Ein Warnton weist darauf hin (wenn *BeepOn* aktiv), daß Sie versucht haben, ein ungültiges Zeichen einzugeben.
Mit den folgenden Tasten können Sie die Eingabe editieren:

| | |
|---|---|
| -> | Bewegt den Cursor um ein Zeichen nach rechts |
| <- | Bewegt den Cursor um ein Zeichen nach links |
| **Home** | Setzt den Cursor auf das erste Zeichen |
| **End** | Setzt den Cursor hinter das letzte Zeichen |
| **\|<- (BS)** | Löscht das Zeichen links des Cursors |
| **Del** | Löscht das Zeichen unter dem Cursor |
| **Ctrl Y** | Löscht die gesamte Eingabe |
| **RETURN** | Schließt die Eingabe ab |
| **ESC** | Bricht die Eingabe ab (die globale Variable *Esc* enthält den Wert TRUE). Als Funktionswert wird 0 ausgegeben (bei *ReadStr* der Startwert). |

Zu große Zahlenwerte (so kann Turbo Pascal beispielsweise keinen 20stelligen Wert verarbeiten) werden verkleinert, d.h. es werden maximal 10..11 Zeichen des Eingabefeldes ausgewertet (links beginnend).
Falls ein Eingabefeld über die aktuellen Fenstergrenzen hinausreicht, wird es entsprechend verkleinert.

**Beispiel**

```
PROGRAM ReadInt_Test;
USES
  Standard;
VAR
  b:BYTE;
  w:WORD;
  l:LONGINT;
BEGIN
  Write('Eingabe b: ');
  b:=ReadInt(2);
  WriteLn;
  IF Esc THEN
    WriteLn('Eingabe abgebrochen')
  ELSE
    WriteLn('b: ',b);
  Write('w: ');
  w:=ReadInt(4);
  WriteLn;
  Write('l: ');
  l:=ReadInt(10);
  WriteLn;
  WriteLn('w: ',w);
  WriteLn('l: ',l)
END.
```

**Siehe auch**
BeepOff, BeepOn, ReadReal, ReadStr

# ReadReal

**Zweck**
Liest einen reellen Wert ein.

**Struktur**

```
FUNCTION ReadReal(laenge:BYTE):REAL;
```

**Bemerkung**
Die Funktion *ReadReal* liest einen reellen Wert (REAL, 6 Bytes) im Bereich -1.7e38..1.7e38 ein. Der Parameter *laenge* legt die Feldlänge der einzugebenden Zahl fest (entspricht der Anzahl Ziffern und Spezialzeichen, die der Wert umfassen darf). Folgende Zeichen erlaubt *ReadReal* bei der Eingabe:

| | |
|---|---|
| **Ziffern** | 0..9 |
| **Buchstabe** | E oder e ("wissenschaftliche" Darstellung, z.B. 1e2 entspricht 1*10^2) |
| **Sonderzeichen** | - (negative Zahl, nur als erstes Zeichen oder nach dem Buchstaben E) <br> (Dezimalpunkt, nur einmal pro Eingabefeld) |

Ein Warnton weist darauf hin (wenn *BeepOn* aktiv), daß Sie versucht haben, ein ungültiges Zeichen einzugeben.
Zur Editierung des Eingabefeldes können dieselben Tasten wie bei *ReadInt* verwendet werden.
Falls ein Eingabefeld über die aktuellen Fenstergrenzen hinausreicht, wird es entsprechend verkleinert.

**Beispiel**

```
PROGRAM ReadReal_Test;
USES
  Standard;
VAR
  r:REAL;
BEGIN
  Write('Eingabe: ');
  r:=ReadReal(10);
  WriteLn;
  IF Esc THEN
    WriteLn('Eingabe abgebrochen')
```

```
   ELSE
     WriteLn(r)
END.
```

## Siehe auch
BeepOff, BeepOn, Float, ReadInt, ReadStr

# ReadStr

## Zweck
Liest eine Zeichenkette ein.

## Struktur

```
FUNCTION ReadStr(startwert:STRING; laenge:BYTE):STRING;
```

## Bemerkung
Die Funktion *ReadStr* liest Zeichenketten der Länge *laenge* ein. Der Parameter *startwert* wird zu Beginn der Funktion im Eingabefeld angezeigt und kann weiterverwendet werden; *startwert* bleibt jedoch nur dann erhalten, wenn die erste Tastatureingabe ein Editierbefehl ist, andernfalls wird sie gelöscht. Zeichen im Bereich #0..#31, die sich in *startwert* befinden, werden in Punkte (.) umgewandelt.
Zur Editierung des Eingabefeldes können dieselben Tasten wie bei *ReadInt* verwendet werden.
*ReadStr* akzeptiert alle Zeichen, deren ASCII-Code im Bereich 32..255 liegen.
Falls ein Eingabefeld über die aktuellen Fenstergrenzen hinausreicht, wird es entsprechend verkleinert.

## Beispiel

```
PROGRAM Rnd_Test;
USES
  Standard,Win;
BEGIN
  Randomize;
  OpenWindow(Rnd(1,30),Rnd(1,10),Rnd(40,70),Rnd(15,25),7,SingleLn);
  Write('Ende mit <RETURN> ...');
  ReadLn;
  CloseWindow
END.
```

**Siehe auch**
BeepOff, BeepOn, ReadInt, ReadStr


# RealRange

**Zweck**
Prüft, ob sich ein reeller Wert im angegebenen Bereich befindet.

**Struktur**

```
FUNCTION RealRange(wert,anfang,ende:REAL):BOOLEAN;
```

**Bemerkung**
Die Funktion *RealRange* liefert den Wert TRUE, wenn der Parameter
*wert* im Bereich *anfang..ende* liegt.

**Beispiel**

```
RealRange(2, 2.1, 3.56) ergibt FALSE
RealRange(2.1, 2.1, 3.56) ergibt TRUE
RealRange(2.999, 2.1, 3.56) ergibt TRUE
RealRange(3.56, 2.1, 3.56) ergibt TRUE
RealRange(3.987, 2.1, 3.56) ergibt FALSE
```

**Siehe auch**
IntRange, RealRange


# Replicate

**Zweck**
Erzeugt eine Zeichenkette beliebiger Länge, gebildet aus einem Zeichen.

**Struktur**

```
FUNCTION Replicate(ch:CHAR; anzahl:BYTE):STRING;
```

**Bemerkung**
Die Funktion *Replicate* erzeugt eine Zeichenkette, die *anzahl* Mal das
Zeichen *ch* enthält.

**Beispiel**

```
PROGRAM Replicate_Test;
USES
  Standard;
VAR
  i:BYTE;
BEGIN
  FOR i:=1 TO 80 DO
    WriteLn(Replicate('*',i))
END.
```

# Rnd

**Zweck**
Ermittelt eine Zufallszahl, die in einem bestimmten Bereich liegt.

**Struktur**

```
FUNCTION Rnd(start,ende:WORD):WORD;
```

**Bemerkung**
Die Funktion *Rnd* ermittelt eine Zufallszahl, die im angegebenen Bereich
*start..ende* liegt. Da *Rnd* die von Turbo Pascal zur Verfügung gestellte
Funktion *Random* benützt, kann der Zufallszahlengenerator mit *Randomize* in einen unbekannten Zustand gebracht werden.

**Beispiel**

```
PROGRAM Rnd_Test;
USES
  Standard,Win;
BEGIN
  OpenWindow(Rnd(1,30),Rnd(1,10),Rnd(40,70),Rnd(15,25),'');
  Write('Ende mit <RETURN> ...');
  ReadLn;
  CloseWindow
END.
```

# RString

## Zweck
Übergibt eine Zeichenkette, die von einer andern rechts abgeschnitten wurde.

## Struktur

```
FUNCTION RString(s:STRING; lang:BYTE):STRING;
```

## Bemerkung
Die Funktion *RString* übergibt eine Zeichenkette mit der Länge *lang*, die die letzten *lang* Zeichen des Strings *s* enthält. Falls *lang* größer als die effektive Länge der Zeichenkette *s* ist, werden die ersten Stellen mit Leerzeichen gefüllt.

## Beispiel

```
PROGRAM RString_Test;
USES
  Standard;
VAR
  s:STRING;
  i:INTEGER;
BEGIN
  s:='Kaulquappe';
  FOR i:=0 TO 20 DO WriteLn(RString(s,i))
END.
```

## Siehe auch
LString

# RTrim

## Zweck
Schneidet die am Ende einer Zeichenkette stehenden Leerzeichen ab.

## Struktur

```
FUNCTION RTrim(s:STRING):STRING;
```

**Beispiel**

```
PROGRAM RTrim_Test;
USES
  Standard;
BEGIN
  WriteLn(RTrim('  Hühnermist   '))  { ergibt '  Hühnermist' }
END.
```

**Siehe auch**
DelZero, Trim, LTrim


# SetBit

**Zweck**
Setzt ein bestimmtes Bit in einer Zahl.

**Struktur**

```
FUNCTION SetBit(wert:LONGINT; nr:BYTE):LONGINT;
```

**Bemerkung**
Die Funktion *SetBit* setzt das Bit *nr* des übergebenen Parameters *wert*, der maximal aus 4 Bytes besteht (entspricht 32 Bits). Bitte beachten Sie, daß dem ersten Bit die Nummer 0 zugeordnet ist.

**Beispiel**

```
PROGRAM SetBit_Test;
USES
  Standard;
VAR
  ch:CHAR;
BEGIN
  ch:='A';
  WriteLn('Großbuchstabe: ',ch);
  ch:=CHAR(SetBit(BYTE(ch),5));
  WriteLn('Kleinbuchstabe: ',ch)
END.
```

**Siehe auch**
BitSet, ClrBit

# ShortFileName

**Zweck**
Eliminiert den Suchpfad eines Dateinamens.

**Struktur**

```
FUNCTION ShortFileName(name:STRING):STRING;
```

**Bemerkung**
Die Prozedur *ShortFileName* eliminiert den Suchpfad aus einem Dateinamen, die Laufwerksbezeichnung jedoch bleibt erhalten (oder wird vorangestellt, falls diese fehlen sollte):

```
datei:='C:\WORD4\UNITS\SCREEN.TXT';
datei:=ShortFileName(datei);
  { datei enthält 'C:SCREEN.TXT' }
Delete(datei,1,2);
  { datei enthält 'SCREEN.TXT' }
```

**Beispiel**

```
PROGRAM ShortFileName_Test;
USES
  Standard;
BEGIN
  ChDir('C:');
  WriteLn(ShortFileName('\TURBO\UNITS\SCREEN.PAS'));
    { Ergibt 'C:SCREEN.PAS' }
  WriteLn(ShortFileName('A:\PAS\CURSOR.PAS'));
    { Ergibt 'A:CURSOR.PAS' }
END.
```

**Siehe auch**
LongFileName

# Trim

**Zweck**
Eliminiert alle Leerzeichen, die in einer Zeichenkette enthalten sind.

**Struktur**

```
FUNCTION Trim(s:STRING):STRING;
```

**Bemerkung**
Die Funktion *Trim* bildet eine Zeichenkette aus dem String *s*, ohne die
Leerzeichen zu berücksichtigen.

**Beispiel**

```
WriteLn(Trim(' G E S P E R R T '));   { ergibt 'GESPERRT' }
```

**Siehe auch**
DelZero, LTrim, RTrim


# Upper

**Zweck**
Wandelt alle Zeichen eines Strings in Großbuchstaben um.

**Struktur**

```
FUNCTION Upper(s:STRING):STRING;
```

**Bemerkung**
Die in *s* enthaltene Zeichenkette wird in Großbuchstaben umgewandelt,
wobei die deutschen Sonderzeichen 'ä', 'ö' und 'ü' richtig behandelt werden. 'ß' bleibt unverändert.

**Beispiel**

```
PROGRAM Upper_Test;
USES
  Standard;
BEGIN
  WriteLn(Upper('großbuchstaben'));
  WriteLn(Upper('büromöbel'))
END.
```

**Siehe auch**
FirstUpper, Lower

# ValBin

**Zweck**
Wandelt eine binäre Zahl in eine dezimale um.

**Struktur**

```
FUNCTION ValBin(s:STRING):LONGINT;
```

**Bemerkung**
Der dem Parameter *s* übergebene String muß eine Zahl im Binärsystem
darstellen. Diese wird ins dezimale System umgewandelt.
Es werden nur die ersten 32 Zeichen des Parameters *s* berücksichtigt.
Sollten sich außer den beiden Zeichen '0' und '1' noch andere im überge-
benen String befinden, werden diese als '0' interpretiert.

**Beispiel**

```
PROGRAM ValBin_Test;
USES
  Standard;
VAR
  b:BYTE;
  i:INTEGER;
  l:LONGINT;
  s:STRING;
BEGIN
  s:='10010011001100101111000010100101';
  b:=ValBin(s);
  i:=ValBin(s);
  l:=ValBin(s);
  WriteLn(b,' / ',i,' / ',l)
END.
```

**Siehe auch**
Bin, Hex, ValHex


# ValHex

**Zweck**
Wandelt eine hexadezimale Zahl in eine dezimale um.

## Struktur

```
FUNCTION ValHex(s:STRING):LONGINT;
```

## Bemerkung
Der dem Parameter *s* übergebene String muß einer Zahl im hexadezimalen
System entsprechen. Diese wird ins dezimale System umgewandelt.
Es werden nur die ersten 8 Zeichen des Parameters *s* berücksichtigt. Soll-
ten sich außer den Zeichen '0'..'9','A'..'F' noch andere im übergebenen
String befinden, werden diese als '0' interpretiert. Die Zeichen 'A'..'F'
können groß oder klein geschrieben werden.

## Beispiel

```
PROGRAM ValHex_Test;
USES
  Standard;
VAR
  b:BYTE;
  i:INTEGER;
  l:LONGINT;
  s:STRING;
BEGIN
  s:='ABCDEF';
  b:=ValHex(s);
  i:=ValHex(s);
  l:=ValHex(s);
  Writeln(b,' / ',i,' / ',l)
END.
```

## Siehe auch
Bin, Hex, ValBin

# Die Unit Sys

## Zweck
Stellt verschieden Routinen des Systems zur Verfügung.

## Bemerkung
Die in der Unit **Sys** definierten Funktionen und Prozeduren sind teilweise auf einer sehr tiefen Ebene programmiert (direkte Zugriffe auf gewisse Speicherstellen). Deshalb kann es bei gewissen Computer-Systemen (die nicht weitgehend kompatibel zum IBM-PC sind) vorkommen, daß einige Routinen nicht korrekt funktionieren. Ich habe mich jedoch bemüht, die meisten Routinen in der höchst möglichen Programmierebene zu schreiben (DOS vor BIOS, BIOS vor Speicherzugriffen).

| | |
|---|---|
| **BigCursor** | Verwandelt den Text-Cursor in einen Block |
| **ClearKbd** | Löscht den Tastatur-Puffer |
| **COM** | Ermittelt die Anzahl der seriellen Schnittstellen |
| **CPU87** | Prüft zur Laufzeit, ob ein mathematischer Coprozessor vorhanden ist |
| **CursorOff** | Schaltet den Text-Cursor aus |
| **CursorOn** | Schaltet den Text-Cursor ein |
| **Drives** | Ermittelt die verfügbaren Laufwerke |
| **EnvironCount** | Ermittelt die Anzahl der Environment-Einträge |
| **EnvironStr** | Übergibt einen Environment-Eintrag |
| **FillScr** | Füllt den gesamten Bildschirm mit einem Zeichen |
| **FloppyDrives** | Ermittelt die Anzahl verfügbarer Disketten-Laufwerke |
| **FreeKbd** | Ermittelt, wieviele Zeichen der Tastatur-Puffer noch aufnehmen kann |
| **FreeRam** | Ermittelt den freien Speicherplatz (ohne Heap) |
| **GetCursor** | Ermittelt die Nummer der ersten und der letzten Rasterzeile des Textcursors |
| **GetScrMode** | Ermittelt den aktuellen Bildschirmmodus |
| **KeyStatus** | Prüft, welche der Umschalttasten (CTRL, ALT ...) gedrückt werden |
| **LookKbd** | Liest das erste Zeichen des Tastaturpuffers, ohne dieses zu entfernen |
| **LPT** | Ermittelt die Anzahl der verfügbaren parallelen Schnittstellen |
| **LstStatus** | Prüft den Drucker-Status |
| **MaxRam** | Übergibt die Größe des verfügbaren Arbeitsspeichers |
| **NormCursor** | Verwandelt den Text-Cursor in einen Strich |
| **ProgSize** | Ermittelt die Größe eines Programmes (in Bytes) |

| | |
|---|---|
| **PrtScr** | Druckt den aktuellen Bildschirm aus |
| **PrtScrOff** | Deaktiviert die Taste <PrtScr> |
| **PrtScrOn** | Aktiviert die Taste <PrtScr> |
| **ReadKbd** | Liest das erste Zeichen des Tastaturpuffers |
| **ReadScr** | Liest an einer bestimmten Bildschirmstelle ein Zeichen |
| **SetCursor** | Setzt die erste und letzte Rasterzeile des Textcursor |
| **SetScrMode** | Setzt einen beliebigen Bildschirmmodus |
| **SplitEnvironStr** | Teilt einen Environment-Eintrag in zwei Teile |
| **StartTimer** | Startet die interne Stoppuhr |
| **StopTimer** | Hält die aktuelle Laufzeit der internen Stoppuhr fest |
| **TimerSec** | Ermittelt, wie lange die Stoppuhr eingeschaltet war (in Sekunden) |
| **Version** | Ermittelt die verwendete DOS-Version |
| **WriteKbd** | Schreibt ein Zeichen in den Tastatur-Puffer |
| **WriteScr** | Schreibt an einer beliebigen Stelle ein Zeichen auf den Bildschirm |

Verwenden Sie bitte folgende Konstanten zusammen mit der Funktion *KeyStatus*:

| | |
|---|---|
| **RightShift** | =$01; Rechte SHIFT-Taste gedrückt |
| **LeftShift** | =$02; Linke SHIFT-Taste gedrückt |
| **CtrlKey** | =$04; CTRL-Taste gedrückt |
| **AltKey** | =$08; ALT-Taste gedrückt |
| **ScrollLockMode** | =$10; SCROLL LOCK aktiv (Wirkung je nach Software verschieden) |
| **NumLockMode** | =$20; NUM LOCK aktiv (rechter Ziffernblock kann für Zahlen-Eingaben verwendet werden) |
| **CapsLockMode** | =$40; CAPS LOCK aktiv (Buchstaben werden groß geschrieben) |
| **InsMode** | =$80; Einfüge-Modus aktiv |

Folgende Konstanten können zusammen mit der Funktion *LstStatus* verwendet werden:

| | |
|---|---|
| **LstNotHere** | =$02; Druckerschnittstelle nicht vorhanden |
| **LstAtWork** | =$10; Drucker arbeitet |
| **LstOff** | =$30; Drucker ausgeschaltet |
| **LstOffLine** | =$80; Drucker im OFF-LINE Betrieb |
| **LstReady** | =$90; Drucker für Zeichenausgabe bereit |
| **LstNoPaper** | =$A0; Drucker ohne Papier |

# BigCursor

**Zweck**
Vergrößert den Cursor zu einem Block.

**Struktur**

```
PROCEDURE BigCursor;
```

**Bemerkung**
Üblicherweise wird der Cursor als kleiner Strich dargestellt. Die Prozedur
*BigCursor* vergrößert diesen zu einem gut sichtbaren Block.
Der Cursor wird nach *BigCursor* auch dann angezeigt, wenn dieser vorher
unsichtbar (mittels *CursorOff*) war.
Am Ende jedes Programmes wird selbständig die Prozedur *NormCursor*
ausgeführt.

**Beispiel**

```
PROGRAM BigCursor_Test;
USES
  Sys;
BEGIN
  Write('Großer Cursor. Bitte drücken Sie <RETURN> ...');
  BigCursor;
  ReadLn;
  Write('Kleiner Cursor. Ende mit <RETURN> ...');
  NormCursor;
  ReadLn
END.
```

**Siehe auch**
CursorOff, CursorOn, GetCursor, NormCursor, SetCursor

# ClearKbd

**Zweck**
Entleert den Tastatur-Puffer.

**Struktur**

```
PROCEDURE ClearKbd;
```

**Bemerkung**
Das Betriebssystem stellt einen Tastatur-Puffer von 15 Zeichen zur Ver-
fügung, in dem Tastatur-Anschläge gespeichert werden, wenn ein Pro-
gramm diese nicht unmittelbar einliest.
Die Prozedur *ClearKbd* löscht alle sich im Tastatur-Puffer befindlichen
Zeichen.

**Beispiel**

```
PROGRAM ClearKbd_Test;
USES
  Sys,Crt;
VAR
  i:INTEGER;
  ch:CHAR;

  PROCEDURE Warten;
  VAR
    i:BYTE;
  BEGIN
    FOR i:=5 DOWNTO 1 DO BEGIN
      Write(i,#8);
      Delay(1000)
    END;
    WriteLn
  END;

  PROCEDURE SchauPuffer;
  VAR
    ch:CHAR;
  BEGIN
    IF KeyPressed THEN BEGIN
      Write('Der Tastatur-Puffer enthält folgende Zeichen: ');
      WHILE KeyPressed DO BEGIN
        ch:=ReadKey;
        Write(ch)
      END;
      WriteLn END
    ELSE
      WriteLn('Der Tastatur-Puffer ist leer.')
  END;

BEGIN
  Write('Bitte geben Sie einzelne Zeichen ein: ');
  Warten;
  WriteLn('Nun wird der Tastatur-Puffer gelöscht.');
  ClearKbd;
  SchauPuffer;
  Write('Bitte geben Sie einzelne Zeichen ein: ');
```

```
  Warten;
  WriteLn('Diesmal wird der Tastatur-Puffer nicht gelöscht.');
  SchauPuffer
END.
```

**Siehe auch**
FreeKbd, LookKbd, ReadKbd, WriteKbd

# COM

**Zweck**
Ermittelt die Anzahl der verfügbaren seriellen Schnittstellen.

**Struktur**

```
FUNCTION COM:BYTE;
```

**Bemerkung**
Die erste serielle Schnittstelle wird mit AUX oder COM1 bezeichnet, die
folgenden tragen die Namen COM2, COM3 ...
Folgender Quellcode ermöglicht die Benutzung der ersten seriellen
Schnittstelle, die wie eine Textdatei zu verwenden ist:

```
VAR
  com1:TEXT;
  zeile:STRING;
BEGIN
  Assign(com1,'COM1');
  Rewrite(com1);           { Öffnen für Ausgabe }
  WriteLn(com1,'Hallo');
  Close(com1);
  Reset(com1);             { Öffnen für Eingabe }
  ReadLn(com1,zeile);
  WriteLn(zeile);
  Close(com1)
END.
```

Die Funktion *COM* ermittelt die installierten seriellen Schnittstellen.

**Beispiel**
```
PROGRAM COM_Test;
USES
  Sys;
BEGIN
```

```
    WriteLn('Serielle Schnittstellen: ',COM)
  END.
```

**Siehe auch**
CPU87, Drives, FloppyDrives, LPT


# CPU87

**Zweck**
Prüft, ob ein mathematischer Coprozessor vorhanden ist.

**Struktur**

```
FUNCTION CPU87:BOOLEAN;
```

**Bemerkung**
Der mathematische Coprozessor arbeitet mit der CPU zusammen und
übernimmt mathematische Funktionen.
Die Funktion *CPU87* liefert den Wert TRUE, falls Ihr System über einen
Coprozessor (8087, 80287 oder 80387) verfügt. Somit wird es möglich,
diesen während der Laufzeit zu verwenden.
Turbo Pascal kennt das Symbol **CPU87**, das bei der Compilation eines
Quellcodes genau dann definiert ist, wenn ein Computer-System über
einen mathematischen Coprozessor verfügt. Mit diesem Symbol lassen sich
einzelne Teile des Quellcodes von der Compilation ausschließen:

```
PROGRAM beispiel;
USES
  Sys;
{$IFDEF CPU87}
  TYPE
    REAL=EXTENDED;
{$ENDIF}
BEGIN
  WriteLn(Pi);
  WriteLn('Coprozessor zur Laufzeit vorhanden: ',CPU87)
END.
```

Bitte beachten Sie, daß durch das Einbinden der Unit **Sys** der Bezeichner
*CPU87* sowohl für ein Symbol als auch für eine Funktion stehen kann
(widerspricht nicht den Regeln).

Ab Turbo Pascal 5.0 existiert die typisierte Konstante *Test8087*, mit deren Hilfe sich ebenfalls zur Laufzeit eines Programmes überprüfen läßt, ob ein Computer-System über einen mathematischen Coprozessor verfügt.

**Siehe auch**
COM, Drives, FloppyDrives, LPT

# CursorOff

**Zweck**
Macht den Text-Cursor unsichtbar.

**Struktur**

```
PROCEDURE CursorOff;
```

**Bemerkung**
Die Prozedur *CursorOff* läßt den Cursor verschwinden, ohne aber die Cursor-Position zu verändern.
Am Ende jedes Programmes wird der Cursor automatisch wieder eingeschaltet.

**Siehe auch**
BigCursor, CursorOn, GetCursor, NormCursor, SetCursor

# CursorOn

**Zweck**
Schaltet den Text-Cursor ein.

**Struktur**

```
PROCEDURE CursorOn;
```

**Bemerkung**
Ein unsichtbarer Cursor kann mit *CursorOn* wieder eingeschaltet werden, seine Größe entspricht derjenigen vor dem Ausschalten.

**Siehe auch**
BigCursor, CursorOff, GetCursor, NormCursor, SetCursor


# Drives

**Zweck**
Ermittelt die Anzahl verfügbarer Laufwerke.

**Struktur**

```
FUNCTION Drives:BYTE;
```

**Bemerkung**
Der von *Drives* ermittelte Wert entspricht der Anzahl Laufwerke (Disketten-, Festplatten-Laufwerke, Ram-Disk), die dem Betriebssystem bekannt sind. Mit Hilfe der Funktion *FloppyDrives* können Sie die Anzahl der Disketten-Laufwerke ermitteln.

**Beispiel**

```
PROGRAM Drives_Test;
USES
  Sys;
BEGIN
  WriteLn('Anzahl Laufwerke: ',Drives);
  WriteLn('Davon sind Disketten-Laufwerke: ',FloppyDrives)
END.
```

**Siehe auch**
COM, CPU87, FloppyDrives, LPT


# EnvironCount

**Zweck**
Ermittelt die Anzahl der Environment-Einträge.

**Struktur**

```
FUNCTION EnvironCount:WORD;
```

**Bemerkung**

Ab der DOS-Version 2.0 ist es möglich, eine Ablaufumgebung (aucl
Environment genannt) zu bestimmten. Diese enthält Zeichenfolgen, di
von einem Programm verwendet werden können.
Üblicherweise wird in der Ablaufumgebung einer Zeichenkette eine andere zugeordnet (einer Variablen wird ein Wert übergeben). Hierzu stell
der Kommando-Interpreter COMMAND.COM den internen Befehl *SET*
zur Verfügung. Folgendes Beispiel weist also der Variablen *M2MOD* dei
Wert *c:\m2\mod* zu und erzeugt so einen Eintrag in der Ablaufumgebung:

```
SET M2MOD=c:\m2\mod
```

Der DOS-Befehl *SET*, aufgerufen ohne Parameter, zeigt Ihnen alle vorhandenen Einträge. Die Liste könnte wie folgt aussehen:

```
PATH=C:\DOS;C:\START
COMSPEC=C:\COMMAND.COM
M2SYS=c:\m2\sys
M2LNK=c:\m2\lnk
M2MOD=c:\m2\mod
PROMPT=$p$g
```

Wie Sie erkennen, enthält die Ablaufumgebung den von DOS aus erstell-
ten Suchpfad für Dateien (PATH=C:\DOS;C:\START), den verwendetei
Kommando-Interpreter (COMSPEC=C:\COMMAND.COM), für ein Anwendungsprogramm definierte Suchpfade (z.B. M2SYS=c:\m2\sys) unc
einen Befehl, der das Aussehen des Bereitschaftszeichens steuert.
Mit der Funktion *EnvironCount* läßt sich ermitteln, wieviele Einträge sicl
in der Ablaufumgebung befinden. *EnvironStr* stellt Ihnen einen Environment-Eintrag als Zeichenkette zur Verfügung.
Bitte beachten Sie, daß ab Turbo Pascal 5.0 die Funktion *EnvCount* definiert ist, die die gleiche Wirkung wie *EnvironCount* zeigt.

**Siehe auch**
EnvironStr, SplitEnvironStr


# EnvironStr

**Zweck**
Stellt einen Environment-Eintrag als Zeichenkette zur Verfügung.

**Struktur**

```
FUNCTION EnvironStr(nr:WORD):STRING;
```

**Bemerkung**
Die Ablaufumgebung (auch Environment) enthält Einträge, die für die
Programmsteuerung bestimmt sind (genaueres hierzu bei *EnvironCount*).
Die Funktion *EnvironStr* stellt Ihnen den Eintrag *nr* als Zeichenkette zur
Verfügung. Falls *nr* kleiner als 1 oder größer als *EnvironCount* ist, erhalten
Sie einen leeren String mit der Länge 0.
Jeder Environment-Eintrag besteht aus einer Zuweisung (z.B. COM-
SPEC=C:\COMMAND.COM). Mit der Prozedur *SplitEnvironStr* erhalten
Sie den Namen der Variablen (z.B. COMSPEC) und den ihr zugewiesenen
Wert (z.B. C:\COMMAND.COM) voneinander getrennt.
Bitte beachten Sie, daß ab Turbo Pascal 5.0 die Funktion *EnvStr* definiert
ist, die die gleiche Wirkung wie *EnvironStr* zeigt.

**Beispiel**
Folgendes Programm zeigt Ihnen alle Einträge der Ablaufumgebung:

```
PROGRAM EnvironStr_Test;
USES
  Sys;
VAR
  i:INTEGER;
BEGIN
  FOR i:=1 TO EnvironCount DO
    WriteLn(EnvironStr(i));
END.
```

**Siehe auch**
EnvironCount, SplitEnvironStr


# FillScr

**Zweck**
Auf allen Stellen des Bildschirmes wird dasselbe Zeichen ausgegeben.

**Struktur**

```
PROCEDURE FillScr(ch:CHAR; farbe:BYTE);
```

**Bemerkung**
*FillScr* füllt den gesamten Bildschirm mit dem Zeichen *ch*; der Parametei
*farbe* legt die Zeichenfarbe fest. Für die einzelnen Bits gelten folgende
Regeln:

| 7 | 6 | 5 | 4 | 3 | 2 | 1 | 0 | Bit-Nummer |
|---|---|---|---|---|---|---|---|------------|
| b | h | h | h | v | v | v | v | Bedeutung |

Die Bits 0..3 legen die Vordergrundfarbe fest und 4..6 die Hintergrundfarbe. Falls Bit 7 gesetzt ist, wird ein Text blinkend dargestellt. Mit folgender Formel kann das Farbattribut leicht berechnet werden:

```
farbattribut:=vordergrund+hintergrund*16
farbattribut:=vordergrund+hintergrund*16+128    { blinkend }
```

Zu beachten ist:

```
vordergrund liegt im Bereich 0..15
hintergrund liegt im Bereich 0..7
```

Für *vordergrund* können Sie die von Turbo Pascal definierten Konstanter
*Black..White*, für *hintergrund* die Konstanten *Black..LightGray* verwenden.

**Siehe auch**
ReadScr, WriteScr

# FloppyDrives

**Zweck**
Ermittelt die verfügbaren Disketten-Laufwerke.

**Struktur**

```
FUNCTION FloppyDrives:BYTE;
```

**Bemerkung**
Im Gegensatz zur Funktion *Drives*, die die Anzahl aller verfügbarer
Laufwerke ermittelt, kann mit *FloppyDrives* die Anzahl der Disketten-
Laufwerke erfragt werden.

**Siehe auch**
COM, CPU87, Drives, LPT


# FreeKbd

**Zweck**
Ermittelt die Anzahl Zeichen, die der Tastatur-Puffer noch aufnehmen
kann.

**Struktur**

```
FUNCTION FreeKbd:BYTE;
```

**Bemerkung**
Jedes Zeichen, das von der Tastatur kommt, wird in einen Puffer geschrieben, wenn es nicht unmittelbar von einem Anwendungsprogramm
eingelesen wird. Der Tastatur-Puffer kann insgesamt 15 Zeichen zwischenspeichern.

**Siehe auch**
ClearKbd, LookKbd, ReadKbd, WriteKbd


# FreeRam

**Zweck**
Ermittelt die Größe des verbleibenden Arbeitsspeichers.

**Struktur**

```
FUNCTION FreeRam:LONGINT;
```

**Bemerkung**
Der von *FreeRam* ermittelte Wert entspricht dem Speicherplatz (in Bytes),
den ein Anwendungsprogramm für weitere Programme freiläßt (die bei-
spielsweise mit der Pascal-Prozedur *Exec* ausgeführt werden können).
Falls ein Programm die Größe des Heaps nicht mit dem Compiler-Befehl
M beschränkt, liefert *FreeRam* den Wert 0.
Um die Größe des Heaps zu bestimmten, verwenden Sie bitte die von
Turbo Pascal zur Verfügung gestellte Funktion *MemAvail*.

**Beispiel**

```
PROGRAM FreeRam_Test;
{$M 2000,0,1000}
USES
  Sys;
BEGIN
  WriteLn('Größe des Heaps: ',MemAvail);
  WriteLn('Freier Arbeitsspeicher: ',FreeRam)
END.
```

**Siehe auch**
MaxRam, ProgSize


# GetCursor

**Zweck**
Ermittelt die Nummer der oberen und unteren Rasterzeile des Textcursors.

**Struktur**

```
PROCEDURE GetCursor(VAR oben,unten:BYTE);
```

**Bemerkung**
Der Textcursor besteht aus Rasterzeilen, deren Nummern in den Bereichen 0..13 (Monochrom-Bildschirm) bzw. 0..7 (CGA) liegen. Nach dem Prozeduraufruf von *GetCursor* enthält *oben* die Nummer der oberen, *unten* die Nummer der unteren Rasterzeile; alle Rasterzeilen im Bereich *oben ..unten* leuchten.
Normalerweise ist *oben<=unten*, wobei die oberste Rasterzeile die Nummer 0 trägt.

**Siehe auch**
BigCursor, CursorOff, CursorOn, NormCursor, SetCursor


# GetScrMode

**Zweck**
Ermittelt den aktuellen Bildschirmmodus.

**Struktur**

```
PROCEDURE GetScrMode(VAR mode:BYTE);
```

**Bemerkung**
Der Parameter *mode* enthält nach dem Prozeduraufruf von *GetScrMode*
den aktuellen Bildschirmmodus (Graphik- oder Text-Modus). Neben anderen Werten sind für *mode* folgende denkbar:

0    Text, schwarz–weiß, 40x25 Zeichen (CGA)
1    Text, 16 Farben, 40x25 Zeichen (CGA)
2    Text, schwarz–weiß, 80x25 Zeichen (CGA)
3    Text, 16 Farben, 80x25 Zeichen (CGA)
4    Graphik, 4 Farben, 320x200 Punkte (CGA)
5    Graphik, 4 Grautöne, 320x200 Punkte (CGA)
6    Graphik, schwarz–weiß, 640x200 Punkte (CGA)
7    Text, schwarz–weiß, 80x25 Zeichen (Monochrom Bildschirm)
14   Graphik, 16 Farben, 640x200 Punkte (EGA)
15   Graphik, 2 Farben, 640x350 Punkte (EGA)
16   Graphik, 4 oder 16 Farben (abhängig vom verfügbaren Speicher),
     640x350 Punkte (EGA)
17   Graphik, 2 Farben, 640x480 Punkte (VGA)
18   Graphik, 16 Farben, 640x480 Punkte (VGA)
19   Graphik, 256 Farben, 320x200 Punkte (VGA)
64   Graphik, 2 Farben, 640x400 Punkte (Olivetti und AT&T)

**Siehe auch**
SetScrMode


# KeyStatus

**Zweck**
Ermittelt, welche der Umschalttasten momentan gedrückt werden.

**Struktur**

```
FUNCTION KeyStatus:BYTE;
```

**Bemerkung**
Der IBM-PC kennt einige Umschalttasten (SHIFT, ALT, CTRL ...), die
bei gedrücktem Zustand die Bedeutung vieler Tasten verändern; sie ver-

lieren ihre Wirkung wieder, sobald sie losgelassen werden. Andere Umschalttasten (NumLock, CapsLock ...) wählen beim ersten Tastendruck
einen bestimmten Tastatur-Modus (z.B. sollen alle Buchstaben groß geschrieben werden), der erst durch einen zweiten Tastendruck aufgehoben
wird.
Folgende Konstanten sind in der Unit **Sys** definiert und können zusammen mit der Funktion *KeyStatus* verwendet werden:

**RightShift**          =$01; Rechte SHIFT-Taste gedrückt
**LeftShift**           =$02; Linke SHIFT-Taste gedrückt
**CtrlKey**             =$04; CTRL-Taste gedrückt
**AltKey**              =$08; ALT-Taste gedrückt
**ScrollLockMode**      =$10; SCROLL LOCK aktiv (Wirkung je nach Soft-
                        ware verschieden)
**NumLockMode**         =$20; NUM LOCK aktiv (rechter Ziffernblock kann
                        für Zahlen verwendet werden)
**CapsLockMode**        =$40; CAPS LOCK aktiv (Buchstaben werden groß
                        geschrieben)
**InsMode**             =$80; Einfüge-Modus aktiv

Folgende Programmanweisung prüft, ob die ALT-Taste gedrückt wird:

```
IF KeyStatus AND AltKey=AltKey THEN
   WriteLn('ALT-Taste wird gedrückt.');
```

Wenn Sie prüfen wollen, ob mehrere Umschalttasten gedrückt werden,
addieren Sie bitte die entsprechenden Konstanten:

```
IF KeyStatus AND (CtrlKey+AltKey)=(CtrlKey+AltKey) THEN
   WriteLn('CTRL- und ALT-Taste wird gedrückt.');
```

**Beispiel**
Folgendes Programm zeigt Ihnen, welche Umschalttasten gedrückt bzw.
aktiv sind:

```
PROGRAM KeyStatus_Test;
USES
  Sys,Crt;
VAR
  i:BYTE;
  ch:CHAR;
BEGIN
  ClrScr;
  GotoXY(1,25);
```

```
    Write('Ende mit <ESC> ...');
    CursorOff;
    ch:=#0;
    REPEAT
      FOR i:=0 TO 7 DO BEGIN
        GotoXY(1,Succ(i));
        CASE KeyStatus AND (1 SHL i) OF
          $01:Write('Rechte SHIFT-Taste');
          $02:Write('Linke SHIFT-Taste');
          $04:Write('CTRL-Taste');
          $08:Write('ALT-Taste');
          $10:Write('ScrollLock-Modus');
          $20:Write('NumLock-Modus');
          $40:Write('CapsLock-Modus');
          $80:Write('Einfüge-Modus');
          ELSE ClrEol
        END
      END;
      IF KeyPressed THEN ch:=ReadKey
    UNTIL ch=#27
  END.
```

**Siehe auch**
LstStatus


# LookKbd

**Zweck**
Liest das erste Zeichen des Tastatur-Puffers, ohne es jedoch zu entfernen.

**Struktur**

```
PROCEDURE LookKbd(VAR scan,ch:CHAR);
```

**Bemerkung**
Das Computer-System verfügt über einen Tastatur-Puffer von 32 Bytes, der 15 Zeichen zwischenspeichern kann. Jedes Zeichen besteht aus einem ASCII- und Scan-Code. Der Scan-Code bezeichnet den Ort einer Taste, somit liefern zwei Tasten mit demselben Zeichen verschiedene Scan-Codes (so ist z.B. die Minus-Taste zwei Mal vorhanden). Einige Programme nützen die besondere Lage einzelner Tasten aus (Norton Commander, Framework, MS-Word ...), so daß beispielsweise die beiden Minus-Tasten verschiedene Wirkungen zeigen.

Der Scan-Code einer Taste bleibt immer gleich, auch dann, wenn Sie die
SHIFT-, ALT- oder CTRL-Taste gedrückt halten; einzig der ASCII-Code
einer Taste verändert sich.

Die Prozedur *LookKbd* liest das logisch erste Zeichen des Tastatur-Puffers, ohne es jedoch zu entfernen. Der Parameter *ch* enthält das Zeichen,
*scan* den entsprechenden Scan-Code. Falls sich kein Eintrag im Tastatur-
Puffer befindet, enthalten *scan* und *ch* den Wert #0.

Bei den Funktions- und Cursor-Tasten enthält *ch* immer #0, *scan* hingegen einen Wert, der genau einer Taste zugeordnet werden kann.

Zeichen, die Sie mit Hilfe der ALT-Taste und dem Ziffernblock eingegeben haben, erhalten den Scan-Code #0.

Im Anhang C finden Sie eine Tabelle, die die einzelnen Tasten- und
Scan-Codes aufführt.

**Siehe auch**
ClearKbd, FreeKbd, ReadKbd, WriteKbd


# LPT

**Zweck**
Ermittelt, wieviele parallele Schnittstellen vorhanden sind.

**Struktur**

```
FUNCTION LPT:BYTE;
```

**Bemerkung**
Die parallelen Schnittstellen werden mit LPT1, LPT2 ... bezeichnet und
typischerweise für Drucker verwendet.

**Siehe auch**
COM, CPU87, Drives, FloppyDrives, LstStatus


# LstStatus

**Zweck**
Ermittelt den Zustand eines Druckers.

**Struktur**

```
FUNCTION LstStatus(nr:BYTE):BYTE;
```

**Bemerkung**

Ein Drucker, der zweifellos zu den langsameren Komponenten eines
Computer-Systems gehört, bremst oft den Ablauf eines Programmes. Dies
geschieht beispielsweise, wenn ein Programm versucht, Daten zum
Drucker zu schicken, obwohl dieser nicht eingeschaltet ist oder noch ar-
beitet.
Die Funktion *LstStatus* prüft den Zustand eines Druckers, wobei *nr* eine
Schnittstelle bezeichnet (0 für LPT1, 1 für LPT2 ...).
Folgende Konstanten sind in der Unit **Sys** definiert und können zusam-
men mit der Funktion *LstStatus* verwendet werden:

| | |
|---|---|
| **LstNotHere** | =$02; Druckerschnittstelle nicht vorhanden |
| **LstAtWork** | =$10; Drucker arbeitet |
| **LstOff** | =$30; Drucker ausgeschaltet |
| **LstOffLine** | =$80; Drucker im OFF-LINE Betrieb |
| **LstReady** | =$90; Drucker für Zeichenausgabe bereit |
| **LstNoPaper** | =$A0; Drucker ohne Papier |

Mit der folgenden Programmanweisung können Sie prüfen, ob der
Drucker an LPT1 betriebsbereit ist:

```
IF LstStatus(0)=LstReady THEN
  Write('Drucker bereit.');
```

**Beispiel**

Dieses Programm prüft den aktuellen Status des Druckers an der Schnittstelle LPT1.

```
PROGRAM LstStatus_Test1;
USES
  Crt,Sys;
VAR
  ch:CHAR;
BEGIN
  ClrScr;
  GotoXY(1,25);
  Write('Ende mit <ESC> ...');
  CursorOff;
  ch:=#0;
  REPEAT
    GotoXY(1,1);
```

```
    CASE LstStatus(0) OF
      $02:Write('Druckerschnittstelle LPT1 fehlt');
      $10:Write('Drucker bei der Arbeit');
      $30:Write('Drucker ist ausgeschaltet');
      $80:Write('Drucker im OFF-LINE Betrieb');
      $90:Write('Drucker ist bereit');
      $A0:Write('Drucker ohne Papier');
      ELSE Write('(unbekannter Zustand)')
    END;
    ClrEol;
    IF KeyPressed THEN ch:=ReadKey
  UNTIL ch=#27
END.
```

Folgendes Programm druckt eine Datei aus und berechnet gleichzeitig
Primzahlen.

```
PROGRAM LstStatus_Test2;
USES
  Crt,Sys,Printer;
VAR
  s:STRING;
  ch:CHAR;
  f:FILE OF CHAR;
  z:LONGINT;

  PROCEDURE ZeichenAusgabe;
  VAR
    ch:CHAR;
  BEGIN
    IF (LstStatus(0)=LstReady) AND NOT Eof(f) THEN BEGIN
      Read(f,ch);
      Write(LST,ch)
    END
  END;

  FUNCTION Prim(z:LONGINT):BOOLEAN;
  VAR
    q,i:LONGINT;
  BEGIN
    Prim:=FALSE;
    q:=Trunc(Sqrt(z));
    i:=3;
    REPEAT
      ZeichenAusgabe;
      IF z MOD i=0 THEN Exit;
      Inc(i,2)
    UNTIL i>q;
    Prim:=TRUE
  END;
```

```
BEGIN
  Write('Dateiname: ');
  ReadLn(s);
  Assign(f,s);
  Reset(f);
  ch:=#0;
  z:=3;
  REPEAT
    IF Prim(z) THEN Write(z:8);
    Inc(z,2)
  UNTIL KeyPressed;
  Close(f)
END.
```

**Siehe auch**
KeyStatus


# MaxRam

**Zweck**
Ermittelt die Größe des Hauptspeichers.

**Struktur**

```
FUNCTION MaxRam:LONGINT;
```

**Bemerkung**
Die Funktion *MaxRam* ermittelt die Größe des Hauptspeichers in Bytes.

**Siehe auch**
FreeRam, ProgSize


# NormCursor

**Zweck**
Läßt den Cursor als kleinen Strich erscheinen.

**Struktur**

```
PROCEDURE NormCursor;
```

**Bemerkung**
Der Cursor wird nach *NormCursor* auch dann angezeigt, wenn dieser vorher unsichtbar (mittels *CursorOff*) war.
Am Ende jedes Programmes wird *NormCursor* selbständig ausgeführt.

**Siehe auch**
BigCursor, CursorOff, CursorOn, GetCursor, SetCursor


# ProgSize

**Zweck**
Ermittelt den Speicherbedarf eines Programmes.

**Struktur**

```
FUNCTION ProgSize:LONGINT;
```

**Bemerkung**
Der von *ProgSize* ermittelte Wert umfaßt den Speicherbedarf (in Bytes) der Ablaufumgebung (siehe *EnvironStr*), des Programmvorspanns (PSP, immer 256 Bytes), des Programm-Codes, der Daten, des Stacks und des Heaps. Die Größe des Stacks und des Heaps können mit dem Compiler-Befehl M beeinflußt werden.
Mit der Funktion *FreeRam* läßt sich die noch verfügbare Speichergröße bestimmen.

**Beispiel**

```
PROGRAM ProgSize_Test;
USES
  Sys;
BEGIN
  WriteLn('Nach verlassen dieses Programmes verfügen Sie');
  WriteLn('über freien Speicherplatz: ',ProgSize+FreeRam)
END.
```

**Siehe auch**
FreeRam, MaxRam

# PrtScr

**Zweck**
Druckt den Bildschirminhalt aus.

**Struktur**

```
PROCEDURE PrtScr;
```

**Bemerkung**
Die Prozedur *PrtScr* ermittelt nicht, ob ein Drucker an LPT1 angeschlossen ist. Wollen Sie keinen Programmunterbruch riskieren, prüfen Sie zu diesem Zweck mit der Funktion *LstStatus* die Bereitschaft des Druckers:

```
IF LstStatus(0)=LstReady THEN PrtScr;
```

*PrtScr* druckt auch dann den Bildschirminhalt aus, wenn zuvor die Prozedur *PrtScrOff* aufgerufen worden ist.
Wenn Sie eine Graphik ausdrucken wollen, muß das Programm GRAPHICS.COM (Bestandteil des Betriebssystems) ausgeführt worden sein.

**Siehe auch**
PrtScrOff, PrtScrOn

# PrtScrOff

**Zweck**
Schaltet die Wirkung der <PrtScr>-Taste aus.

**Struktur**

```
PROCEDURE PrtScrOff;
```

**Bemerkung**
Die Prozedur *PrtScrOff* verhindert, daß der Bildschirminhalt ausgedruckt werden kann. Am Ende eines Programmes wird die Prozedur *PrtScrOn* selbständig ausgeführt.

**Beispiel**

```
PROGRAM PrtScrOff_Test;
USES
  Sys;
BEGIN
  PrtScrOff;
  WriteLn('Jetzt ist die Taste <PrtScr> wirkungslos.');
  Write('Weiter mit RETURN ...');
  ReadLn;
  PrtScrOn;
  WriteLn;
  WriteLn('Nun druckt die <PrtScr>-Taste wieder den Bildschirm aus.');
  Write('Weiter mit RETURN ...');
  ReadLn
END.
```

**Siehe auch**
PrtScr, PrtScrOn


# PrtScrOn

**Zweck**
Die Taste <PrtScr>-Taste erlangt ihre Wirkung zurück.

**Struktur**

```
PROCEDURE PrtScrOn;
```

**Bemerkung**
Die Prozedur *PrtScrOn* wird am Ende jedes Programmes selbständig aufgerufen.

**Siehe auch**
PrtScr, PrtScrOff


# ReadKbd

**Zweck**
Liest ein Zeichen aus dem Tastatur-Puffer.

**Struktur**

```
PROCEDURE ReadKbd(VAR scan,ch:CHAR);
```

**Bemerkung**

Die Prozedur *ReadKbd* entfernt den logisch ersten Eintrag aus dem Tastatur-Puffer und stellt diesen zur Verfügung. Der Unterschied zur Pascal-Prozedur *ReadKey* besteht darin, daß *ReadKbd* zu jeder Taste immer
zwei Codes ermittelt (den Scan- und den ASCII-Code). Falls sich kein
Zeichen im Tastatur-Puffer befindet, enthalten die Parameter *scan* und *ch*
das Zeichen #0 (weitere Informationen bei *LookKbd*).

**Beispiel**

```
PROGRAM ReadKbd_Test;
USES
  Crt,Sys;
VAR
  ch,scan:CHAR;
BEGIN
  ch:=#0;
  REPEAT
    IF KeyPressed THEN BEGIN
      ReadKbd(scan,ch);
      Write('Scan-Code: ',BYTE(scan));
      Write(' ASCII-Code: ',BYTE(ch));
      IF ch>#31 THEN
        WriteLn(' Zeichen: ',ch)
      ELSE
        WriteLn
    END
  UNTIL ch=#27
END.
```

**Siehe auch**
ClearKbd, FreeKbd, LookKbd, WriteKbd


# ReadScr

**Zweck**
Liest an einer beliebigen Bildschirmstelle ein Zeichen und dessen Attribut.

**Struktur**

```
PROCEDURE ReadScr(VAR ch:CHAR; VAR attr:BYTE);
```

**Bemerkung**
Die Prozedur *ReadScr* liest an der aktuellen Cursor-Position ein Zeichen
(Parameter *ch*) und dessen Farbe (*attr*, genaue Bedeutung siehe bei *Write-
Scr*).

**Beispiel**
Folgendes Programm invertiert den gesamten Bildschirm:

```
PROGRAM ReadScr_Test;
USES
  Sys,Crt;
VAR
  i:INTEGER;
  x,y,
  attr:BYTE;
  ch:CHAR;
BEGIN
  FOR i:=1 TO 1999 DO Write(CHAR(Random(26)+65));
  REPEAT
    FOR y:=1 TO 25 DO BEGIN
      FOR x:=1 TO 80 DO BEGIN
        IF KeyPressed THEN Halt;
        GotoXY(x,y);
        ReadScr(ch,attr);
        attr:=attr XOR 127;
        WriteScr(ch,attr)
      END
    END
  UNTIL FALSE
END.
```

**Siehe auch**
FillScr, WriteScr


# SetCursor

**Zweck**
Verändert die Cursor-Größe.

**Struktur**

```
PROCEDURE SetCursor(oben,unten:BYTE);
```

**Bemerkung**
Der Textcursor besteht aus Rasterzeilen, deren Nummern in den Bereichen 0..13 (Monochrom-Karte) bzw. 0..7 (CGA-Karte) liegen. Die Prozedur *SetCursor* verändert das Aussehen des Text-Cursors, wobei alle Rasterzeilen im Bereich *oben..unten* gesetzt werden. Normalerweise ist *oben<=unten*, wobei die oberste Rasterzeile die Nummer 0 trägt.
Beim Programmende wird automatisch die Prozedur *NormCursor* aufgerufen.

**Siehe auch**
BigCursor, CursorOff, CursorOn, GetCursor, NormCursor


# SetScrMode

**Zweck**
Ermöglicht das Setzen eines beliebigen Bildschirmmodus.

**Struktur**

```
PROCEDURE SetScrMode(mode:BYTE);
```

**Bemerkung**
Der Parameter *mode* legt den zu wählenden Bildschirmmodus (Graphik- und Text-Modus möglich) fest. Neben anderen Werten sind für *mode* folgende denkbar:

| | |
|---|---|
| 0 | Text, schwarz-weiß, 40x25 Zeichen (CGA) |
| 1 | Text, 16 Farben, 40x25 Zeichen (CGA) |
| 2 | Text, schwarz-weiß, 80x25 Zeichen (CGA) |
| 3 | Text, 16 Farben, 80x25 Zeichen (CGA) |
| 4 | Graphik, 4 Farben, 320x200 Punkte (CGA) |
| 5 | Graphik, 4 Grautöne, 320x200 Punkte (CGA) |
| 6 | Graphik, schwarz-weiß, 640x200 Punkte (CGA) |
| 7 | Text, schwarz-weiß, 80x25 Zeichen (Monochrom Bildschirm) |

**14**   Graphik, 16 Farben, 640x200 Punkte (EGA)
**15**   Graphik, 2 Farben, 640x350 Punkte (EGA)
**16**   Graphik, 4 oder 16 Farben (abhängig vom verfügbaren Speicher),
         640x350 Punkte (EGA)
**17**   Graphik, 2 Farben, 640x480 Punkte (VGA)
**18**   Graphik, 16 Farben, 640x480 Punkte (VGA)
**19**   Graphik, 256 Farben, 320x200 Punkte (VGA)
**64**   Graphik, 2 Farben, 640x400 Punkte (Olivetti und AT&T)

**Siehe auch**
GetScrMode

# SplitEnvironStr

**Zweck**
Zerlegt einen Environment-Eintrag in zwei Teile, in die Variable und in
den ihr zugewiesenen Wert.

**Struktur**

```
PROCEDURE SplitEnvironStr(nr:WORD; VAR variable,wert:STRING);
```

**Bemerkung**
Die Ablaufumgebung (auch Environment) enthält Einträge, die für die
Programmsteuerung bestimmt sind (genaueres hierzu bei *EnvironCount*).
Die Prozedur *SplitEnvironStr* teilt den Environment-Eintrag *nr* in zwei
Teile, in den Variablennamen (*variable*) und in den ihr zugewiesenen Wert
(*wert*). Das vorhandene Gleichheitszeichen (=) wird dabei eliminiert.
Falls *nr* kleiner als 1 oder größer als *EnvironCount* ist, erhalten die Para-
meter *variable* und *wert* je einen leeren String mit der Länge 0.

**Beispiel**

```
PROGRAM SplitEnvironStr_Test;
USES
  Sys,Standard;
VAR
  va,we:STRING;
  i:WORD;
BEGIN
  WriteLn('Variable    Wert');
  WriteLn(Replicate('-',50));
```

```
    FOR i:=1 TO EnvironCount DO BEGIN
      SplitEnvironStr(i,va,we);
      WriteLn(LString(va,10),#32,LString(we,20))
    END
  END.
```

## Siehe auch
EnvironCount, EnvironStr


# StartTimer

## Zweck
Startet die interne Stoppuhr.

## Struktur

```
    PROCEDURE StartTimer;
```

## Bemerkung
Rund 18.2 Mal pro Sekunde wird ein interner Zähler des Computer-Systems um 1 erhöht. Die Prozedur *StartTimer* speichert den aktuellen Zählerstand ab. Mit *StopTimer* kann ein zweiter Zählerstand festgehalten werden, so daß sich mit der Funktion *TimerSec* die Zeit (in Sekunden) zwischen den beiden Prozedur-Aufrufen ermitteln läßt.

## Beispiel
Folgendes Programm demonstriert eindrucksvoll, daß der "BubbleSort" bei großen Datenbeständen unbrauchbar ist.

```
PROGRAM StartTimer_Test;
USES
  Crt,Sys;
CONST
  max=2048;
VAR
  feld:ARRAY [1..max] OF WORD;
  anz:LONGINT;

  PROCEDURE Erzeuge(anz:WORD);
  VAR
    i:WORD;
  BEGIN
    FOR i:=1 TO anz DO feld[i]:=i
  END;
```

```
    PROCEDURE Mische(anz:WORD);
    VAR
      i,nr,hilf:WORD;
    BEGIN
      Randomize;
      FOR i:=1 TO anz DO BEGIN
        nr:=Random(anz)+1;
        hilf:=feld[i];
        feld[i]:=feld[nr];
        feld[nr]:=hilf
      END
    END;

    PROCEDURE BubbleSort(anz:WORD);
    VAR
      i,j,hilf:WORD;
    BEGIN
      FOR i:=1 TO anz-1 DO BEGIN
        IF KeyPressed THEN Halt;
        FOR j:=i+1 TO anz DO BEGIN
          if feld[i]>feld[j] THEN BEGIN
            hilf:=feld[i];
            feld[i]:=feld[j];
            feld[j]:=hilf
          END
        END
      END
    END;

  BEGIN
    anz:=1;
    WriteLn('BubbleSort-Test (Abbruch mit jeder Taste)');
    WriteLn;
    REPEAT
      anz:=anz*2;
      Erzeuge(anz);
      Mische(anz);
      StartTimer;
      BubbleSort(anz);
      StopTimer;
      WriteLn(anz:5,' Elemente, Sortierzeit: ',TimerSec:1:1,' Sekunden')
    UNTIL anz>=max
  END.
```

**Siehe auch**
StopTimer, TimerSec

# StopTimer

## Zweck
Hält die aktuelle Laufzeit der internen Stoppuhr fest.

## Struktur

```
PROCEDURE StopTimer;
```

## Bemerkung
Die Prozedur *StopTimer* sichert den aktuellen Stand des internen System-Zählers, der in der Sekunde rund 18.2 Mal um 1 erhöht wird. Der Zählerstand, von der Prozedur *StartTimer* ermittelt, wird dabei nicht beeinflußt; somit kann mit *StopTimer* auch eine Zwischenzeit ermittelt werden. Die Funktion *TimerSec* berechnet die Zeit (in Sekunden), die während *StartTimer* und dem letzten Prozeduraufruf von *StopTimer* verstrichen ist.

## Beispiel
Folgendes Programm simuliert einen 20cm-Lauf mit 24 Teilnehmern und ermittelt für jeden die benötigte Zeit.

```
PROGRAM StopTimer_Test;
USES
  Sys,Crt;
VAR
  t:ARRAY [1..24] OF BYTE;
  nr,imziel,i:BYTE;
BEGIN
  Randomize;
  ClrScr;
  FillChar(t,SizeOf(t),1);
  FOR i:=1 TO 24 DO WriteLn(CHAR(i+64));
  imziel:=0;
  StartTimer;
  REPEAT
    GotoXY(1,25);
    StopTimer;
    Write(TimerSec:1:1);
    nr:=Random(24)+1;
    IF t[nr]<79 THEN BEGIN
      Inc(t[nr]);
      GotoXY(t[nr],nr);
      Write(CHAR(nr+64)) END
    ELSE IF t[nr]<255 THEN BEGIN
      t[nr]:=255;
      StopTimer;
      GotoXY(1,nr);
```

```
      Write(TimerSec:1:1,' ');
        inc(imziel)
    END
  UNTIL imziel=24
END.
```

**Siehe auch**
StartTimer, TimerSec


# TimerSec

### Zweck
Ermittelt, wie lange die interne Stoppuhr eingeschaltet war.

### Struktur

```
FUNCTION TimerSec:REAL;
```

### Bemerkung
Die Funktion *TimerSec* berechnet die Zeit (in Sekunden), die während *StartTimer* und dem letzten Prozeduraufruf von *StopTimer* verstrichen ist. Der für die Stoppuhr verwendete Zähler wird rund 18.2 Mal pro Sekunde vom Computer-System um 1 erhöht; somit empfiehlt es sich, von den Dezimalstellen nur die 1. für Zeitmessungen zu gebrauchen.
**Achtung:** Zwischen den beiden Assembler-Befehlen CLI (Clear Interrupt Enable Flag) und STI (Set Interrupt Enable Flag) wird der interne Zähler nicht erhöht, d.h. während dieser Zeitspanne bleibt die interne Uhr stehen. Aus diesem Grund wird ersichtlich, daß die Routinen *StartTimer*, *StopTimer* und *TimerSec* kein Chronometer ersetzen können (in vielen Fällen ist das Nachgehen der Uhr jedoch unbedeutend und kann getrost vernachlässigt werden).
Die längste Zeit, die mit dem internen Zähler ermittelt werden kann, beträgt 24 Stunden.

**Siehe auch**
StartTimer, StopTimer

# Version

## Zweck
Ermittelt die verfügbare DOS-Version.

## Struktur

```
PROCEDURE Version(VAR version,release:BYTE);
```

## Bemerkung
Der Parameter *version* enthält nach dem Prozeduraufruf die Versions-
nummer des Betriebssystems, *release* die Freigabe-Nummer.
Bitte beachten Sie, daß ab Turbo Pascal 5.0 die Funktion *DosVersion* definiert ist, die die gleiche Wirkung wie die Prozedur *Version* zeigt.

## Beispiel

```
PROGRAM Version_Test;
USES
  Sys;
VAR
  ver,rel:BYTE;
BEGIN
  Version(ver,rel);
  Write('MS-DOS, Version ',ver,'.');
  IF rel<10 THEN Write(0);  { => z.B. Version 2.01 und nicht 2.1 }
  WriteLn(rel)
END.
```

# WriteKbd

## Zweck
Schreibt ein Zeichen in den Tastatur-Puffer.

## Struktur

```
PROCEDURE WriteKbd(scan,ch:CHAR);
```

## Bemerkung
Die Prozedur *WriteKbd* fügt einen weiteren Eintrag in den Tastatur-Puf-
fer ein und erklärt diesen als logisch letzten. Dieser Eintrag kann mit der
Pascal-Prozedur *ReadKey*, *LookKbd* oder *ReadKbd* zu einem späteren
Zeitpunkt wieder gelesen werden.

Falls der Tastatur-Puffer keinen weiteren Eintrag mehr aufnehmen kann (die Funktion *FreeKbd* ermittelt den Wert 0), zeigt *WriteKbd* keine Wirkung.

Jeder Eintrag im Puffer besteht aus zwei Bytes, dem Scan- und dem ASCII-Code (Parameter *scan* und *ch*), der Scan-Code kann in den meisten Fällen vernachlässigt werden (außer bei Funktions- und Cursor-Tasten). Weitere Informationen finden Sie bei *LookKbd*.

**Beispiel**
Folgendes Programm füllt den Tastatur-Puffer und liest dann seinen Inhalt:

```
PROGRAM WriteKbd_Test;
USES
  Sys,Crt;
VAR
  i:BYTE;
  scan,ch:CHAR;
BEGIN
  Randomize;
  scan:=#0;
  FOR i:=1 TO 15 DO WriteKbd(scan,CHAR(Random(26)+65));
  Write('Folgende Zeichen befinden sich im Puffer: ');
  WHILE KeyPressed DO BEGIN
    ch:=ReadKey;
    Write(ch)
  END;
  WriteLn
END.
```

**Siehe auch**
ClearKbd, FreeKbd, LookKbd, ReadKbd

# WriteScr

**Zweck**
Schreibt an der aktuellen Cursor-Position ein Zeichen auf den Bildschirm.

**Struktur**

```
PROCEDURE WriteScr(ch:CHAR; attr:BYTE);
```

**Bemerkung**
Die Prozedur *WriteScr* schreibt an der aktuellen Cursor-Position das Zeichen *ch* auf den Bildschirm. Der Parameter *attr* stellt die Zeichenfarbe dar; für die einzelnen Bits gelten folgende Regeln:

| 7 | 6 | 5 | 4 | 3 | 2 | 1 | 0 | Bit-Nummer |
|---|---|---|---|---|---|---|---|---|
| b | h | h | h | v | v | v | v | Bedeutung |

Die Bits 0..3 legen die Vordergrundfarbe fest und 4..6 die Hintergrundfarbe. Falls Bit 7 gesetzt ist, wird ein Text blinkend dargestellt. Mit folgender Formel kann das Farbattribut leicht berechnet werden:

```
farbattribut:=vordergrund+hintergrund*16
farbattribut:=vordergrund+hintergrund*16+128    { blinkend }
```

Zu beachten ist:

```
vordergrund liegt im Bereich 0..15
hintergrund liegt im Bereich 0..7
```

Für *vordergrund* können Sie die von Turbo Pascal definierten Konstanten *Black..White*, für *hintergrund* die Konstanten *Black..LightGray* verwenden.

**Siehe auch**
FillScr, ReadScr

# Die Unit Txt

**Zweck**
Ermöglicht das Aufbauen von dynamischen Textstrukturen (wie sie von Editoren verwendet werden).

**Bemerkung**
Die in dieser Unit zur Verfügung gestellten Prozeduren und Funktionen bauen komplexe Textstrukturen auf. Jeder Text (maximal 255 voneinander unabhängige Texte möglich) besteht aus Zeilen (Anzahl nur vom Hauptspeicher beschränkt), jede Zeile darf maximal 255 Zeichen enthalten.
Jeder Text speichert folgende Daten:

- Speicheradresse der 1. und letzten Zeile
- Speicheradresse der aktuellen Zeile
- Speicheradresse einer beliebigen Zeile (siehe *MarkLine*)
- Zeilennummer der letzen, der aktuellen und der markierten Zeile
- Adresse eines weiteren Textes
- Einen INTEGER-Wert für beliebige Zwecke

Eine einzelne Zeile enthält folgende Daten:

- Adresse der vorherigen und der nächsten Zeile
- Adresse einer Zeichenkette (sie stellt den Text einer Zeile dar)
- Die Länge der gespeicherten Zeichenkette
- Ein Attribut (8 Bit), das einer Zeile gewisse Eigenschaften zuordnen kann (z.B. Zeile ist markiert ...)
- Einen INTEGER-Wert, über den der Programmierer frei verfügen kann

Es besteht also die Möglichkeit, mehrere Texte zu generieren, jeder Text enthält eine bestimmte Anzahl von Zeilen. Jede Zeile wiederum gehört nur zu einem einzigen Text.
Der in der Unit **Special** enthaltene Full-Screen-Editor *MiniEd* verwendet viele der hier aufgeführten Routinen und kann als ausführliche Demonstration der Unit **Txt** betrachtet werden. Alle mit *MiniEd* erfaßten Daten bleiben übrigens auch nach dem Verlassen des Editors im Speicher erhalten und können jederzeit mit den Prozeduren und Funktionen der Unit **Txt** bearbeitet werden (siehe hierzu auch *MiniEd*).
Folgende Prozeduren und Funktionen sind in der Unit **Txt** enthalten:

**BottomTxt**        Ermittelt den Wert TRUE, wenn die letzte Zeile eines Textes erreicht ist

| | |
|---|---|
| **CreateTxt** | Schafft eine neue Textstruktur |
| **DeleteLine** | Löscht die aktuelle Zeile |
| **DeleteTxt** | Löscht den gesamten aktuellen Text |
| **FoundLineAttr** | Ermittelt den Wert TRUE, falls die Suche nach einem Attribut (siehe *SearchAttr*) erfolgreich war |
| **GetLine** | Ermittelt die Zeichenkette der aktuellen Zeile, die auf dem Heap abgelegt ist |
| **GetLineAttr** | Ermittelt das Attribut der aktuellen Zeile |
| **GetUserLineVar** | Liest den für beliebige Zwecke verfügbaren INTEGER-Wert einer Zeile |
| **GetUserTxtVar** | Liest den für beliebige Zwecke verfügbaren INTEGER-Wert eines Textes |
| **GoBottom** | Springt zum Textende |
| **GoDown** | Springt zur folgenden Zeile |
| **GoLine** | Springt zu einer beliebigen Zeile |
| **GoMarkedLine** | Springt zu der mit *MarkLine* markierten Zeile |
| **GoTop** | Springt zum Textanfang |
| **GoUp** | Springt zur vorangehenden Zeile |
| **InsertLine** | Fügt nach der aktuellen Zeile eine weitere ein |
| **LineNumber** | Ermittelt die aktuelle Zeilennummer |
| **MarkLine** | Merkt sich die Position einer Zeile, um sie später sehr schnell zu finden |
| **MaxLineNumber** | Ermittelt die maximale Anzahl der Zeilen, die sich in einem Text befinden |
| **MaxTxtNumber** | Ermittelt die maximale Anzahl der generierten Texte |
| **PutLine** | Übergibt einer Zeile eine Zeichenkette, die auf dem Heap abgelegt wird |
| **SearchLineAttr** | Sucht nach einem Attribut; es besteht die Möglichkeit, in Richtung Textanfang oder -ende zu suchen |
| **SelectTxt** | Stellt einen bestimmten Text zur Verfügung |
| **SetLineAttr** | Setzt für die aktuelle Zeile ein Attribut |
| **SetUserLineVar** | Übergibt einer Zeile einen frei verfügbaren INTEGER-Wert |
| **SetUserTxtVar** | Übergibt einem Text einen frei verfügbaren INTEGER-Wert |
| **TopTxt** | Ermittelt den Wert TRUE, wenn die erste Zeile eines Textes erreicht ist |
| **TxtError** | Ermittelt eine Fehlernummer: |

-1 Kopfinformation kann nicht eingerichtet werden
-2 Zeile findet keinen Platz auf dem Heap
-3 Kein Text eingerichtet
-4 Maximal nur 255 Texte möglich
-5 Zeile oder Text kann nicht gelöscht werden

**TxtNumber**          Ermittelt die aktuelle Textnummer (0, falls kein Text
                       vorhanden ist)

Die folgenden Konstanten können zusammen mit der Prozedur *Search-
LineAttr* verwendet werden:

**Equal**              =0; Das zu suchende Attribut muß genau mit dem
                       angegebenen übereinstimmen.
**OneOrMore**          =1; Ein Attribut gilt genau dann als gefunden, wenn
                       mindestens ein einzelnes Bit übereinstimmt.
**All**                =2; Ein Attribut gilt genau dann als gefunden, wenn
                       alle Bits mit dem angegebenen Attribut übereinstim-
                       men.

Einzelheiten über den internen Aufbau der Prozeduren und Funktionen
finden Sie im 2. Teil dieses Buches.


# BottomTxt

**Zweck**
Zeigt an, ob die letzte Zeile eines Textes erreicht ist.

**Struktur**

```
FUNCTION BottomTxt:BOOLEAN;
```

**Bemerkung**
Die Funktion *BottomTxt* ermittelt den Wert TRUE, wenn die aktuelle
Zeile gleichzeitig die letzte eines Textes ist. Anders ausgedrückt wird fol-
gende Bedingung wahr:

```
IF LineNumber=MaxLineNumber THEN WriteLn('Textende');
```

**Beispiel**
Folgendes Programm liest einen Text von Diskette in eine Textstruktur
ein und zeigt deren Inhalt schließlich auf dem Bildschirm an.

```
PROGRAM BottomTxt_Test;
USES
   Txt;
```

```
VAR
  f:TEXT;
  datei,zeile:STRING;
BEGIN
  Write('Dateiname: ');
  ReadLn(datei);
  Assign(f,datei);
  Reset(f);
  CreateTxt;
  WHILE NOT Eof(f) DO BEGIN
    ReadLn(f,zeile);
    PutLine(zeile);
    InsertLine
  END;
  Close(f);
  GoTop;
  WHILE NOT BottomTxt DO BEGIN
    GetLine(zeile);
    WriteLn(LineNumber:4,': ',zeile);
    GoDown
  END;
  DeleteTxt
END.
```

**Siehe auch**
GoBottom, GoTop, LineNumber, TopTxt


# CreateTxt

**Zweck**
Eröffnet eine Textstruktur.

**Struktur**

```
PROCEDURE CreateTxt;
```

**Bemerkung**
Stellen Sie sich vor, Sie haben einen Ringordner vor sich, der leer ist.
Maximal kann er 255 Seiten aufnehmen, wobei jede Seite einem Text
entspricht. Jeder Text besteht nun aus Zeilen, die Sie mit Bleistift auf das
Stück Papier schreiben. Einzelne Zeilen lassen sich ausradieren (mit *DeleteLine*) oder einfügen (mit *InsertLine*), einzelne Seiten des Ringordners
lassen sich natürlich wieder herausnehmen (mit *DeleteTxt*).

Die Prozedur *CreateTxt* erzeugt eine Textstruktur (fügt ein neues Blatt in
den Ringordner ein), die in einzelne Zeilen aufgeteilt ist. Jede Zeile kann
maximal 255 Zeichen enthalten, die Anzahl der einzelnen Zeilen wird nur
durch die Kapazität des Hauptspeichers beschränkt. Jede Zeile kann ein-
deutig einem einzigen Text zugeordnet werden.
Nach dem Aufruf von *CreateTxt* besteht der neu generierte Text genau
aus einer Zeile. Weitere Zeilen können mit *InsertLine* geschaffen werden.
Jeder Aufruf von *CreateTxt* erzeugt eine weitere Textstruktur (sie wird
am Ende eingefügt), jede einzelne stellt einen eigenen Text dar. Mit *SelectTxt* läßt sich eine bestimmte Textstruktur auswählen.
*TxtNumber* ermittelt die aktuelle, *MaxTxtNumber* die höchste Textnummer. Maximal können 255 voneinander unabhängige Textstrukturen erzeugt werden. Der aktuelle Text kann mit der Prozedur *DeleteTxt* vollständig gelöscht werden.
Fehler, die während dem Prozeduraufruf *CreateTxt* auftreten, können mit
*TxtError* ermittelt werden.

**Beispiel**
Folgendes Programm erzeugt zwei voneinander unabhängige Textstrukturen:

```pascal
PROGRAM CreateTxt_Test;
USES
  Txt;
VAR
  zeile:STRING;
  i:BYTE;
BEGIN
  CreateTxt;  { Erzeugt den 1. Text                            }
  CreateTxt;  { Erzeugt den 2. Text, der nun auch aktiv ist }
  PutLine('Dies ist die 1. Zeile des 2. Textes');
  InsertLine;
  PutLine('Zeile Nummer 2, auch letzte Zeile');
  SelectTxt(1);
  PutLine('Dies ist die 1. Zeile des 1. Textes');
  InsertLine;
  PutLine('1. Text, 2. Zeile ...');
  InsertLine;
  PutLine('Letzte Zeile des 1. Textes');
  FOR i:=1 TO 10 DO BEGIN
    IF Odd(i) THEN
      SelectTxt(1)
    ELSE
      SelectTxt(2);
    GoTop;
    GetLine(zeile);
    WriteLn(zeile);
```

```
    WHILE NOT BottomTxt DO BEGIN
      GoDown;
      GetLine(zeile);
      WriteLn(zeile)
    END;
    WriteLn
  END
END.
```

**Siehe auch**
DeleteLine, DeleteTxt, InsertLine, MaxTxtNumber, SelectTxt, TxtNumber


# DeleteAllLines

**Zweck**
Löscht alle Zeilen eines Textes.

**Struktur**

```
PROCEDURE DeleteAllLines;
```

**Bemerkung**
Die Prozedur *DeleteAllLines* löscht alle zu einem Text gehörenden Zeilen,
so daß der aktive Text nach dem Prozeduraufruf nur noch aus einer einzigen Zeile besteht (die keine Zeichen mehr enthält).
Der Unterschied zu *DeleteTxt* besteht darin, daß die Textstruktur nicht
gelöscht wird; der Funktionswert von *MaxTxtNumber* bleibt also unverändert (*DeleteAllLines* radiert alle Zeilen auf einem Stück Papier aus, während *DeleteTxt* das Blatt gleich aus dem Ringordner herausreißt; siehe
hierzu auch *CreateTxt*).

**Beispiel**
Folgendes Programm liest einige Zeile ein und löscht diese wieder.

```
PROGRAM DeleteAllLines_Test;
USES
  Txt;
VAR
  zeile:STRING;
BEGIN
  WriteLn('Ende der Texteingabe durch unmittelbares');
  WriteLn('Drücken der RETURN-Taste.');
  CreateTxt;
```

```
  REPEAT
    zeile:='';
    Write(': ');
    ReadLn(zeile);
    IF zeile<>'' THEN BEGIN
      PutLine(zeile);
      InsertLine
    END
  UNTIL zeile='';
  WriteLn('Folgenden Text haben Sie eingegeben:');
  WHILE NOT TopTxt DO BEGIN
    GoUp;
    GetLine(zeile);
    WriteLn(LineNumber,': ',zeile)
  END;
  WriteLn(' Vorher: Anzahl der Zeilennummern: ',MaxLineNumber);
  DeleteAllLines;
  WriteLn('Nachher: Anzahl der Zeilennummern: ',MaxLineNumber)
END.
```

**Siehe auch**
DeleteLine, DeleteTxt, InsertLine


# DeleteLine

**Zweck**
Löscht die aktuelle Zeile eines Textes.

**Struktur**

```
PROCEDURE DeleteLine;
```

**Bemerkung**
Ein Text besteht aus zusammenhängenden Zeilen (jede darf maximal 255 Zeichen enthalten), somit hat jede Zeile (außer die 1. und letzte) einen Vorgänger und einen Nachfolger.
*DeleteLine* löscht die aktuelle Zeile, wobei sich die gesamte Anzahl der Zeilen um eins verringert (siehe auch *MaxLineNumber*). Nach folgenden Regeln wird die neue aktuelle Zeile bestimmt:

- Wenn ein Nachfolger besteht, wird dieser zur aktuellen Zeile (der Funktionswert von *LineNumber* bleibt dabei unverändert).
- Existiert kein Nachfolger, wird der Vorgänger zur aktuellen Zeile (z.B. wenn die aktuelle Zeile sich am Schluß des Textes befindet).

- Bestehen weder Nachfolger noch Vorgänger, wird nur die Zeichenkette der aktuellen Zeile gelöscht (genau dann der Fall, wenn ein Text aus einer einzigen Zeile besteht).

Betrachten wir folgenden Text (vor dem Löschen einer Zeile):

```
1. Zeile: Ich bin die erste Zeile.
2. Zeile: Mich will man löschen.       { <- aktiv }
3. Zeile: Ich bin die letzte Zeile.
```

Nach *DeleteLine* bleibt die logische Reihenfolge der einzelnen Zeilen bestehen:

```
1. Zeile: Ich bin die erste Zeile.
2. Zeile: Ich bin die letzte Zeile.   { <- aktiv }
```

Ein Text umfaßt mindestens eine Zeile, auch dann, wenn versucht wird, diese zu löschen. *InsertLine* fügt eine neue Zeile ein.
Fehler, die bei der Prozedur *DeleteLine* auftreten, können mit *TxtError* ermittelt werden.
Um den neuen Zeileninhalt zu erhalten, verwenden Sie bitte die Prozedur *GetLine*.

**Beispiel**
Folgendes Programm liest einen Text ein und löscht ihn Zeile für Zeile.

```pascal
PROGRAM DeleteLine_Test;
USES
  Txt,Crt;
VAR
  f:TEXT;
  datei,zeile:STRING;
BEGIN
  Write('Dateiname: ');
  ReadLn(datei);
  Assign(f,datei);
  Reset(f);
  CreateTxt;
  WHILE NOT Eof(f) DO BEGIN
    ReadLn(f,zeile);
    PutLine(zeile);
    InsertLine
  END;
  Close(f);
  ClrScr;
  GoLine(MaxLineNumber DIV 2);
```

```
  REPEAT
    GotoXY(1,1);
    Write('Aktuelle Zeile: ',LineNumber); ClrEol;
    GetLine(zeile);
    GotoXY(1,2);
    Write(': ',zeile); ClrEol;
    DeleteLine;
    Delay(100)
  UNTIL TopTxt
END.
```

**Siehe auch**
DeleteTxt, InsertLine


# DeleteTxt

**Zweck**
Löscht einen gesamten Text.

**Struktur**

```
PROCEDURE DeleteTxt;
```

**Bemerkung**
Durch die Prozedur *DeleteTxt* werden alle Zeilen eines Textes einschließ·
lich der ersten Zeile gelöscht (aus unserem Ringordner wird ein Blat
herausgenommen; siehe hierzu *CreateTxt*). Der Funktionswert von *Max·
TxtNumber* erniedrigt sich deshalb um eins. Falls dieser 0 ergibt, steh
kein Text zur Verfügung.
*DeleteTxt* sollte immer dann ausgeführt werden, wenn eine Textstruktu
nicht mehr benötigt wird.
Nach dem Löschen eines Textes ist der nachfolgende aktiv; wenn diese
nicht existiert, wird der vorangehende aktiviert. Falls vor dem Löschei
nur ein Text existiert, steht danach keiner unmittelbar zur Verfügung.

**Siehe auch**
CreateTxt, DeleteAllLines, DeleteLine, SelectTxt

# FoundLineAttr

**Zweck**
Zeigt an, ob ein bestimmtes Zeilen-Attribut gefunden worden ist.

**Struktur**

```
FUNCTION FoundLineAttr:BOOLEAN;
```

**Bemerkung**
Die Funktion *FoundLineAttr* übergibt den Wert TRUE, wenn die Suche
nach einem Zeilen-Attribut (mit *SearchLineAttr*) erfolgreich war.

**Siehe auch**
GetLineAttr, SearchLineAttr, SetLineAttr


# GetLine

**Zweck**
Übergibt eine Zeichenkette, die zur aktuellen Zeile gehört.

**Struktur**

```
PROCEDURE GetLine(VAR zeile:STRING);
```

**Bemerkung**
Um der Verschwendung von Speicherplatz entgegenzuwirken, wird nicht
jeder Zeile eine konstante Speicherplatz-Größe zugeteilt. Vielmehr wird
jeder Zeile eine für sie angemessene Größe des Heaps zugeordnet.
Die Prozedur *GetLine* ermittelt die zu einer Zeile gehörende Zeichenkette
(Parameter *zeile*).
Die Zeichenkette einer Zeile wird erst durch die Prozedur *PutLine* verän-
dert.

**Beispiel**
Folgendes Programm erzeugt einen Text mit zwei Zeilen und liest dann
die einzelnen Zeichenkette mit *GetLine*.

```
PROGRAM GetLine_Test;
USES
  Txt;
```

```
VAR
  i:BYTE;
  zeile:STRING;
BEGIN
  CreateTxt;
  PutLine('Die 1. Zeile des Textes.');
  InsertLine;
  PutLine('Die 2. und letzte Zeile des Textes.');
  FOR i:=1 TO 20 DO BEGIN
    IF Odd(i) THEN
      GoTop
    ELSE
      GoBottom;
    GetLine(zeile);
    WriteLn(zeile)
  END
END.
```

**Siehe auch**
DeleteLine, InsertLine, PutLine

# GetLineAttr

**Zweck**
Ermittelt das Zeilen-Attribut.

**Struktur**

```
PROCEDURE GetLineAttr(VAR attr:BYTE);
```

**Bemerkung**
Jede Zeile eines Textes kann mit einem Attribut versehen werden, das
gewisse Eigenschaften der Zeile festhält (z.B. als Block markiert, weiches
Zeilenende ...). Die Prozedur *GetLineAttr* liest das Attribut der aktuellen
Zeile.
Textzeilen mit bestimmten Attributen können mit der Prozedur *Search-
LineAttr* gefunden werden.
Das Textattribut ist vom Typ BYTE und entspricht 8 Bits, dadurch kön-
nen jeder Zeile acht voneinander unabhängige Eigenschaften zugeordnet
werden (falls beispielsweise das erste Bit gesetzt ist, gehört diese Zeile zu
einem markierten Block).

**Siehe auch**
SetLineAttr, SearchLineAttr


# GetUserLineVar

**Zweck**
Liest den für beliebige Zwecke gedachten INTEGER-Wert einer Zeile.

**Struktur**

```
PROCEDURE GetUserLineVar(VAR i:INTEGER);
```

**Bemerkung**
Jede Zeile eines Textes kann mit einem INTEGER-Wert versehen werden,
der dem Programmierer frei zur Verfügung steht (z.B. für Sprungmarken).

**Siehe auch**
GetUserTxtVar, SetUserLineVar, SetUserTxtVar, GetLineAttr


# GetUserTxtVar

**Zweck**
Liest den frei verfügbaren INTEGER-Wert eines Textes.

**Struktur**

```
PROCEDURE GetUserTxtVar(VAR i:INTEGER);
```

**Bemerkung**
Jeder Text kann mit einem INTEGER-Wert versehen werden, der dem
Programmierer frei zur Verfügung steht (z.B. für Zeile und Spalte des
Bildschirm-Cursors).

**Siehe auch**
GetUserLineVar, SetUserLineVar, SetUserTxtVar, GetLineAttr

# GoBottom

**Zweck**
Springt zum Text-Ende.

**Struktur**

```
PROCEDURE GoBottom;
```

**Bemerkung**
Nach dem Prozeduraufruf *GoBottom* ist die letzte Zeile eines Textes aktiv.
Da die Adresse und die Zeilennummer der letzten Zeile immer gespeichert sind, kann diese Prozedur sehr schnell ausgeführt werden.
Um den neuen Zeileninhalt zu erhalten, verwenden Sie bitte die Prozedur
*GetLine*.

**Siehe auch**
BottomTxt, GoDown, GoLine, GoMarkedLine, GoTop, GoUp


# GoDown

**Zweck**
Die der aktuellen Zeile folgende wird aktiv.

**Struktur**

```
PROCEDURE GoDown;
```

**Bemerkung**
Falls Sie sich bereits in der letzten Zeile eines Textes befinden (*BottomTxt*
ermittelt den Wert TRUE), zeigt die Prozedur *GoDown* keine Wirkung,
andernfalls wird die folgende Zeile aktiv.
Um den neuen Zeileninhalt zu erhalten, verwenden Sie bitte die Prozedur
*GetLine*.

**Siehe auch**
GoBottom, GoLine, GoMarkedLine, GoTop, GoUp

# GoLine

## Zweck
Springt zu einer beliebigen Textzeile.

## Struktur

```
PROCEDURE GoLine(VAR nr:WORD);
```

## Bemerkung
Die Prozedur *GoLine* springt zu der Zeile *nr* und wählt diese zur aktuellen
Zeile. Falls *nr* kleiner als 1 oder größer als *MaxLineNumber* ist, wird zum
Textanfang bzw. zum Textende gesprungen.
*GoLine* ist so programmiert, daß immer der kürzeste Weg zur gewünschten
Zeile gefunden wird (weiteres hierzu im 2. Teil dieses Buches).
Um den neuen Zeileninhalt zu erhalten, verwenden Sie bitte die Prozedur
*GetLine*.

## Beispiel
Folgendes Programm erzeugt einen Text von zehn Zeilen und schreibt
diese in zufälliger Reihenfolge auf den Bildschirm.

```
PROGRAM GoLine_Test;
USES
  Txt;
VAR
  i:BYTE;
  s:STRING;
BEGIN
  CreateTxt;
  FOR i:=1 TO 10 DO BEGIN
    Str(i:2,s);
    s:=s+'. Zeile dieses Textes';
    PutLine(s);
    IF i<>10 THEN InsertLine
  END;
  FOR i:=1 TO 20 DO BEGIN
    GoLine(Random(10)+1);
    GetLine(s);
    WriteLn(s)
  END
END.
```

## Siehe auch
GoBottom, GoDown, GoMarkedLine, GoTop, GoUp

# GoMarkedLine

**Zweck**
Springt zu einer zuvor markierten Zeile.

**Struktur**

```
PROCEDURE GoMarkedLine;
```

**Bemerkung**
*MarkLine* markiert die aktuelle Zeile, die Prozedur *GoMarkedLine* springt
zu dieser. Da *MarkLine* die Speicheradresse und die Zeilennummer sichert, kann *GoMarkedLine* sehr schnell ausgeführt werden.
Das Prozedur-Paar *MarkLine* und *GoMarkedLine* ist besonders dann wert-
voll, wenn nach einer erfolglosen Editor-Funktion zur ursprüngliche Zeile
zurückgekehrt werden soll (z.B. Suche nach einem Blockanfang).
Falls eine zuvor markierte Zeile gelöscht oder *MarkLine* noch nicht ausgeführt worden ist, zeigt *GoMarkedLine* keine Wirkung.
Um den neuen Zeileninhalt zu erhalten, verwenden Sie bitte die Prozedur
*GetLine*.

**Siehe auch**
MarkLine

# GoTop

**Zweck**
Springt zum Text-Anfang.

**Struktur**

```
PROCEDURE GoTop;
```

**Bemerkung**
Nach dem Prozeduraufruf *GoTop* ist die erste Zeile eines Textes aktiv. Da
die Adresse der ersten Zeile immer gespeichert ist, kann diese Prozedur
sehr schnell ausgeführt werden.
Um den neuen Zeileninhalt zu erhalten, verwenden Sie bitte die Prozedur
*GetLine*.

**Siehe auch**
GoBottom, GoDown, GoLine, GoMarkedLine, GoUp, TopTxt


# GoUp

**Zweck**
Die der aktuellen Zeile vorangehende Zeile wird aktiv.

**Struktur**

```
PROCEDURE GoUp;
```

**Bemerkung**
Falls Sie sich bereits in der ersten Zeile eines Textes befinden (*TopTxt*
ermittelt den Wert TRUE), zeigt die Prozedur *GoUp* keine Wirkung, an-
dernfalls wird die vorangehende Zeile aktiv.
Um den neuen Zeileninhalt zu erhalten, verwenden Sie bitte die Prozedur
*GetLine*.

**Siehe auch**
GoBottom, GoDown, GoLine, GoMarkedLine, GoUp


# InsertLine

**Zweck**
Fügt eine leere Zeile in den Text ein.

**Struktur**

```
PROCEDURE InsertLine;
```

**Bemerkung**
Unmittelbar nach der aktuellen Zeile wird eine weitere eingefügt und
diese aktiviert.
Betrachten wir folgenden Text (vor dem Einfügen einer Zeile):

```
1. Zeile: Ich bin die erste Zeile.   { <- aktiv }
2. Zeile: Ich bin die letzte Zeile.
```

Nach dem Einfügen einer Zeile mit *InsertLine* bleibt die logische Reihenfolge der einzelnen Zeilen erhalten:

```
1. Zeile: Ich bin die erste Zeile.
2. Zeile: Mich hat man eingefügt.   { <- aktiv }
3. Zeile: Ich bin die letzte Zeile.
```

Fehler, die während der Prozedurausführung auftreten, können mit *TxtError* ermittelt werden.

**Siehe auch**
DeleteAllLines, DeleteLine

# LineNumber

**Zweck**
Ermittelt die Nummer der aktuellen Zeile.

**Struktur**

```
FUNCTION LineNumber:WORD;
```

**Bemerkung**
Jeder Zeile eines Textes ist eine Nummer zugeordnet, die mit der Funktion *LineNumber* ermittelt werden kann. *MaxLineNumber* übergibt die Nummer der letzten Zeile eines Textes.

**Siehe auch**
MaxLineNumber, MaxTxtNumber, TxtNumber

# MarkLine

**Zweck**
Markiert die aktuelle Zeile.

**Struktur**

```
PROCEDURE MarkLine;
```

**Bemerkung**
Die Prozedur *MarkLine* speichert die Adresse und die Zeilennummer der
aktuellen Zeile, damit diese zur gegebenen Zeit schnell wiedergefunden
werden kann (mit *GoMarkedLine*).
Um mehrere Zeilen zu markieren, verwenden Sie bitte die Prozeduren
*SetLineAttr* oder *SetUserLineVar*. *MarkLine* ist eher für den internen Ge-
brauch gedacht (soll ein Text beispielsweise nach einer Zeichenkette
durchsucht werden, die nicht gefunden wird, kann nach dem erfolglosen
Suchen wieder zur ehemals aktiven Zeile zurückgekehrt werden).
Die markierte Zeile eines Textes bleibt auch dann erhalten, wenn Sie mit
*SelectTxt* einen anderen Text öffnen und dort *MarkLine* aufrufen; jeder
Text kann also eine eigene markierte Zeile enthalten.

**Siehe auch**
GoMarkedLine


# MaxLineNumber

**Zweck**
Ermittelt die Nummer der letzten Zeile eines Textes.

**Struktur**

```
FUNCTION MaxLineNumber:WORD;
```

**Bemerkung**
Die Nummer der letzten Zeile wird immer gespeichert, somit kann *Max-
LineNumber* sehr schnell ausgeführt werden.

**Siehe auch**
LineNumber, MaxTxtNumber, TxtNumber


# MaxTxtNumber

**Zweck**
Ermittelt die höchste Textnummer.

**Struktur**

```
FUNCTION MaxTxtNumber:BYTE;
```

**Bemerkung**
Mit *CreateTxt* lassen sich maximal 255 verschiedene Texte öffnen; *MaxTxtNumber* ermittelt, wieviele bereits erzeugt worden sind.
Falls *MaxTxtNumber* den Wert 0 ermittelt, ist kein Text geöffnet. *TxtNumber* ermittelt die aktuelle Textnummer.

**Siehe auch**
CreateTxt, DeleteTxt, SelectTxt


# PutLine

**Zweck**
Ordnet der aktuellen Zeile eine Zeichenkette zu.

**Struktur**

```
PROCEDURE PutLine(VAR zeile:STRING);
```

**Bemerkung**
Jede Zeile, die mit *InsertLine* erzeugt wird, enthält zunächst keine Zeichenkette; *PutLine* jedoch ordnet der aktuellen Zeile eine zu.
Jede Zeichenkette wird auf dem Heap abgelegt, deshalb kann es vorkommen, daß bei vollem Heap ein Fehler auftritt und die Zeile nicht ordnungsgemäß gespeichert werden kann (siehe *TxtError*).

**Beispiel**

```
PROGRAM PutLine_Test;
USES
  Txt;
VAR
  zeile:STRING;
BEGIN
  CreateTxt;
  Write('Eingabe: ');
  ReadLn(zeile);
  PutLine(zeile);
  WriteLn('Zeile ist nun gespeichert.');
```

```
    GetLine(zeile);
    WriteLn(zeile)
  END.
```

**Siehe auch**
DeleteLine, InsertLine, GetLine


# SearchLineAttr

**Zweck**
Sucht nach einem bestimmten Zeilenattribut.

**Struktur**

```
PROCEDURE SearchLineAttr(attr,art:BYTE; forwd:BOOLEAN);
```

**Bemerkung**
*SearchLineAttr* durchsucht einen Text (ab der aktuellen Zeile) nach einem bestimmten Attribut. Die folgenden Konstanten sind in der Unit **Txt** definiert und können dem Parameter *art* übergeben werden:

**Equal**        =0; Das zu suchende Attribut muß genau mit dem angegebenen (*attr*) übereinstimmen.

**OneOrMore**    =1; Ein Attribut gilt genau dann als gefunden, wenn mindestens ein einzelnes Bit des Parameters *attr* übereinstimmt.

**All**          =2; Ein Attribut gilt genau dann als gefunden, wenn alle Bits mit dem angegebenen Attribut *attr* übereinstimmen.

Falls Sie dem Parameter *forwd* den Wert TRUE übergeben, durchsucht *SearchLineAttr* den gesamten Text ab der aktuellen Zeile in Richtung Textende, andernfalls in Richtung Textanfang. Bei einem erfolglosen Suchvorgang übergibt die Funktion *FoundLineAttr* den Wert FALSE, und die ehemals aktuelle Zeile bleibt weiterhin aktiv; bei erfolgreicher Suche hingegen wird die gefundene Zeile zur aktuellen Zeile (und *FoundLine-Attr* ermittelt natürlich den Wert TRUE).

**Beispiel**

Folgendes Programm liest einen Text ein und setzt zufällig ermittelte Attribute. Anschließend wird der gesamte Text nach verschiedenen Kriterien durchsucht.

```
PROGRAM SearchLineAttr_Test;
USES
  Txt;
VAR
  datei,zeile:STRING;
  attr:BYTE;
  f:TEXT;
BEGIN
  Write('Dateiname: ');
  ReadLn(datei);
  Assign(f,datei);
  Reset(f);
  CreateTxt;
  WHILE NOT Eof(f) DO BEGIN
    ReadLn(f,zeile);
    PutLine(zeile);
    SetLineAttr(Random(256));
    IF NOT Eof(f) THEN InsertLine
  END;
  Close(f);
  GoTop;
  WriteLn('Suche alle Zeilen mit dem Attribut 16 ...');
  REPEAT
    SearchLineAttr(16,Equal,TRUE);
    IF FoundLineAttr THEN BEGIN
      GetLineAttr(attr);
      GetLine(zeile);
      WriteLn(attr:3,zeile);
      GoDown
    END
  UNTIL NOT FoundLineAttr OR BottomTxt;
  WriteLn;
  Write('Weiter mit RETURN ...');
  ReadLn;
  GoBottom;
  WriteLn('Suche alle Zeilen, bei denen das 2. Bit gesetzt ist ...');
  REPEAT
    SearchLineAttr(4,OneOrMore,FALSE);
    IF FoundLineAttr THEN BEGIN
      GetLineAttr(attr);
      GetLine(zeile);
      WriteLn(LineNumber:3,': ',attr:3,zeile);
```

```
      GoUp
    END
  UNTIL NOT FoundLineAttr OR TopTxt
END.
```

**Siehe auch**
FoundLineAttr, GetLineAttr, SetLineAttr


# SelectTxt

**Zweck**
Wählt einen Text.

**Struktur**

```
PROCEDURE SelectTxt(nr:BYTE);
```

**Bemerkung**
Da jeder Aufruf von *CreateTxt* einen neuen Text generiert, muß die Möglichkeit bestehen, jeden einzelnen Text zu aktivieren. *SelectTxt* stellt den Text *nr* zur Verfügung, so daß sich nun die meisten Routinen der Unit **Txt** auf diesen Text beziehen.
*SelectTxt* aktiviert automatisch die ehemals aktuelle Zeile. Um den neuen Zeileninhalt zu erhalten, verwenden Sie bitte die Prozedur *GetLine*.
Falls *nr<1* oder *nr>MaxTxtNumber* gewählt wird, erhalten Sie automatisch den 1. oder den letzten Text.

**Siehe auch**
CreateTxt, TxtNumber, MaxTxtNumber


# SetLineAttr

**Zweck**
Setzt das Attribut einer Zeile.

**Struktur**

```
PROCEDURE SetLineAttr(VAR attr:BYTE);
```

**Bemerkung**

Jeder Zeile eines Textes kann ein Attribut beigefügt werden, das über gewisse Eigenschaften der Textzeile Auskunft gibt (z.B. weicher Zeilenumbruch, Zeile ist als Block markiert ...). *SetLineAttr* übergibt der aktuellen Zeile das Attribut *attr*, wobei das alte Zeilenattribut überschrieben wird. Um bereits bestehende Bits des Attributs zu erhalten, verwenden Sie bitte den arithmetischen Operator OR:

```
USES
  Txt;
VAR
  attr:BYTE;
BEGIN
  .
  .
  GetLineAttr(attr);
  attr:=attr OR 1;      { setzt das 0. Bit, ohne andere zu löschen }
  SetLineAttr(attr);
  .
  .
```

Mit dem arithmetischen Operator AND lassen sich einzelne Bits löschen:

```
USES
  Txt;
VAR
  attr:BYTE;
BEGIN
  .
  .
  GetLineAttr(attr);
  attr:=attr AND 15;    { rettet 0.-3. Bit, löscht 4.-7. Bit }
  SetLineAttr(attr);
  .
  .
```

Mit der Prozedur *SearchLineAttr* können Zeilen mit ganz bestimmten Attributen gesucht werden.

**Siehe auch**
GetLineAttr, SearchLineAttr

# SetUserLineVar

**Zweck**
Setzt den frei verfügbaren INTEGER-Wert einer Zeile.

**Struktur**

```
PROCEDURE SetUserLineVar(i:INTEGER);
```

**Bemerkung**
Bei vielen Editoren ist es üblich, gewissen Zeilen mit Marken zu versehen, die zu einem späteren Zeitpunkt wieder angesprungen werden können. Für diese Anwendung beispielsweise läßt sich *SetUserLineVar* ein-
setzen.

**Siehe auch**
GetUserLineVar, GetUserTxtVar, SetUserTxtVar, SetLineAttr


# SetUserTxtVar

**Zweck**
Setzt den frei verfügbaren INTEGER-Wert eines Textes.

**Struktur**

```
PROCEDURE SetUserTxtVar(i:INTEGER);
```

**Bemerkung**
Wenn Sie einen Editor schreiben, der mehrere Texte gleichzeitig bearbei-
ten kann, wird es notwendig, beim Wechseln der Texte über die für einen
Text aktuelle Cursor-Position zu verfügen. Verwenden Sie hierzu die
Prozedur *SetUserTxtVar* und *GetUserTxtVar* (z.B. entspricht das nieder-
wertige Byte der Zeile, das höherwertige der Spalte):

```
USES
  Txt;
VAR
  i:INTEGER;
  spalte,zeile:BYTE;
BEGIN
  .
  .
```

```
spalte:=WhereX;
zeile:=WhereY;
SetUserTxtVar(spalte SHL 4+zeile);  { Setzen der Daten    }
 .

 .
GetUserTxtVar(i);                       { Ermitteln der Daten }
spalte:=Hi(i);
zeile:=Lo(i);
 .

 .
```

**Siehe auch**
GetUserLineVar, GetUserTxtVar, SetUserLineVar, SetLineAttr


# TopTxt

**Zweck**
Zeigt an, ob die erste Zeile eines Textes erreicht ist.

**Struktur**

```
FUNCTION TopTxt:BOOLEAN;
```

**Bemerkung**
Die Funktion *TopTxt* ermittelt den Wert TRUE, wenn die aktuelle Zeile
gleichzeitig die erste eines Textes ist. Anders ausgedrückt wird folgende
Bedingung wahr:

```
IF LineNumber=1 THEN WriteLn('Textanfang');
```

**Siehe auch**
BottomTxt, GoBottom, GoTop, LineNumber


# TxtError

**Zweck**
Ermittelt eine Fehlernummer.

**Struktur**

```
FUNCTION TxtError:INTEGER;
```

**Bemerkung**

Fehler, die während einer Routine der Unit **Txt** auftreten, können mit Hilfe der Funktion *TxtError* ermittelt werden. Den einzelnen Funktionswerten kommen folgende Bedeutungen zu:

0   Kein Fehler aufgetreten
-1  Text kann nicht eingerichtet werden (tritt bei *CreateTxt* auf, wenn der Heap über keinen freien Speicherplatz mehr verfügt)
-2  Zeile findet keinen Platz auf dem Heap (tritt bei *CreateTxt*, *Insert-Line* und *PutLine* auf, wenn eine Zeile keinen Platz auf dem Heap findet)
-3  Kein Text eingerichtet (tritt bei den meisten Routinen auf, wenn vergessen wurde, die Prozedur *CreateTxt* aufzurufen)
-4  Maximal 255 Texte möglich (tritt auf, wenn mit *CreateTxt* versucht wird, mehr als 255 verschiedene Texte zu öffnen)
-5  Zeile, Text kann nicht gelöscht werden (tritt bei *DeleteTxt*, *Delete-Line*, *DeleteAllLines* und *PutLine* auf, wenn die Fragmentliste der Heapverwaltung bereits 8191 Einträge enthält oder eine weitere Eintragung den Zusammenstoß zwischen Fragmentliste und Heapspitze bewirken würde)

Nach jedem Aufruf der Funktion *TxtError* wird die Fehlernummer auf 0 zurückgesetzt, somit muß der Funktionswert bei Bedarf zwischengespeichert werden.


# TxtNumber

**Zweck**

Ermittelt die aktuelle Nummer eines Textes.

**Struktur**

```
FUNCTION TxtNumber:BYTE;
```

**Bemerkung**
Da die Unit **Txt** die Möglichkeit bietet, mehrere voneinander unabhängige
Texte im Speicher zu halten, wird jedem bestehenden Text eine Nummer
zugeordnet. Falls *TxtNumber* den Wert 0 ergibt, ist kein Text verfügbar.
Die Funktion *MaxTxtNumber* ermittelt die gesamte Zahl der zur Verfügung stehenden Texte, mit *SelectTxt* läßt sich ein beliebiger Text auswählen, und *CreateTxt* erzeugt einen neuen Text.

**Siehe auch**
LineNumber, MaxLineNumber, MaxTxtNumber

# Die Unit Win

**Zweck**
Stellt die notwendigen Routinen für die Fenstertechnik zur Verfügung.


**Bemerkung**
Es kann schon vorkommen, daß Sie während des Schreibens eines Berichtes über schmackhafte Fischsuppen schnell den prozentualen Zuwachs der verkauften Suppenbeutel während der letzten zehn Jahre berechnen möchten. Also schließen Sie Ihre Füllfeder, legen Ihren Taschenrechner auf Ihr Schreibpapier und beginnen (nach einem Schluck Kaffee) mit dem Addieren und Dividieren, schieben Ihren Taschenrechner etwas hin und her, damit auf keinen Fall eine Zahl Ihres Berichts vergessen bleibt.
Die Fenstertechnik versucht, diese Arbeitsweise nachzubilden. Während des Schreibens erscheint auf Tastendruck ein Taschenrechner in einem Bildschirmausschnitt (Fenster); er verdeckt dabei nur einen kleinen Teil des gesamten Bildschirms. Sie können ihn hin- und herschieben und nach Gebrauch wieder verschwinden lassen, so als wäre nichts gewesen.

Bitte beachten Sie, daß die hier beschriebenen Routinen nur in den Textmodi *BW80*, *CO80* und *Mono* (je 80x25 Zeichen) korrekt arbeiten. Das zuletzt geöffnete Fenster ist solange aktiv, bis es geschlossen oder ein anderes geöffnet wird. Wenn Sie in ein Fenster schreiben wollen, das unter anderen liegt, müssen Sie zuerst alle oberen schließen.
**Wichtig:** Einige der hier beschriebenen Routinen schreiben aus Geschwindigkeitsgründen direkt in den Bildschirmspeicher. Der Inhalt der Turbo Pascal-Variablen *CheckSnow* (standardmäßig TRUE) bestimmt dabei, ob das typische Flimmern bei CGA-Bildschirmen unterdrückt werden soll.
Folgende Prozeduren und Funktionen sind in der Unit **Win** definiert:

| | |
|---|---|
| **Border** | Zeichnet um das aktuelle Fenster einen Rahmen |
| **Box** | Zeichnet einen Rahmen |
| **CloseAllWindows** | Schließt alle geöffneten Fenster |
| **CloseWindow** | Schließt das aktuelle Fenster |
| **CloseWindowBuf** | Gibt den für Bildschirm-Daten reservierten Speicherbereich frei |
| **GetWindowPos** | Ermittelt die Eckpunkte des aktuellen Fensters |
| **GetWindowScope** | Ermittelt den aktuellen Bewegungsfreiraum eines Fensters |
| **MoveWindow** | Verschiebt das aktuelle Fenster nach links, rechts, oben oder unten |
| **OpenWindow** | Öffnet ein Fenster |

| | |
|---|---|
| **SetWindowBufSize** | Reserviert auf dem Heap Speicher für Bildschirm-Daten |
| **SetWindowScope** | Legt den Bewegungsfreiraum eines Fensters fest |
| **WindowBufSize** | Ermittelt die verbleibende Größe des Bildschirm-Puffers |
| **WindowError** | Ermittelt eine Fehlernummer:<br>-1 Es sind bereits alle Fenster geschlossen<br>-2 Fensterpuffer voll<br>-3 Fensterpuffer kann nicht eingerichtet werden<br>-4 Fensterpuffer kann nicht gelöscht werden<br>-5 Fenster zu klein |
| **WindowNumber** | Ermittelt die aktuelle Fensternummer |
| **WindowSize** | Ermittelt den Speicherbedarf eines Fensters |
| **WriteAbs** | Ermöglicht das Schreiben außerhalb eines Fensters |
| **WriteRel** | Schreibt einen Text, ohne den Fensterinhalt bei Bedarf nach oben zu rollen |
| **WriteTitle** | Fügt einem Fenster eine Kopf- oder Fußzeile hinzu |

Folgende definierten Konstanten können Sie zusammen mit den Prozeduren *Border*, *Box* und *OpenWindow* verwenden:

| | |
|---|---|
| **WithoutLn** | =1; Fenster ohne Rahmen |
| **SingleLn** | =2; Einfacher Rahmen |
| **DoubleLn** | =3; Doppelter Rahmen |

Verwenden Sie bitte folgende Konstanten zusammen mit der Prozedur *WriteTitle*:

| | |
|---|---|
| **Left** | =1; Titel linksbündig |
| **Center** | =2; Titel zentriert (eingemittet) |
| **Right** | =3; Titel rechtsbündig |
| | |
| **Head** | =1; Titel am oberen Fensterrand (Kopf) |
| **Foot** | =2; Titel am unteren Fensterrand (Fuß) |

Die folgenden Konstanten arbeiten mit *MoveWindow* zusammen:

| | |
|---|---|
| **LeftDir** | =1; Fenster wird nach links verschoben |
| **DownDir** | =2; Fenster wird nach unten verschoben |
| **RightDir** | =3; Fenster wird nach rechts verschoben |
| **UpDir** | =4; Fenster wird nach oben verschoben |

# Border

### Zweck
Zeichnet einen Rahmen um das aktuelle Fenster.

### Struktur

```
PROCEDURE Border(farbe,art:BYTE);
```

### Bemerkung
Die Prozedur *Border* ersetzt den bestehenden Fensterrand durch einen neuen.
Der Parameter *farbe* legt die Randfarbe fest. Für die einzelnen Bits gelten folgende Regeln:

| 7 | 6 | 5 | 4 | 3 | 2 | 1 | 0 | Bit-Nummer |
|---|---|---|---|---|---|---|---|------------|
| b | h | h | h | v | v | v | v | Bedeutung |

Die Bits 0..3 legen die Vordergrundfarbe fest und 4..6 die Hintergrundfarbe. Falls Bit 7 gesetzt ist, wird ein Text blinkend dargestellt. Mit folgender Formel kann das Farbattribut leicht berechnet werden:

```
farbattribut:=vordergrund+hintergrund*16
farbattribut:=vordergrund+hintergrund*16+128    { blinkend }
```

Zu beachten ist:

```
vordergrund liegt im Bereich 0..15
hintergrund liegt im Bereich 0..7
```

Für *vordergrund* können Sie die von Turbo Pascal definierten Konstanten *Black..White*, für *hintergrund* die Konstanten *Black..LightGray* verwenden.

Für den Parameter *art* sind in der Unit **Win** folgende Konstanten definiert:

**WithoutLn**     =1; Unsichtbarer Rand, bestehend aus Leerzeichen
**SingleLn**      =2; Einfache Linie
**DoubleLn**      =3; Doppelte Linie

Ein bestehender Kopf- oder Fußtext wird von der Prozedur *Border* gelöscht und muß bei Bedarf erneut mit *WriteTitle* geschrieben werden.

**Beispiel**

```
PROGRAM Border_Test;
USES
  Win;
BEGIN
  OpenWindow(1,1,80,25,7,SingleLn);
  WriteTitle(' Einfache Linie ',112,Center,Head);
  Write('Weiter mit <RETURN> ...');
  ReadLn;
  Border(7,DoubleLn);
  WriteTitle(' Doppelte Linie ',112,Center,Foot);
  Write('Ende mit <RETURN> ...');
  ReadLn;
  CloseWindow
END.
```

**Siehe auch**
OpenWindow


# Box

**Zweck**
Zeichnet einen Rahmen.

**Struktur**

```
PROCEDURE Box(x1,y1,x2,y2,style:BYTE);
```

**Bemerkung**
Die Prozedur *Box* zeichnet ein Rechteck, wobei $(x1,y1)$ der linken oberen, $(x2,y2)$ der rechten unteren Ecke entspricht. Der Bereich innerhalb des Rechtecks wird nicht gelöscht und die aktuelle Cursor-Position nicht verändert.

Die angegebenen Punkte beziehen sich relativ zur linken oberen Ecke des aktuellen Fensters.

Für den Parameter *style* sind in der Unit **Win** folgende Konstanten definiert:

**WithoutLn**          =1; Unsichtbares Viereck, bestehend aus Leerzeichen
**SingleLn**            =2; Einfache Linie
**DoubleLn**           =3; Doppelte Linie

**Siehe auch**
Border


# CloseAllWindows

**Zweck**
Schließt alle geöffneten Text-Fenster.

**Struktur**

```
PROCEDURE CloseAllWindows;
```

**Bemerkung**
Alle mit *OpenWindow* geöffneten Fenster werden geschlossen und der
Cursor und die Textfarbe auf ihre ursprüngliche Werte zurückgesetzt.

**Siehe auch**
CloseWindow, OpenWindow


# CloseWindow

**Zweck**
Schließt das aktuelle Textfenster.

**Struktur**

```
PROCEDURE CloseWindow;
```

**Bemerkung**
Durch die Prozedur *CloseWindow* wird das aktuelle Textfenster geschlossen, der gerettete Hintergrund in den Bildschirm geschrieben und schließlich das Fenster mit der um 1 tieferen Nummer freigegeben. Der Cursor
und die Textfarbe erhalten die für das neue Fenster typischen Werte zurück.
Die aktuelle Fensternummer kann mit *WindowNumber* ermittelt werden.
Falls versucht wird, ein Fenster mit *CloseWindow* zu schließen, obwohl
kein Fenster geöffnet ist, liefert die Funktion *WindowError* die Fehlernummer -1.

**Beispiel**
Folgendes Programm öffnet und schließt ein Textfenster.

```
PROGRAM CloseWindow_Test;
USES
  Win;
VAR
  i:INTEGER;
BEGIN
  OpenWindow(5,5,55,15,7,SingleLn);
  WriteTitle(' Fenster Nr. 1 ',112,Center,Head);
  FOR i:=1 TO 1000 DO Write('Fenster Nr. 1 ');
  WriteLn;
  Write('Ende mit <RETURN> ...');
  ReadLn;
  CloseWindow
END.
```

**Siehe auch**
CloseAllWindows, WindowNumber, OpenWindow


# CloseWindowBuf

**Zweck**
Gibt den für den Datenpuffer reservierten Speicherbereich frei.

**Struktur**

```
PROCEDURE CloseWindowBuf;
```

**Bemerkung**
Der für Bildschirmdaten reservierte Speicherbereich (auf dem Heap) kann mit *CloseWindowBuf* freigegeben werden. Dabei wird der gesamte Bildschirm gelöscht.
Durch ein erneutes Aufrufen der Prozedur *OpenWindow* wird automatisch ein neuer Datenpuffer von 8 kBytes eingerichtet.

**Siehe auch**
SetWindowBufSize

# GetWindowPos

### Zweck
Ermittelt die Eckpunkte des aktuellen Fensters.

### Struktur

```
PROCEDURE GetWindowPos(VAR x1,y1,x2,y2:BYTE);
```

### Bemerkung
Die Prozedur *GetWindowPos* ermittelt die absoluten Bildschirm-Koordinaten der linken oberen ($x1$ und $y1$) und der rechten unteren Ecke ($x2$ und $y2$) des aktuellen Fensters.

### Beispiel

```
PROGRAM GetWindowPos_Test;
USES
  Win,Crt;
VAR
  x1,y1,x2,y2:BYTE;
  ch:CHAR;
BEGIN
  OpenWindow(51,2,80,20,7,SingleLn);
  WriteTitle(' Bewegen mit '#24#25#26#27#32,112,Center,Head);
  WriteTitle(' Ende mit <ESC> ... ',112,Center,Foot);
  REPEAT
    GetWindowPos(x1,y1,x2,y2);
    GotoXY(1,1);
    ClrEol;
    WriteLn('Linke obere Ecke: (',x1,'/',y1,')');
    Write('Rechte untere Ecke: (',x2,'/',y2,')');
    ch:=ReadKey;
    IF ch=#0 THEN BEGIN
      ch:=ReadKey;
      CASE UpCase(ch) OF
        #80:MoveWindow(DownDir);
        #72:MoveWindow(UpDir);
        #75:MoveWindow(LeftDir);
        #77:MoveWindow(RightDir)
      END
    END
  UNTIL ch=#27;
  CloseWindow
END.
```

**Siehe auch**
MoveWindow, SetWindowScope


# GetWindowScope

**Zweck**
Ermittelt den aktuellen Bewegungsfreiraum eines Fensters.

**Struktur**

```
PROCEDURE GetWindowScope(VAR x1,y1,x2,y2:BYTE);
```

**Bemerkung**
Der Punkt $(x1,y1)$ bezeichnet die linke obere, $(x2,y2)$ die rechte untere
Ecke eines Bildschirmausschnittes, in dem sich ein Fenster frei bewegen
darf.
Der Bewegungsfreiraum eines Fensters, das mit der Prozedur *MoveWindow*
verschoben werden kann, läßt sich mit Hilfe von *SetWindowScope* einschränken. Dies ist besonders dann notwendig, wenn andauernd ein Text
in einen gewissen Bildschirmbereich geschrieben wird (z.B. die aktuelle
Uhrzeit).

**Siehe auch**
GetWindowPos, MoveWindow, SetWindowScope


# MoveWindow

**Zweck**
Verschiebt das aktuelle Fenster.

**Struktur**

```
PROCEDURE MoveWindow(richtung:BYTE);
```

**Bemerkung**
Die Prozedur *MoveWindow* verschiebt das aktuelle Fenster samt Inhalt um
eine Zeile nach oben bzw. unten oder um ein Zeichen nach links bzw.
rechts (abhängig vom Parameter *richtung*).

*MoveWindow* zeigt keine Wirkung, wenn Sie versuchen, das aktuelle Fenster aus dem sichtbaren Bildschirm-Bereich zu führen.
Folgende Konstanten sind in der Unit **Win** definiert und können der Prozedur *MoveWindow* übergeben werden:

**LeftDir**              =1; Verschieben nach links
**DownDir**              =2; Verschieben nach unten
**RightDir**             =3; Verschieben nach rechts
**UpDir**                =4; Verschieben nach oben

Der Bewegungsfreiraum eines Fensters läßt sich mit der Prozedur *SetWindowScope* einschränken. Falls kein Fenster geöffnet ist, ermittelt die Funktion *WindowError* nach dem Ausführen von *MoveWindow* den Wert -1.

**Beispiel**
Die Cursor-Steuertasten verschieben in folgendem Programm das aktuelle Fenster.

```
PROGRAM MoveWindow_Test;
USES
  Crt,Win;
VAR
  ch:CHAR;
  nr:BYTE;
  i:INTEGER;
BEGIN
  ClrScr;
  nr:=2;
  ch:=#0;
  FOR i:=1 TO 666 DO Write('/+.');
  OpenWindow(20,5,60,13,7,DoubleLn);
  WriteTitle(' Fenster 1 ',112,Center,Head);
  OpenWindow(51,2,80,20,7,SingleLn);
  WriteTitle(' Bewegen mit '#24#25#26#27#32,112,Center,Head);
  WriteTitle(' Weiter mit ESC ... ',112,Center,Foot);
  REPEAT
    ch:=ReadKey;
    IF ch=#0 THEN BEGIN
      ch:=ReadKey;
      CASE UpCase(ch) OF
        #80:BEGIN MoveWindow(DownDir); Write('Ab . ') END;
        #72:BEGIN MoveWindow(UpDir); Write('Auf . ') END;
        #75:BEGIN MoveWindow(LeftDir); Write('Links . ') END;
        #77:BEGIN MoveWindow(RightDir); Write('Rechts . ') END
      END
    END;
```

```
      IF ch=#27 THEN BEGIN
        Dec(nr);
        CloseWindow;
        WriteTitle(' Bewegen mit '#24#25#26#27#32,112,Center,Head);
        WriteTitle('  Ende mit ESC ...  ',112,Center,Foot)
      END;
    UNTIL nr=0
  END.
```

**Siehe auch**
GetWindowPos, GetWindowScope, OpenWindow, SetWindowScope


# OpenWindow

**Zweck**
Öffnet ein Textfenster.

**Struktur**

```
PROCEDURE OpenWindow(x1,y1,x2,y2,randfarbe,randart:BYTE);
```

**Bemerkung**
*(x1,y1)* entspricht der oberen linken, *(x2,y2)* der unteren rechten Ecke
des Textfensters. Der Parameter *randfarbe* legt die Farbe, *randart* das
Aussehen des Fensterrahmens fest. Hierzu sind folgende Konstanten in
der Unit **Win** definiert:

**WithoutLn**        =1; Der Fensterrand besteht aus Leerzeichen
**SingleLn**         =2; Einfache Linie
**DoubleLn**         =3; Doppelte Linie

Die einzelnen Bits des Parameters *randfarbe* haben folgende Bedeutung:

| 7 | 6 | 5 | 4 | 3 | 2 | 1 | 0 | Bit-Nummer |
|---|---|---|---|---|---|---|---|------------|
| b | h | h | h | v | v | v | v | Bedeutung  |

Die Bits 0..3 legen die Vordergrundfarbe fest und 4..6 die Hintergrundfarbe. Falls Bit 7 gesetzt ist, wird ein Text blinkend dargestellt. Mit folgender Formel kann das Farbattribut leicht berechnet werden:

```
farbattribut:=vordergrund+hintergrund*16
farbattribut:=vordergrund+hintergrund*16+128     { blinkend }
```

Zu beachten ist:

```
vordergrund liegt im Bereich 0..15
hintergrund liegt im Bereich 0..7
```

Für *vordergrund* können Sie die von Turbo Pascal definierten Konstanten
*Black..White*, für *hintergrund* die Konstanten *Black..LightGray* verwenden.
Der Fensterrahmen kann jederzeit mit der Prozedur *Border* geändert wer-
den, Kopf- oder Fußtexte lassen sich mit *WriteTitle* verwirklichen.
Die beiden Punkte *(x1+1,y1+1)* und *(x2-1,y2-1)* bezeichnen die linke
obere und die rechte untere Ecke der effektiv beschreibbaren Fenster-
Fläche, da der Rahmen selbst auch Platz beansprucht.
Bitte beachten Sie, daß *(x2-x1)* und *(y2-y1)* mindestens 3 ergeben müs-
sen (entspricht 4 Zeichen oder 4 Zeilen), damit ein Rollen innerhalb eines
Fensters möglich ist. Folgendes Fenster wird korrekt dargestellt, solange
kein Text nach oben gerollt werden muß:

```
USES
  Win;
BEGIN
  OpenWindow(5,5,40,7,7,SingleLn);
  WriteTitle(' Meldung ',112,Left,Head);
  Write('Bitte <RETURN> drücken ...');    { bis hierher alles ok }
  ReadLn;                        { nach RETURN nicht mehr korrekt }
  CloseWindow
END.
```

Mit der Prozedur *WriteRel* kann ein Text ausgegeben werden, ohne daß
der Bildschirminhalt nach oben gerollt wird. *WriteAbs* gestattet es, den
Bereich außerhalb des aktuellen Fensters zu beschreiben. *WindowNumber*
ermittelt die aktuelle Fensternummer.
Die vom geöffneten Fenster überschriebenen Bildschirmdaten werden in
einem Puffer gespeichert. Falls vor dem ersten Aufruf der Prozedur
*OpenWindow* kein Fensterpuffer eingerichtet worden ist (mittels *SetWindowBufSize*), erzeugt *OpenWindow* selbständig einen Puffer von 8 kBytes.
Ein Fehler, der beim Prozeduraufruf *OpenWindow* auftritt, kann mit der
Funktion *WindowError* ermittelt werden.
**Achtung:** Die in der Unit **Win** zur Verfügung gestellten Routinen arbeiten
nur in den Textmodi *BW80*, *CO80* und *Mono* (schwarz-weiß oder farbig,
80x25 Zeichen) korrekt.

**Beispiel**
Folgendes Programm öffnet drei Fenster, um sie wieder zu schließen.

```
PROGRAM OpenWindow_Test;
USES
  Win;
BEGIN
  OpenWindow(1,1,30,20,112,WithoutLn);
  WriteTitle(' 1. Fenster ',112,Center,Head);
  Write('Auto');
  OpenWindow(21,1,50,20,7,SingleLn);
  WriteTitle(' 2. Fenster ',127,Right,Foot);
  Write('Hunde');
  OpenWindow(41,1,71,20,15,DoubleLn);
  WriteTitle(' 3. Fenster ',112,Left,Head);
  Write('Weiter mit <RETURN> ...');
  ReadLn;
  CloseWindow;
  Write('hütte. <RETURN> ...');
  ReadLn;
  CloseWindow;
  Write('bahn. <RETURN> ...');
  ReadLn;
  CloseWindow
END.
```

**Siehe auch**
Border, CloseAllWindows, CloseWindow, SetWindowBufSize, WriteRel,
WriteTitle


# SetWindowBufSize

**Zweck**
Setzt die Größe des Fensterpuffers.

**Struktur**

```
PROCEDURE SetWindowBufSize(groesse:WORD);
```

**Bemerkung**
Jedes Bildschirmfenster überschreibt Daten, die beim Schließen eines
Fensters wieder benötigt werden. Deshalb muß ein Puffer eingerichtet
werden, der diese aufnehmen kann.

Mit *SetWindowBufSize* können Sie bestimmen, welche Größe ein solcher Puffer erhalten soll, wobei zu beachten ist, daß er minimal 4 und maximal 60 kBytes umfassen darf.

Wenn Sie *SetWindowBufSize* nicht aufrufen, richtet *OpenWindow* beim ersten Aufruf selbständig einen Puffer von 8 kBytes ein.

Ein voller Bildschirm (siehe hierzu auch *WindowSize*) beansprucht rund 4 kBytes, da jedes auf dem Bildschirm dargestellte Zeichen 2 Bytes benötigt (Zeichen und Attribut).

Falls ein Puffer nicht eingerichtet werden kann, liefert *WindowError* die Fehlernummer -3.

Mittels der Prozedur *CloseWindowBuf* kann der bestehende Puffer dem System freigegeben werden. Die Funktion *WindowBufSize* übergibt die verbleibende Puffergröße.

**Wichtig:** Um eine Wirkung zu erzielen, muß die Prozedur *SetWindowBufSize* vor dem ersten Aufruf der Prozedur *OpenWindow* angewendet werden.

**Beispiel**
Folgendes Programm erzeugt einen Fensterpuffer von 60 kBytes und öffnet schließlich solange Textfenster, bis der Puffer voll ist.

```
PROGRAM SetWindowBufSize_Test;
USES
  Win;

  FUNCTION rnd(start,ende:WORD):WORD;
  BEGIN
    rnd:=start+Random(Succ(ende-start))
  END;

BEGIN
  SetWindowBufSize($f000);
  IF WindowError<>0 THEN BEGIN
    WriteLn('Speicher zu klein ...');
    Halt
  END;
  Randomize;
  WHILE WindowError=0 DO BEGIN
    OpenWindow(Rnd(1,30),Rnd(1,8),Rnd(40,70),Rnd(15,24),7,SingleLn);
    WriteLn('Fenster-Nr. ',WindowNumber);
    WriteLn('Puffergröße: ',WindowBufSize)
  END;
  Write('Weiter mit <RETURN> ...');
  ReadLn;
  CloseAllWindows
END.
```

**Siehe auch**
WindowBufSize, OpenWindow

# SetWindowScope

**Zweck**
Legt den Bewegungsfreiraum eines Fensters fest.

**Struktur**

```
PROCEDURE SetWindowScope(x1,y1,x2,y2:BYTE);
```

**Bemerkung**
Der Bewegungsfreiraum eines Fensters, das mit Hilfe der Prozedur *Move-Window* verschoben werden kann, läßt sich mit der Prozedur *SetWindowScope* einschränken. Dies ist besonders dann von Bedeutung, wenn andauernd ein Text in einen gewissen Bildschirmbereich geschrieben wird (z.B. die aktuelle Uhrzeit oder Cursorposition).

**Beispiel**

```
PROGRAM SetWindowScope_Test;
USES
  Win,Dos,Crt;
VAR
  ch:CHAR;

  PROCEDURE WriteTime(y:BYTE);
  VAR
    zeit,temp:string;
    st,mi,se,s100:WORD;
  BEGIN
    zeit:=' ';
    GetTime(st,mi,se,s100);
    Str(st,temp);
    IF st<10 THEN zeit:=' 0';
    zeit:=zeit+temp+'.';
    Str(mi,temp);
    IF mi<10 THEN zeit:=zeit+'0';
    zeit:=zeit+temp+'.';
    Str(se,temp);
    IF se<10 THEN zeit:=zeit+'0';
```

```
      zeit:=zeit+temp+' ';
      WriteAbs(se+1,y,zeit)
    END;

  BEGIN
    SetWindowScope(1,2,80,25);
    OpenWindow(5,5,30,10,7,SingleLn);
    WriteTitle(' Bewegen mit '#24#25#26#27#32,112,Center,Head);
    WriteTitle(' Ende mit <ESC> ...',112,Center,foot);
    ch:='?';
    REPEAT
      Write(Random(6)+1:2);
      WriteTime(1);
      IF KeyPressed THEN ch:=ReadKey;
      IF ch=#0 THEN BEGIN
        ch:=ReadKey;
        CASE ch OF
          #80:MoveWindow(DownDir);
          #72:MoveWindow(UpDir);
          #75:MoveWindow(LeftDir);
          #77:MoveWindow(RightDir)
        END
      END
    UNTIL ch=#27;
    CloseWindow
  END.
```

**Siehe auch**
GetWindowPos, GetWindowScope, MoveWindow


# WindowBufSize

**Zweck**
Ermittelt die verbleibende Größe des Puffers.

**Struktur**

```
FUNCTION WindowBufSize:WORD;
```

**Bemerkung**
Durch das Öffnen eines Fensters (mittels *OpenWindow*) werden Bildschirmdaten überschrieben, die zu einem späteren Zeitpunkt wieder gebraucht werden. Deshalb stellt die Unit **Win** einen Puffer zur Verfügung,
der diese Daten aufnehmen soll.

Mit der Funktion *WindowBufSize* kann die verbleibende Größe des Puffers ermittelt werden. Im Zusammenhang mit *WindowSize* wird somit die Prüfung möglich, ob ein Fenster bestimmter Größe im noch verfügbaren Puffer Platz findet.

**Beispiel**
Folgendes Programm prüft, ob ein zu öffnendes Fenster im Puffer noch genügend Platz für ein Fehlerfenster freiläßt.

```
PROGRAM WindowBufSize_Test;
USES
  Win;
VAR
  gross:WORD;
BEGIN
  gross:=WindowSize(5,5,64,9);    { Fehlerfenster }
  IF WindowBufSize-WindowSize(1,1,39,20)<gross THEN BEGIN
    OpenWindow(5,5,64,9,7,SingleLn);
    WriteTitle(' Fehlermeldung ',112,Center,Head);
    Write('Fensterpuffer beinahe voll. <RETURN> ...');
    ReadLn END
  ELSE BEGIN
    OpenWindow(1,1,39,20,7,SingleLn);
    WriteTitle(' Ein Fenster ',112,Center,Head);
    Write('Weiter mit <RETURN> ...');
    ReadLn
  END;
  CloseWindow
END.
```

**Siehe auch**
WindowSize, SetWindowBufSize


# WindowError

**Zweck**
Ermittelt eine Fehlernummer.

**Struktur**

```
FUNCTION WindowError:INTEGER;
```

**Bemerkung**

Mit der Funktion *WindowError* wird es möglich, einen aufgetretenen Fehler zu ermitteln, der von folgenden Prozeduren ausgelöst werden kann:

```
Border, CloseWindow, MoveWindow, OpenWindow, SetWindowBufSize, WriteTitle
```

Das Programm wird nicht unterbrochen, falls ein Fehler auftritt. Durch den Aufruf von *WindowError* wird die Fehlernummer wieder auf 0 gesetzt.

Folgende Fehlernummern sind möglich:

**0**   *Es ist kein Fehler aufgetreten.*

**-1**  *Es sind bereits alle Fenster geschlossen.* Tritt auf, wenn versucht wird, mit *CloseWindow* ein Fenster zu schließen, obwohl keines mehr offen ist (siehe auch *Border*, *MoveWindow* und *WriteTitle*).

**-2**  *Fensterpuffer voll.* Tritt auf, wenn die zu rettenden Bildschirmdaten (*OpenWindow*) nicht mehr in den Fensterpuffer passen.

**-3**  *Fensterpuffer kann nicht eingerichtet werden.* Ein Fensterpuffer, der die zu rettenden Bildschirmdaten aufnimmt, wird dynamisch auf dem Heap erzeugt. Falls dies aus Speicherplatzgründen nicht möglich ist, wird der Fehler -3 erzeugt. Bitte beachten Sie, daß ein Auftreten dieses Fehlers die Benützung der Fensterroutinen unmöglich macht (siehe hierzu auch *SetWindowBufSize*).

**-4**  *Fensterpuffer kann nicht freigegeben werden.* Löcher, die durch das Freigeben von dynamischen Variablen auf dem Heap entstehen, werden in der Fragmentliste gespeichert. Diese Liste kann maximal 8191 Einträge aufnehmen (jeder belegt 8 Bytes Speicherplatz) und wächst gegen die Heapspitze. Falls die Liste voll ist oder eine weitere Eintragung den Zusammenstoß zwischen Heap und Fragmentliste bewirken würde, wird der Fehler -4 erzeugt.

**-5**  *Fenster zu klein.* Tritt auf, wenn versucht wird, ein Fenster zu erzeugen, daß nicht einmal ein einziges Zeichen aufnehmen könnte.

**Beispiel**

```
PROGRAM WindowError_Test;
USES
  Win;
VAR
  i:INTEGER;
BEGIN
  FOR i:=1 TO 10 DO BEGIN
    OpenWindow(i,i,i+35,i+15,7,SingleLn);
    WriteLn('Fenster-Nr. ',WindowNumber)
  END;
```

```
   WriteLn;
   WriteLn('Fehler-Nr. ',WindowError);
   Write('Weiter mit <RETURN> ...');
   ReadLn;
   CloseAllWindows
END.
```

# WindowNumber

**Zweck**
Ermittelt die Anzahl der geöffneten Fenster.

**Struktur**

```
FUNCTION WindowNumber:INTEGER;
```

**Bemerkung**
Die Anzahl der möglichen Fenster ist nur abhängig von der Größe des
Fensterpuffers, die mit *SetWindowBufSize* gesetzt werden kann. Falls kein
Fenster geöffnet ist, liefert *WindowNumber* den Wert 0.

**Siehe auch**
SetWindowBufSize

# WindowSize

**Zweck**
Ermittelt den Speicherplatz-Bedarf eines Fensters.

**Struktur**

```
FUNCTION WindowSize(x1,y1,x2,y2:INTEGER):WORD;
```

**Bemerkung**
Da durch das Öffnen (*OpenWindow*) eines Fensters Bildschirmdaten überschrieben werden, sind diese, um später wieder zur Verfügung zu stehen,
in einen Puffer zu schreiben. Dieser nimmt außerdem die Eckpunkte, die
aktuelle Textfarbe und weitere typische Parameter eines Fensters auf.
*WindowSize* berechnet den Platzbedarf der zu rettenden Daten nach folgender Formel:

```
groesse:=Succ(x2-x1)*Succ(y2-y1)*2+9;
```

Mit der Funktion *WindowBufSize* kann die verbleibende Größe des Puffers ermittelt werden.

**Siehe auch**
WindowBufSize, SetWindowBufSize


# WriteAbs

**Zweck**
Ermöglicht das Schreiben außerhalb eines Fensters.

**Struktur**

```
PROCEDURE WriteAbs(x,y:BYTE; txt:STRING);
```

**Bemerkung**
Während es mit *Write* oder *WriteRel* nicht möglich ist, den Bereich außerhalb eines Fensters mit Text zu versehen, gestattet *WriteAbs* die Textausgabe an jeder beliebigen Stelle. *(x,y)* bezeichnet einen Punkt, der sich auf den gesamten Bildschirm bezieht (absolute Koordinaten) und das erste Zeichen des Textes *txt* bezeichnet.
Die Prozedur *WriteAbs* unterscheidet nicht zwischen Steuer- und Textzeichen, deshalb können auch die Zeichen im Bereich #0..#31 auf dem Bildschirm dargestellt werden.
Ein Text, der über den Bildschirmrand hinausragt, wird abgeschnitten; ein Rollen des gesamten Bildschirmes findet in keinem Fall statt. Falls einer der Parameter *x* oder *y* den Wert 0 enthält, zeigt *WriteAbs* keine Wirkung.
Die Prozedur *WriteAbs* verändert die Cursor-Position nicht.
Die aktuelle Textfarbe kann mit den von Turbo Pascal zur Verfügung gestellten Prozeduren *TextColor* und *TextBackground* (Unit **Crt**) verändert werden.

**Beispiel**

```
PROGRAM WriteAbs_Test;
USES
  Win,Crt;
BEGIN
  TextAttr:=7;
```

```
   ClrScr;
   OpenWindow(5,5,75,20,7,SingleLn);
   WriteTitle(' Ein Fenster ',112,Center,Head);
   WriteRel(1,1,'Dieser Text erscheint im Fenster ...');
   TextAttr:=112;
   WriteAbs(1,1,'Dieser Text erscheint außerhalb ...');
   TextAttr:=7;
   WriteRel(1,2,'Ende mit <RETURN> ...');
   ReadLn;
   CloseWindow
END.
```

**Siehe auch**
WriteRel


# WriteRel

**Zweck**
Gibt einen Text innerhalb eines Fensters aus.

**Struktur**

```
PROCEDURE WriteRel(x,y:BYTE; txt:STRING);
```

**Bemerkung**
*(x,y)* bezeichnet einen Punkt innerhalb des aktuellen Fensters und zeigt
auf das erste Zeichen des Textes *txt*. Der Punkt (1,1) entspricht der linken
oberen Ecke des Bildschirmfensters.
Die Prozedur *WriteRel* unterscheidet nicht zwischen Steuer- und Textzeichen, deshalb können auch die Zeichen im Bereich #0..#31 ausgegeben
werden.
Ein Text wird bei Bedarf am aktuellen Fensterrand abgeschnitten; ein
Rollen des Bildschirmfensters findet nicht statt, somit kann auch die linke
untere Ecke eines Fensters beschrieben werden.
*WriteRel* verändert die Cursor-Position nicht. Falls einer der Parameter *x*
oder *y* den Wert 0 enthält, zeigt *WriteRel* keine Wirkung.
Setzten Sie bitte die Textfarbe und den Texthintergrund mit den beiden
Prozeduren *TextColor* und *TextBackground* (von Turbo Pascal zur Verfü-
gung gestellt, in der Unit **Crt** definiert).

## Beispiel

```pascal
PROGRAM WriteRel_Test;
USES
  Win;
VAR
  x,y:BYTE;
  ch:CHAR;
BEGIN
  OpenWindow(1,1,80,25,7,SingleLn);
  WriteTitle(' Demonstration ',7,Center,Head);
  FOR y:=1 TO 23 DO BEGIN
    FOR x:=1 TO 78 DO BEGIN
      WriteRel(x,y,ch);
      Inc(ch)
    END
  END;
  WriteTitle(' Ende mit <RETURN> ',112,Center,Head);
  ReadLn;
  CloseWindow
END.
```

## Siehe auch
WriteAbs


# WriteTitle

### Zweck
Versieht ein Fenster mit einer Kopf- oder Fußzeile.

### Struktur

```pascal
PROCEDURE WriteTitle(txt:STRING; farbe,art,wo:BYTE);
```

### Bemerkung
Die Prozedur *WriteTitle* schreibt den Inhalt des Parameters *txt* in den oberen bzw. unteren Bildschirmrahmen und erlaubt so Überschriften oder Hinweise, ohne daß in das aktuelle Fenster geschrieben werden muß. Der Parameter *farbe* legt die Zeichenfarbe fest; für die einzelnen Bits gelten dieselben Regeln wie bei *Border*.
*art* bestimmt, wie die Kopf- oder Fußzeile ausgerichtet werden soll. Hierbei können Sie die folgenden Konstanten verwenden:

**Left**                   =1; linksbündig
**Center**                 =2; zentriert (eingemittet)
**Right**                  =3; rechtsbündig

Für den Parameter *wo* sind folgende Konstanten in der Unit **Win** definiert:

**Head**                   =1; Der Text wird in den oberen Fensterrahmen ge-
                           schrieben (Kopftext).
**Foot**                   =2; Der Text wird in den unteren Fensterrahmen ge-
                           schrieben (Fußtext).

Falls die Länge der Zeichenkette *txt* größer als der horizontale Fensterrahmen ist, wird sie rechts abgeschnitten. Steuerzeichen werden wie gewöhnliche Textzeichen behandelt, somit können auch die Zeichen im Bereich #0..#31 ausgegeben werden.
Die Prozedur *WriteTitle* kann für ein Fenster beliebig oft angewendet
werden; bereits bestehende Kopf- bzw. Fußzeilen werden dabei vollständig gelöscht.

**Beispiel**

```
PROGRAM WriteTitle_Test;
USES
  Win,Crt;
VAR
  ch:CHAR;
BEGIN
  OpenWindow(1,1,25,80,7,SingleLn);
  WriteTitle(' Fenster Nr. 1 ',112,Center,Head);
  WriteTitle(' Weiter mit jeder Taste ... ',7,Center,Foot);
  REPEAT
    Write(CHAR(Random(26)+65))
  UNTIL KeyPressed;
  ClrScr;
  WriteTitle(' Fenster Nr. 1 ',7,Center,Head);
  WriteTitle(' Ende mit ESC ... ',112,Center,Foot);
  WHILE KeyPressed DO ch:=ReadKey;
  REPEAT
    Write(Random(10))
  UNTIL KeyPressed;
  CloseWindow
END.
```

**Siehe auch**
Border, OpenWindow, WriteAbs, WriteRel

# Teil II
# Quellcodes der Units

# Quellcode der Unit Mouse

Die in den Maustreibern MOUSE.COM oder MOUSE.SYS enthalten Routinen können nach dem Laden mit dem Interrupt 51 ($33) aufgerufen werden (Pascal-Prozedur *Intr*); dieser enthält verschiedene Funktionen, die mit Hilfe des Registers AX ausgewählt werden (z.B. reg.ax:=10; siehe weiter unten). Falls kein Maustreiber geladen wird, enthält der Vektor für den Interrupt 51 den Wert NIL (zwei Nullwörter). Viele der in der Unit **Mouse** definierten Routinen werden bei fehlendem Maustreiber sofort wieder verlassen, so daß ein Abstürzen des Computer-System wirkungsvoll verhindert wird.

```
 1: {$R-,S-,I-,D-,F-,V-,B-}
 2:
 3: unit mouse;
 4:
 5: {                                                              }
 6: { | Autor         | Anton Liebetrau, Winterthur/Schweiz    |  }
 7: { | Copyright     | 1989, Vieweg-Verlag, Wiesbaden/BRD     |  }
 8: { | Programmname  | Turbo Mouse                            |  }
 9: { | Beschreibung  | Ansteuerung der Maus (Microsoft und komp.) |  }
10: { | Version       | 1.00                                   |  }
11: { | Stand         | 24. Februar 1989                       |  }
12: {                                                              }
13:
14: interface
15: uses
16:    crt,dos;
17: const
18:    LeftBut   = 0;
19:    RightBut  = 1;
20:    MiddleBut = 2;
21: type
22:    CursorType=array [0..31] of word;
23:
24:    function MouseReady:boolean;
25:      { Wahr, wenn Maustreiber installiert }
26:    procedure InitMouse;
27:      { Initialisert die Maus }
28:    procedure MouseOn;
29:      { Zeigt den Maus-Cursor }
30:    procedure MouseOff;
31:      { Versteckt den Maus-Cursor }
32:    function IsMouseOn:boolean;
33:      { Prüft, ob Mauszeiger sichtbar }
34:    procedure ConvertOff;
35:      { Maus-Koordinaten werden in keinem Fall umgewandelt }
```

```
36:   procedure ConvertOn;
37:     { Maus-Koordinaten werden in Abhängigkeit des aktuellen Bild- }
38:     { schirm-Modus umgewandelt                                    }
39:   function IsConvertOn:boolean;
40:     { Prüft, ob Maus-Koordinaten umgewandelt werden }
41:
42:   procedure GetMousePos(var x,y:integer);
43:     { Ermittelt die aktuelle Position der Maus }
44:   procedure SetMousePos(x,y:integer);
45:     { Setzt die Maus an den Punkt <x,y> }
46:   procedure GetClickPos(var x,y,click:integer; button:word);
47:     { Ermittelt den Punkt, bei dem eine Maustaste gedrückt wurde }
48:   procedure GetReleasePos(var x,y,click:integer; button:word);
49:     { Ermittelt den Punkt, bei dem eine Maustaste losgelassen wurde }
50:   procedure SetMouseRange(x1,y1,x2,y2:integer);
51:     { Definiert einen Bereich, in dem sich die Maus bewegen darf }
52:   function MouseActRange(x1,y1,x2,y2:integer):boolean;
53:     { Prüft, ob sich die aktuelle Mausposition in einem rechteckigen }
54:     { Ausschnitt befindet                                            }
55:   function MouseRange(xm,ym,x1,y1,x2,y2:integer):boolean;
56:     { Prüft, ob sich der Punkt (xm,ym) in einem rechteckigen Ausschnitt }
57:     { befindet                                                          }
58:
59:   function Buttons:word;
60:     { Ermittelt die Anzahl der verfügbaren Maustasten }
61:   function LeftButton:boolean;
62:     { Wahr, wenn die linke Maustaste gedrückt wird }
63:   function RightButton:boolean;
64:     { Wahr, wenn die rechte Maustaste gedrückt wird }
65:   function MiddleButton:boolean;
66:     { Wahr, wenn die mittlere Maustaste gedrückt wird }
67:   function AnyButton:boolean;
68:     { Wahr, wenn eine beliebige Maustaste gedrückt wird }
69:   function DoubleClick(button,time:word):boolean;
70:     { Wahr, wenn in einer gewissen Zeitspanne eine Maustaste zwei }
71:     { Mal gedrückt wird                                           }
72:   function SingleClick(button,time:word):boolean;
73:     { Wahr, wenn in einer gewissen Zeitspanne eine Maustaste ge- }
74:     { nau ein Mal gedrückt wird                                  }
75:
76:   procedure SetGraphCursor(x,y:integer; var cursor);
77:     { Definiert einen neuen Graphik-Cursor }
78:   procedure SetTextCursor(ch:char);
79:     { Definiert einen neuen Text-Cursor }
80:   procedure SetMouseStyle(style:word);
81:     { Definiert einen vorgegebenen Graphik-Cursor }
82:
83:   procedure SetRatio(x,y:integer);
84:     { Definiert die Auswirkung einer Mausbewegung }
```

```
85:   procedure SetThreshold(speed:word);
86:     { Legt fest, wann die Geschwindigkeit des Mauszeigers verdoppelt }
87:     { werden soll                                                    }
88:   procedure GetMotion(var dx,dy:integer);
89:     { Ermittelt die relative Bewegung der Maus }
90:   procedure MouseCondOff(x1,y1,x2,y2:integer);
91:     { Schaltet den Mauszeiger aus, wenn er in einen gewissen Bereich }
92:     { kommt                                                          }
93:
```

Alle der folgenden Konstanten *c??* stellen einen Mauszeiger dar und wur-
den mit dem Programm CURSOR.EXE (auf einer der zugehörigen Disketten enthalten) generiert (siehe auch *SetGraphCursor* im 1. Teil dieses
Buches).

```
 94: implementation
 95: const
 96:   c00:cursortype=  { üblicher Mauszeiger }
 97:     ($3FFF,$1FFF,$0FFF,$07FF,$03FF,$01FF,$00FF,$007F,
 98:      $003F,$001F,$000F,$00FF,$10FF,$787F,$F87F,$FC7F,
 99:      $0000,$4000,$6000,$7000,$7800,$7C00,$7E00,$7F00,
100:      $7F80,$7FC0,$7E00,$4600,$0600,$0300,$0300,$0000);
101:   c01:cursortype=  { Pfeil auf/ab }
102:     ($FEFF,$FC7F,$F83F,$F01F,$E00F,$C007,$8003,$F83F,
103:      $F83F,$8003,$C007,$E00F,$F01F,$F83F,$FC7F,$FEFF,
104:      $0000,$0100,$0380,$07C0,$0FE0,$1FF0,$0380,$0380,
105:      $0380,$0380,$1FF0,$0FE0,$07C0,$0380,$0100,$0000);
106:   c02:cursortype=  { Pfeil links/rechts }
107:     ($FFFF,$FDBF,$F99F,$F18F,$E187,$C003,$8001,$0000,
108:      $8001,$C003,$E187,$F18F,$F99F,$FDBF,$FFFF,$FFFF,
109:      $0000,$0000,$0000,$0420,$0C30,$1C38,$3FFC,$7FFE,
110:      $3FFC,$1C38,$0C30,$0420,$0000,$0000,$0000,$0000);
111:   c03:cursortype=  { Pfeil ab }
112:     ($F83F,$F83F,$F83F,$F83F,$F83F,$F83F,$F83F,$F83F,
113:      $0001,$8003,$C007,$E00F,$F01F,$F83F,$FC7F,$FEFF,
114:      $0000,$0380,$0380,$0380,$0380,$0380,$0380,$0380,
115:      $0380,$3FF8,$1FF0,$0FE0,$07C0,$0380,$0100,$0000);
116:   c04:cursortype=  { Pfeil links }
117:     ($FEFF,$FCFF,$F8FF,$F0FF,$E0FF,$C000,$8000,$0000,
118:      $8000,$C000,$E0FF,$F0FF,$F8FF,$FCFF,$FEFF,$FFFF,
119:      $0000,$0000,$0200,$0600,$0E00,$1E00,$3FFE,$7FFE,
120:      $3FFE,$1E00,$0E00,$0600,$0200,$0000,$0000,$0000);
121:   c05:cursortype=  { Pfeil auf }
122:     ($FEFF,$FC7F,$F83F,$F01F,$E00F,$C007,$8003,$0001,
123:      $F83F,$F83F,$F83F,$F83F,$F83F,$F83F,$F83F,$F83F,
124:      $0000,$0100,$0380,$07C0,$0FE0,$1FF0,$3FF8,$0380,
125:      $0380,$0380,$0380,$0380,$0380,$0380,$0380,$0000);
```

```
126:     c06:cursortype=  { Pfeil rechts }
127:        ($FF7F,$FF3F,$FF1F,$FF0F,$FF07,$0003,$0001,$0000,
128:         $0001,$0003,$FF07,$FF0F,$FF1F,$FF3F,$FF7F,$FFFF,
129:         $0000,$0000,$0040,$0060,$0070,$0078,$7FFC,$7FFE,
130:         $7FFC,$0078,$0070,$0060,$0040,$0000,$0000,$0000);
131:     c07:cursortype=  { Pfeil auf/ab/links/rechts }
132:        ($FEFF,$FC7F,$F83F,$F01F,$E00F,$C007,$8003,$0001,
133:         $8003,$C007,$E00F,$F01F,$F83F,$FC7F,$FEFF,$FFFF,
134:         $0000,$0100,$0380,$07C0,$0100,$1110,$3118,$7FFC,
135:         $3118,$1110,$0100,$07C0,$0380,$0100,$0000,$0000);
136:     c08:cursortype=  { Pfeil, 4 Richtungen, schräg }
137:        ($0001,$0001,$0001,$0001,$0001,$0001,$0001,$0001,
138:         $0001,$0001,$0001,$0001,$0001,$0001,$0001,$FFFF,
139:         $0000,$7C7C,$783C,$783C,$7C7C,$4EE4,$07C0,$0380,
140:         $07C0,$4EE4,$7C7C,$783C,$783C,$7C7C,$0000,$0000);
141:     c09:cursortype=  { Kreuz }
142:        ($FC7F,$FC7F,$FC7F,$FC7F,$FC7F,$FD7F,$0381,$07C1,
143:         $0381,$FD7F,$FC7F,$FC7F,$FC7F,$FC7F,$FC7F,$FFFF,
144:         $0000,$0100,$0100,$0100,$0100,$0100,$0100,$7FFC,
145:         $0100,$0100,$0100,$0100,$0100,$0100,$0000,$0000);
146:     c10:cursortype=  { Kreuz mit Kreis }
147:        ($FC7F,$FC7F,$FC7F,$FC7F,$FC7F,$F83F,$0001,$0001,
148:         $0001,$F83F,$FC7F,$FC7F,$FC7F,$FC7F,$FC7F,$FFFF,
149:         $0000,$0100,$0100,$0100,$0100,$0380,$06C0,$7C7C,
150:         $06C0,$0380,$0100,$0100,$0100,$0100,$0000,$0000);
151:     c11:cursortype=  { Kreuz mit Rand }
152:        ($F01F,$F01F,$F01F,$F01F,$0003,$0001,$0000,$0000,
153:         $0000,$0000,$0000,$F000,$F00F,$F00F,$F80F,$FC0F,
154:         $0000,$07C0,$0440,$0440,$0440,$7C7C,$4006,$4006,
155:         $4006,$7C7E,$047E,$0460,$0460,$07E0,$03E0,$0000);
156:     c12:cursortype=  { Sanduhr }
157:        ($0000,$0000,$8001,$C003,$E007,$F00F,$F81F,$FC3F,
158:         $F81F,$F00F,$E007,$C003,$8001,$0000,$0000,$FFFF,
159:         $0000,$7FFE,$300C,$1818,$0C30,$0660,$03C0,$0180,
160:         $03C0,$0660,$0C30,$1998,$33CC,$7FFE,$0000,$0000);
161:     c13:cursortype=  { Biene: gezeichnet von Martin Sauter, Winterthur }
162:        ($FCC7,$F803,$F801,$F801,$F001,$8000,$0000,$0001,
163:         $8003,$8003,$0003,$0001,$0001,$8001,$C0E3,$F9FF,
164:         $0000,$0338,$0264,$00C4,$0684,$0E0A,$6D92,$434C,
165:         $1AE0,$31D8,$60B8,$4274,$456C,$391C,$0600,$0000);
166:     c14:cursortype=  { Klecks }
167:        ($FC7F,$FC1F,$600F,$0001,$0000,$8000,$0000,$8000,
168:         $0000,$0000,$0000,$0002,$4003,$E027,$F83F,$FE7F,
169:         $0100,$0000,$03E0,$9FF0,$4FFE,$3FFD,$7FFC,$3FFE,
170:         $7FFE,$7FFC,$FFF9,$9FF8,$17D8,$0480,$0180,$0000);
171:     c15:cursortype=  { Knopf }
172:        ($0003,$0001,$0000,$0000,$0000,$0000,$0000,$0000,
173:         $0000,$0000,$0000,$0000,$0000,$0000,$8000,$C000,
174:         $0000,$7FFC,$4006,$5556,$4AA6,$5556,$4AA6,$5556,
175:         $4AA6,$5556,$4AA6,$5556,$4006,$7FFE,$3FFE,$0000);
```

```
176:    c16:cursortype=  { Diskette }
177:      ($0000,$0000,$0000,$0000,$0000,$0000,$0000,$0180,
178:       $0180,$0000,$0000,$0000,$0000,$0000,$0000,$0000,
179:       $0000,$7FFE,$40FE,$5EFE,$40F8,$7FF8,$7E7E,$7C3E,
180:       $7C3E,$7E7E,$7FEE,$7E7E,$7E7E,$7E7E,$7E7E,$0000);
181:    c17:cursortype=  { Rechner }
182:      ($0003,$0001,$0000,$0000,$0000,$0000,$0000,$0000,
183:       $0000,$0000,$0000,$0000,$0000,$0000,$8000,$C000,
184:       $0000,$7FFC,$4006,$5C56,$4006,$7FFE,$4006,$5556,
185:       $4006,$5556,$4006,$5556,$4006,$7FFE,$3FFE,$0000);
186:    c18:cursortype=  { Spritzpistole }
187:      ($FFFC,$FFF8,$0000,$0000,$0000,$0000,$0000,$0002,
188:       $1003,$3003,$F003,$F003,$F003,$F003,$F003,$F003,
189:       $0001,$0002,$0005,$7FEA,$70C5,$73F2,$73F1,$67F8,
190:       $47F8,$07F8,$0408,$0408,$0408,$0408,$07F8,$0000);
191: var
192:    init,conv,moff:boolean;
193:    altexit:pointer;
194:    p:pointer;
195:    reg:registers;
196:    but:word;
197:    screenmode:byte absolute 0:$449;   { aktueller Bildschirm-Modus }
198:
```

Die vom Maustreiber ermittelten Koordinaten sind unabhängig vom aktuellen Bildschirm-Modus und liegen bei einer CGA-Karte in den Bereichen 0..639 (x-Koordinate) und 0..319 (y-Koordinate). Die beiden Proze-
duren *ConvMinus* und *ConvPlus* wandeln Mauskoordinaten um; *ConvMinus*
verkleinert ermittelte Werte für den entsprechenden Bildschirm-Modus,
*ConvPlus* vergrößert Koordinaten für das System (wichtig bei *SetMouse-
Pos*).
Erweitern Sie die beiden CASE-Anweisungen, wenn Sie mit anderen
Bildschirm-Modi arbeiten und die Maus-Routinen keine korrekten Koordinaten liefern.
Wenn Sie mit einer Hercules-Graphik-Karte arbeiten, enthält die globale
Variable *screenmode* immer den Wert 7 und läßt die Maus-Routinen glau-
ben, daß Sie stets im Text-Modus arbeiten. Schalten Sie deshalb im Graphik-Modus die Koordinaten-Konvertierung mit *ConvertOff* aus, um
korrekte Werte zu erhalten (Nachteil, der Mauszeiger wird nicht wunschgemäß dargestellt). Wenn Sie in diesem Fall aber der Variablen *screenmode (Mem[0:$449])* den Wert 6 zuweisen (entspricht CGA: 640x200-
Punkte, schwarz-weiß), brauchen Sie einerseits die Konvertierung nicht
auszuschalten und andereseits wird der Mauszeiger richtig dargestellt
(siehe hierzu auch im 1. Teil bei *MouseOn*).
Die globale Variable *conv* wird von den beiden Prozeduren *ConvertOn* und
*ConvertOff* gesetzt und legt fest, ob Mauskoordinaten konvertiert werden

sollen; *screenmode* enthält den aktuellen Bildschirm-Modus (Text oder Graphik).

```
199:    procedure ConvMinus(var x,y:integer);
200:      { DIV nicht durch SHR ersetzen, da sonst negative Werte nicht kor- }
201:      { rekt verarbeitet werden.                                         }
202:    begin
203:      if not conv then exit;
204:      case screenmode of
205:        0,1:begin x:=succ(x div 16); y:=succ(y div 8) end;
206:        2,3,7:begin x:=succ(x div 8); y:=succ(y div 8) end;
207:        4,5:x:=x div 2;
208:      end
209:    end;
210:
211:    procedure ConvPlus(var x,y:integer);
212:      { Multiplikation nicht durch SHL ersetzen, da sonst negative Werte }
213:      { nicht korrekt verarbeitet werden.                               }
214:    begin
215:      if not conv then exit;
216:      case screenmode of
217:        0,1:begin x:=pred(x)*16; y:=pred(y)*8 end;
218:        2,3,7:begin x:=pred(x)*8; y:=pred(y)*8 end;
219:        4,5:x:=x*2;
220:      end
221:    end;
222:
223:    function mouseready:boolean;
224:    begin
225:      mouseready:=init
226:    end;
227:
228:    procedure initmouse;
229:    begin
230:      if not init then begin
231:        but:=0;
232:        exit
233:      end;
234:      reg.ax:=0;
235:      intr(51,reg);
236:      init:=reg.ax<>0;
237:      but:=reg.bx;
238:      moff:=true
239:    end;
240:
241:    procedure mouseon;
242:    begin
243:      if not init then exit;
244:      reg.ax:=1;
```

```
245:      intr(51,reg);
246:      moff:=false
247:    end;
248:
249:    procedure mouseoff;
250:    begin
251:      if not init then exit;
252:      if moff then exit;
253:      reg.ax:=2;
254:      intr(51,reg);
255:      moff:=true
256:    end;
257:
258:    function ismouseon:boolean;
259:    begin
260:      ismouseon:=not moff
261:    end;
262:
263:    procedure converton;
264:    begin
265:      conv:=true
266:    end;
267:
268:    procedure convertoff;
269:    begin
270:      conv:=false
271:    end;
272:
273:    function isconverton:boolean;
274:    begin
275:      isconverton:=conv
276:    end;
277:
278:    procedure getmousepos(var x,y:integer);
279:    begin
280:      if not init then begin
281:        x:=0;
282:        y:=0;
283:        exit
284:      end;
285:      reg.ax:=3;
286:      intr(51,reg);
287:      x:=reg.cx;
288:      y:=reg.dx;
289:      convminus(x,y)
290:    end;
291:
292:    procedure setmousepos(x,y:integer);
293:    begin
294:      if not init then exit;
295:      convminus(x,y);
```

```
296:     reg.ax:=4;
297:     reg.cx:=x;
298:     reg.dx:=y;
299:     intr(51,reg)
300:   end;
301:
302:   procedure getclickpos(var x,y,click:integer; button:word);
303:   begin
304:     if not init then begin
305:       x:=0;
306:       y:=0;
307:       click:=0;
308:       exit
309:     end;
310:     reg.ax:=5;
311:     reg.bx:=button;
312:     intr(51,reg);
313:     x:=reg.cx;
314:     y:=reg.dx;
315:     click:=reg.bx;
316:     convminus(x,y)
317:   end;
318:
319:   procedure getreleasepos(var x,y,click:integer; button:word);
320:   begin
321:     if not init then begin
322:       x:=0;
323:       y:=0;
324:       click:=0;
325:       exit
326:     end;
327:     reg.ax:=6;
328:     reg.bx:=button;
329:     intr(51,reg);
330:     x:=reg.cx;
331:     y:=reg.dx;
332:     click:=reg.bx;
333:     convminus(x,y);
334:   end;
335:
```

Bitte beachten Sie, daß *SetMouseRange* die beiden Funktionen 7 (X-Bereich) und 8 (Y-Bereich) des Interrupts 51 verwendet.

```
336:   procedure setmouserange(x1,y1,x2,y2:integer);
337:   begin
338:     if not init then exit;
339:     convplus(x1,y1);
340:     convplus(x2,y2);
341:     reg.ax:=7;
```

```
342:       reg.cx:=x1;
343:       reg.dx:=x2;
344:       intr(51,reg);
345:       reg.ax:=8;
346:       reg.cx:=y1;
347:       reg.dx:=y2;
348:       intr(51,reg)
349:     end;
350:
351:     function mouserange(xm,ym,x1,y1,x2,y2:integer):boolean;
352:     begin
353:       mouserange:=false;
354:       if not init then exit;
355:       if (xm<x1) or (xm>x2) then exit;
356:       if (ym<y1) or (ym>y2) then exit;
357:       mouserange:=true
358:     end;
359:
360:     function mouseactrange(x1,y1,x2,y2:integer):boolean;
361:     var
362:       x,y:integer;
363:     begin
364:       getmousepos(x,y);
365:       mouseactrange:=mouserange(x,y,x1,y1,x2,y2)
366:     end;
367:
368:     function leftbutton:boolean;
369:     begin
370:       if not init then begin
371:         leftbutton:=false;
372:         exit
373:       end;
374:       reg.ax:=3;
375:       intr(51,reg);
376:       leftbutton:=reg.bx and 1=1
377:     end;
378:
379:     function rightbutton:boolean;
380:     begin
381:       if not init then begin
382:         rightbutton:=false;
383:         exit
384:       end;
385:       reg.ax:=3;
386:       intr(51,reg);
387:       rightbutton:=reg.bx and 2=2
388:     end;
389:
390:     function middlebutton:boolean;
391:     begin
392:       if not init then begin
```

```
393:        middlebutton:=false;
394:         exit
395:      end;
396:    reg.ax:=3;
397:    intr(51,reg);
398:    middlebutton:=reg.bx and 4=4
399:  end;
400:
401:  function anybutton:boolean;
402:  begin
403:    if not init then begin
404:      anybutton:=false;
405:       exit
406:    end;
407:    reg.ax:=3;
408:    intr(51,reg);
409:    anybutton:=reg.bx and 7<>0
410:  end;
411:
```

Die beiden Funktionen *DoubleClick* und *SingleClick* verwenden für die
Zeitmessung den internen Systemzähler, der 18.2 Mal in der Sekunde um
1 erhöht wird.

```
412:  function clockticks:word;
413:  begin
414:    reg.ah:=0;
415:    intr(26,reg);
416:    clockticks:=reg.dx
417:  end;
418:
419:  function doubleclick(button,time:word):boolean;
420:  var
421:    b,click,
422:    start,stop:word;
423:  begin
424:    doubleclick:=false;
425:    if not init then exit;
426:    start:=clockticks;
427:    time:=round(time*0.0182);  { Wartezeit in Clock-Ticks }
428:    b:=1 shl button;
429:    reg.ax:=6;
430:    reg.bx:=button;
431:    intr(51,reg);             { Setzt bereits vorhandene "Clicks" zurück }
432:    click:=0;
433:    repeat
434:      reg.ax:=6;
435:      reg.bx:=button;
436:      intr(51,reg);
437:      inc(click,reg.bx);
```

```
438:          if click>1 then begin doubleclick:=true; exit end;
439:          if reg.bx>0 then start:=stop; { Mouse-Click ist erfolgt           }
440:          reg.ax:=3;
441:          intr(51,reg);
442:          if reg.bx or b<>b then exit;   { Andere Maustaste wird gedrückt }
443:          if keypressed then exit;        { Tastatur wurde benützt          }
444:          stop:=clockticks
445:        until abs(stop-start)>time
446:    end;
447:
448:    function singleclick(button,time:word):boolean;
449:    var
450:      b,start,stop:word;
451:    begin
452:      singleclick:=false;
453:      if not init then exit;
454:      b:=1 shl button;
455:      start:=clockticks;
456:      time:=round(time*0.0182);  { Wartezeit in Clock-Ticks }
457:      reg.ax:=6;
458:      reg.bx:=button;
459:      intr(51,reg);
460:      repeat
461:        reg.ax:=6;
462:        reg.bx:=button;
463:        intr(51,reg);
464:        if reg.bx>0 then begin singleclick:=true; exit end;
465:        reg.ax:=3;
466:        intr(51,reg);
467:        if reg.bx or b<>b then exit;
468:        if keypressed then exit;
469:        stop:=clockticks
470:      until abs(stop-start)>time
471:    end;
472:
473:    function buttons:word;
474:    begin
475:      buttons:=but
476:    end;
477:
478:    procedure setgraphcursor(x,y:integer; var cursor);
479:    begin
480:      if not init then exit;
481:      reg.ax:=9;
482:      reg.bx:=x;
483:      reg.cx:=y;
484:      reg.es:=seg(cursor);
485:      reg.dx:=ofs(cursor);
486:      intr(51,reg)
487:    end;
488:
```

```
489:    procedure setmousestyle(style:word);
490:    begin
491:      case style of
492:         0:setgraphcursor(0,0,c00);
493:         1:setgraphcursor(7,7,c01);
494:         2:setgraphcursor(7,7,c02);
495:         3:setgraphcursor(7,15,c03);
496:         4:setgraphcursor(0,7,c04);
497:         5:setgraphcursor(7,0,c05);
498:         6:setgraphcursor(15,7,c06);
499:         7:setgraphcursor(7,7,c07);
500:         8:setgraphcursor(7,7,c08);
501:         9:setgraphcursor(7,7,c09);
502:        10:setgraphcursor(7,7,c10);
503:        11:setgraphcursor(7,7,c11);
504:        12:setgraphcursor(7,7,c12);
505:        13:setgraphcursor(7,7,c13);
506:        14:setgraphcursor(7,7,c14);
507:        15:setgraphcursor(7,7,c15);
508:        16:setgraphcursor(7,7,c16);
509:        17:setgraphcursor(7,7,c17);
510:        18:setgraphcursor(14,3,c18)
511:      end
512:    end;
513:
```

Die Funktion 10 (reg.ax:=10;) des Interrupts 51 kennt zwei verschiedene
Cursor-Typen, den Software- und den Hardware-Cursor.
Der **Software-Cursor** (reg.bx:=0;) definiert ein Zeichen (ASCII-Wert
#0..#255), das als Maus-Zeiger verwendet wird. Ähnlich wie bei Gra-
phik-Cursor existiert auch hier eine Bildschirm- und eine Cursor-Maske
(je 2 Bytes, bestehend aus Farbattribut und Zeichen). Die Bildschirm-
Maske und das aktuelle Bildschirmzeichen werden mit AND verknüpft,
das daraus resultierende Bitmuster und die Cursor-Maske mit XOR.
Beim **Hardware-Cursor** (reg.bx:=1) läßt sich nur die Cursor-Größe bestimmten. *reg.cx* enthält dabei die obere, *reg.dx* die untere Rasterlinien-
Nummer (genaueres bei *SetCursor* in der Unit **Sys**).

```
514:    procedure settextcursor(ch:char);
515:    begin
516:      if not init then exit;
517:      reg.ax:=10;
518:      reg.bx:=0;                   { Software-Cursor   }
519:      reg.cx:=$7f00;              { Bildschirm-Maske }
520:      reg.dx:=$7f00+byte(ch);  { Cursor-Maske      }
521:      intr(51,reg)
522:    end;
523:
```

```
524:    procedure setratio(x,y:integer);
525:    begin
526:      if not init then exit;
527:      if x=0 then x:=1;
528:      if y=0 then y:=1;
529:      reg.ax:=15;
530:      reg.cx:=x;
531:      reg.dx:=y;
532:      intr(51,reg)
533:    end;
534:
535:    procedure mousecondoff(x1,y1,x2,y2:integer);
536:    begin
537:      if not init then exit;
538:      convplus(x1,y1);
539:      convplus(x2,y2);
540:      reg.ax:=16;
541:      reg.cx:=x1;
542:      reg.dx:=y1;
543:      reg.si:=x2;
544:      reg.di:=y2;
545:      intr(51,reg);
546:      moff:=true
547:    end;
548:
549:    procedure getmotion(var dx,dy:integer);
550:    begin
551:      if not init then begin
552:        dx:=0;
553:        dy:=0;
554:        exit
555:      end;
556:      reg.ax:=11;
557:      intr(51,reg);
558:      dx:=reg.cx;
559:      dy:=reg.dx
560:    end;
561:
562:    procedure setthreshold(speed:word);
563:    begin
564:      if not init then exit;
565:      reg.ax:=19;
566:      reg.dx:=speed;
567:      intr(51,reg)
568:    end;
569:
```

Die Exit-Prozedur *schluss* wird bei einem Programm-Abbruch (Fehlermeldung oder natürliches Programm-Ende) aufgerufen.

```
570: {$F+}
571:   procedure schluss;
572:   begin
573:     initmouse;          { Setzt Mouse-Cursor auf eigene Maske zurück }
574:     mouseoff;
575:     exitproc:=altexit  { Ausführen weiterer Exit-Prozeduren }
576:   end;
577: {$F-}
578:
579: begin
580:   but:=0;              { Anzahl Maus-Tasten         }
581:   conv:=true;          { Konvertierung EIN          }
582:   moff:=true;          { Mauszeiger ausgeschaltet }
583:   getintvec(51,p);
584:   init:=p<>nil;        { Prüft, ob Maus-Treiber verfügbar ist }
585:   initmouse;
586:   altexit:=exitproc;   { Sichert vorhandene Exit-Prozedur       }
587:   exitproc:=@schluss;
588: end.
```

# Quellcode der Unit Special

Die Unit **Special** ist etwas umfangreich geworden (insgesamt mehr als 2300 Zeilen) und besteht aus mehreren Include-Dateien, die für sich abgeschlossene Funktions-Gruppen enthalten (z.B. Menü-System oder Taschenrechner).
Folgende Include-Dateien gehören zur Unit **Special**:

| | |
|---|---|
| **ASCII.INC** | Ascii-Tabelle (Prozedur *AsciiTable*) |
| **CALC.INC** | Taschenrechner mit AOS-Logik (Prozedur *CalcAOS*) |
| **MENU.INC** | Pull-Down-Menü und Menü-Balken (alle Routinen, die mit *Menu* beginnen) |
| **READFILE.INC** | Einlesen von Dateinamen (Funktion *ReadFileName*) |
| **MINIED.INC** | Full-Screen-Editor (Prozedur *MiniEd*; bitte beachten Sie, daß diese Datei weitere Include-Dateien (*.MED) einbindet) |

**Wichtig:** Bei der Compilierung müssen Sie darauf achten, daß alle zur Unit **Special** gehörenden Dateien (es sind insgesamt 11) sich im aktuellen Verzeichnis befinden oder Sie mit Hilfe des Turbo Pascal-Menüpunktes *Options, Directories* den kompletten Suchpfad für Include-Dateien festlegen (z.B. C:\TURBO5\UNITS\).

```
 1: {$R-,S-,I-,D-,F-,V-,B-}
 2:
 3: unit special;
 4:
 5: {  ┌─────────────────────────────────────────────────────┐          }
 6: {  │ Autor         │ Anton Liebetrau, Winterthur/Schweiz │          }
 7: {  │ Copyright     │ 1989, Vieweg-Verlag, Wiesbaden/BRD  │          }
 8: {  │ Programmname  │ Turbo Special                       │          }
 9: {  │ Beschreibung  │ ASCII-Tabelle, Rechner, Editor, Menüs ...     │ }
10: {  │ Version       │ 1.00                                │          }
11: {  │ Stand         │ 24. Februar 1989                    │          }
12: {  └─────────────────────────────────────────────────────┘          }
13:
14: interface
15: uses
16:    crt,dos,mouse,standard,sys,txt,win;
17:
18:    procedure AsciiTable(var xp,yp:byte);
19:      { ASCII-Tabelle }
20:    procedure CalcAOS(var x,y:byte; var reg,sto:real);
21:      { Taschenrechner mit AOS-Logik }
22:
23:    procedure MenuHor(var menustr; size:word; anz:byte; var nr,res:byte);
24:      { Horizontal angeordnetes Menü (Menü-Balken) }
```

```
25:    procedure MenuVert(var menustr; size:word; anz:byte; var nr,res:byte);
26:      { Vertikal angeordnetes Menü (Pull-Down-Menü) }
27:    procedure MenuQuick(ok:boolean);
28:      { Legt fest, ob ein Menü nach Aufruf sofort verlassen werden soll }
29:    procedure MenuSetPos(xp,yp:byte);
30:      { Setzt den linken oberen Punkten des Menüs }
31:    procedure MenuGetPos(var xp,yp:byte);
32:      { Ermittelt den linken oberen Punkt des Menüs }
33:    procedure MenuBlinkTime(ms:word);
34:      { Setzt die Blinkzeit des gewählten Menüpunktes fest }
35:    procedure MenuBlinkNumber(anz:byte);
36:      { Legt fest, wie oft der gewählte Menüpunkt blinken soll }
37:    procedure MenuSpace(anz:byte);
38:      { Legt fest, wie weit die Menüpunkte voneinander entfernt sind }
39:    procedure MenuNormColor(color:byte);
40:      { Farbe der normalen Menüpunkte }
41:    procedure MenuInvColor(color:byte);
42:      { Farbe des angewählten Menüpunktes }
43:
44:    function ReadFileName(var xp,yp:byte; var suchmaske:string):string;
45:      { Einlesen eines Dateinamens mit Cursor-Tasten oder Maus }
46:    procedure MiniEd(datname:string);
47:      { Ruft Full-Screen-Editor auf }
48:
49:    function SpecialError:integer;
50:      { Ermittelt eine Fehlernummer:           }
51:      {                                        }
52:      {  0: Kein Fehler                        }
53:      { -1: Fenster kann nicht geöffnet werden }
54:      { -2: Zu wenige Menü-Einträge            }
55:      { -3: Menü außerhalb des Fensters        }
56:
57: implementation
58: const
59:   sperror:integer=0;
60: var
61:   saveattr:byte;
62:   savebreak,savevideo:boolean;
63:   coben,cunten:byte;
64:   mausein,konvertein:boolean;
65:
66:   procedure saveparam;
67:   begin
68:     saveattr:=textattr;
69:     savebreak:=checkbreak;
70:     savevideo:=directvideo;
71:     getcursor(coben,cunten);
72:     mausein:=ismouseon;
73:     konvertein:=isconverton
74:   end;
75:
```

```
76:    procedure restoreparam;
77:    begin
78:      if konvertein then converton else convertoff;
79:      if mausein then mouseon else mouseoff;
80:      setcursor(coben,cunten);
81:      directvideo:=savevideo;
82:      checkbreak:=savebreak;
83:      textattr:=saveattr;
84:    end;
85:
86:    function specialerror:integer;
87:    begin
88:      specialerror:=sperror;
89:      sperror:=0
90:    end;
91:
92:    {$I ASCII.INC     } { Ascii-Tabelle                      }
93:    {$I CALC.INC      } { Taschenrechner mit AOS-Logik       }
94:    {$I MENU.INC      } { Pull-Down-Menü und Menü-Balken     }
95:    {$I READFILE.INC  } { Einlesen von Dateinamen            }
96:    {$I MINIED.INC    } { Full-Screen-Editor                 }
97:
98: end.
```

Die Datei **ASCII.INC** enthält den Quell-Code der ASCII-Tabelle. Das
Fenster, das beim Prozedur-Aufruf geöffnet wird, benötigt 1339 Bytes
Speicherplatz des Fenster-Puffers.

```
 1: {  ┌──────────────────────────────────────────────────────┐         }
 2: {  │ Autor        │ Anton Liebetrau, Winterthur/Schweiz    │         }
 3: {  │ Copyright    │ 1989, Vieweg-Verlag, Wiesbaden/BRD      │         }
 4: {  │ Datei        │ ASCII.INC                              │         }
 5: {  │ Beschreibung │ ASCII-Tabelle                          │         }
 6: {  │ Version      │ 1.00                                   │         }
 7: {  │ Stand        │ 24. Februar 1989                       │         }
 8: {  └──────────────────────────────────────────────────────┘         }
 9:
10: procedure AsciiTable(var xp,yp:byte);
11: var
12:    t1,t2:byte;
13:
14:    procedure bild;
15:    var
16:      s:string[32];
17:      b:array[0..32] of byte absolute s;
18:      x,y:integer;
19:    begin
20:      textattr:=7;
21:      fillchar(s,33,32);
```

```
22:      for y:=0 to 15 do begin
23:        for x:=0 to 15 do b[(x+1) shl 1]:=x+y shl 4;
24:        writerel(1,y+1,s)
25:      end
26:   end;
27:
28:   procedure steuerung;
29:   const
30:      hex:string[16]='0123456789ABCDEF';
31:   var
32:      ch:char;
33:      x,y,b,anz,i,manf:byte;
34:      s:string[33];
35:      bewege:boolean;
36:      xm,ym,xo,yo:integer;
37:   begin
38:      anz:=0;
39:      x:=8; y:=8;
40:        { 0.........1.........2.........3.. }
41:      s:=' H:00  D:000    [                   ] ';
42:      textattr:=112;
43:      mouseon;
44:      bewege:=not (keystatus and scrolllockmode<>0);
45:      manf:=0;
46:      repeat
47:        gotoxy(x*2,y);
48:        s[4]:=hex[y];
49:        s[5]:=hex[x];
50:        b:=pred(y) shl 4+pred(x);
51:        for i:=12 downto 10 do begin
52:          s[i]:=char((b mod 10)+48);
53:          b:=b div 10
54:        end;
55:        if bewege<>(keystatus and scrolllockmode<>0) then begin
56:          mouseoff;
57:          bewege:=(keystatus and scrolllockmode<>0);
58:          if bewege then
59:            writerel(1,17,'          ScrollModus          ')
60:          else
61:            writerel(1,17,s);
62:          mouseon
63:        end;
64:        xo:=lo(windmin);
65:        yo:=hi(windmin);
66:        if mouseactrange(xo+1,yo+1,xo+33,yo+16) then begin
67:          mouseoff;
68:          getmousepos(xm,ym);
69:          dec(xm,xo);
70:          dec(ym,yo);
71:          xm:=xm div 2;
72:          if xm<1 then xm:=1; if xm>16 then xm:=16;
```

```
73:              if ym<1 then ym:=1; if ym>16 then ym:=16;
74:              if (x<>xm) or (y<>ym) then begin
75:                x:=xm;
76:                y:=ym;
77:                bewege:=not bewege  { erzwingt Anzeige }
78:              end
79:          end else begin
80:            mouseon
81:          end;
82:          if keypressed then
83:            ch:=readkey
84:          else begin
85:            ch:='*';
86:            if leftbutton then begin
87:              if not mouseactrange(xo+1,yo+1,xo+33,yo+17) and (manf=0) then
88:                ch:=#27  { ESC }
89:              else
90:                manf:=1
91:            end else begin
92:              if manf<>0 then begin
93:                if mouseactrange(xo+1,yo+1,xo+33,yo+16) then
94:                  ch:=#13;  { RETURN }
95:                if mouseactrange(xo+1,yo+17,yo+33,yo+17) then
96:                  ch:=#10;  { Ctrl-RETURN }
97:                manf:=0
98:              end
99:            end;
100:            if rightbutton then if singleclick(rightbut,200) then ch:=#8;
101:          end;
102:          if ch=#0 then begin
103:            ch:=readkey;
104:            if bewege then begin
105:              mouseoff;
106:              case ch of
107:                #75:movewindow(leftdir);
108:                #77:movewindow(rightdir);
109:                #72:movewindow(updir);
110:                #80:movewindow(downdir)
111:              end;
112:              mouseon
113:            end else begin
114:              case ch of
115:                #75:if x>1 then dec(x);        { <-    }
116:                #77:if x<16 then inc(x);       { ->    }
117:                #72:if y>1 then dec(y);        { auf   }
118:                #80:if y<16 then inc(y);       { ab    }
119:                #71:begin x:=1; y:=1 end;      { Home  }
120:                #79:begin x:=1; y:=16 end;     { End   }
121:                #73:begin x:=16; y:=1 end;     { PgUp  }
122:                #81:begin x:=16; y:=16 end;    { PgDn  }
```

```
123:              #115:x:=1;                    { Ctrl <- }
124:              #116:x:=16;                   { Ctrl -> }
125:              #119,#132:y:=1;               { Ctrl Home, Ctrl PgUp }
126:              #117,#118:y:=16;              { Ctrl End, Ctrl PgDn  }
127:           end;
128:          bewege:=not bewege  { erzwingt Anzeige }
129:        end
130:      end else begin
131:        case ch of
132:          #27:exit;
133:          #13:if not bewege and (anz<15) then begin
134:                inc(anz);
135:                s[16+anz]:=char(pred(y) shl 4+pred(x));
136:                bewege:=not bewege  { erzwingt Anzeige }
137:              end;
138:          #8: if not bewege and (anz>0) then begin
139:                s[16+anz]:=#32;
140:                dec(anz);
141:                bewege:=not bewege  { erzwingt Anzeige }
142:              end;
143:          #10:if not bewege then begin
144:                for i:=1 to anz do writekbd(#0,s[16+i]);
145:                exit
146:              end;
147:        end
148:      end;
149:    until false
150:  end;
151:
152: begin  { AsciiTable }
153:   saveparam;
154:   if xp<1 then xp:=1;
155:   if yp<1 then yp:=1;
156:   if xp>46 then xp:=46;
157:   if yp>7 then yp:=8;
158:   openwindow(xp,yp,xp+34,yp+18,15,singleln);
159:   if windowerror<>0 then begin
160:     sperror:=-1;
161:     exit
162:   end;
163:   checkbreak:=false;
164:   bigcursor;
165:   bild;
166:   mouseon;
167:   steuerung;
168:   mouseoff;
169:   getwindowpos(xp,yp,t1,t2);
170:   closewindow; restoreparam
171: end;
```

Die Datei **CALC.INC** enthält den Quell-Code des Taschenrechners. Das zu öffnende Fenster beim Prozedur-Aufruf benötigt 945 Bytes Speicherplatz des Fenster-Puffers.

Damit die Prozedur *CalcAOS* in AOS-Logik (Algebraisches Operations-System; Punkt- vor Strichrechnung) arbeiten kann, verwendet sie zwei Stacks (auch Stapel genannt); einen für die eingegebenen Zahlenwerte, einen anderen für die Operatoren +, -, * und /. Ein Stack wird für die Zwischenspeicherung von Werten verwendet und gehorcht dem LIFO-Prinzip (last in, first out); dies bedeutet, daß der zuletzt auf den Stack gelegte Wert wieder zuerst verfügbar ist. Als oberstes Stack-Element wollen wir dasjenige bezeichnen, das beim nächsten Lesen des Stacks übergeben wird.

Die beiden von der Prozedur *CalsAOS* verwendeten Stacks können wie folgt dargestellt werden:

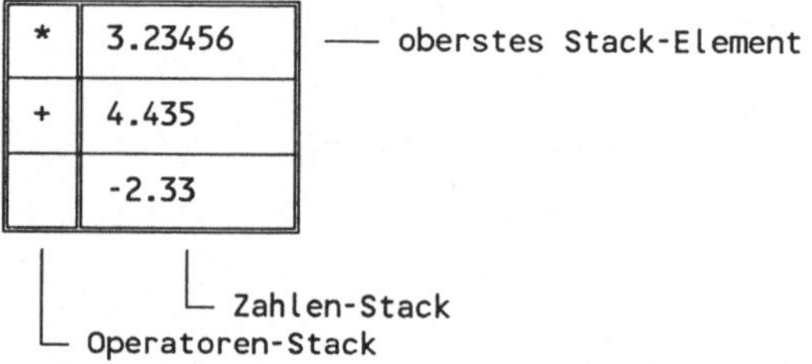


Um die Regeln der AOS-Logik zu erfüllen, müssen die einzelnen Operatoren und Zahlen-Werte zuerst auf den Stack gelegt werden. Sie dürfen erst bearbeitet werden, wenn der nächste Operator eine kleinere oder gleiche Priorität hat. Um die Arbeitsweise der Prozedur *CalcAOS* zu verdeutlichen, betrachten wir folgende Rechnung:

```
2 + 3 * 4 / 5 - 6 + 7 * 8 =
```

Wir zeigen, wie sich die Stack-Inhalte schrittweise verändern (die zwischen den spitzen Klammern < und > stehenden Zeichen entsprechen den Eingaben, die von eckigen Klammern umgebenen Ausdrücke bezeichnen die augenblickliche Aktion des Rechners):

<2>

| | 2 |
|---|---|
| | |
| | |

<+>

| + | 2 |
|---|---|
| | |
| | |

<3>

| + | 3 |
|---|---|
| | 2 |
| | |

<*>

| * | 3 |
|---|---|
| + | 2 |
| | |

<4>

| * | 4 |
|---|---|
| + | 3 |
|   | 2 |

</> [3*4]

| + | 12 |
|---|----|
|   | 2 |
|   |    |

| / | 12 |
|---|----|
| + | 2 |
|   |    |

<5>

| / | 5 |
|---|----|
| + | 12 |
|   | 2 |

<-> [12/5]

| + | 2.4 |
|---|-----|
|   | 2 |
|   |   |

[2.4+2]

| | 4.4 |
|---|-----|
| |   |
| |   |

| - | 4.4 |
|---|-----|
|   |   |
|   |   |

<6>

| - | 6 |
|---|-----|
|   | 4.4 |
|   |   |

<+> [4.4-6]

| | -1.6 |
|---|------|
| |   |
| |   |

| + | -1.6 |
|---|------|
|   |   |
|   |   |

<7>

| + | 7 |
|---|------|
|   | -1.6 |
|   |   |

<*>

| * | 7 |
|---|------|
| + | -1.6 |
|   |   |

<8>

| * | 8 |
|---|------|
| + | 7 |
|   | -1.6 |

<=> [7*8]

| + | 56 |
|---|------|
|   | -1.6 |
|   |   |

[-1.6+56]

| | 54.4 |
|---|------|
| |   |
| |   |

Die Prozedur *CalcAOS* zeigt immer die beiden obersten Stack-Elemente (Operator- und Zahlen-Stack) in der Anzeige an.

```
 1: {
 2: {   Autor         Anton Liebetrau, Winterthur/Schweiz    }
 3: {   Copyright      1989, Vieweg-Verlag, Wiesbaden/BRD     }
 4: {   Datei          CALC.INC                               }
 5: {   Beschreibung   Taschenrechner mit AOS-Logik           }
 6: {   Version        1.00                                   }
 7: {   Stand          24. Februar 1989                       }
 8: {                                                         }
 9:
10: procedure CalcAOS(var x,y:byte; var reg,sto:real);
11: const
12:    maxop=2;
13:    maxre=3;
```

```
14: var
15:    op:array [1..maxop] of char;   { Stack für Operatoren }
16:    re:array [1..maxre] of real;   { Stack für Zahlen      }
17:    error:boolean;
18:
19:    procedure bild;
20:    begin
21:      textattr:=7;
22:      writerel(1,1,'                        ');
23:      writerel(1,2,'                        ');
24:      writerel(1,3,'                        ');
25:      writerel(1,4,'                        ');
26:      writerel(1,5,'  C | S | R | % | MC    ');
27:      writerel(1,6,'                        ');
28:      writerel(1,7,'  7 | 8 | 9 | / | M/    ');
29:      writerel(1,8,'                        ');
30:      writerel(1,9,'  4 | 5 | 6 | * | M*    ');
31:      writerel(1,10,'                       ');
32:      writerel(1,11,'  1 | 2 | 3 | - | M-   ');
33:      writerel(1,12,'                       ');
34:      writerel(1,13,'  0 | • | ± | + | M+   ');
35:      writerel(1,14,'                       ');
36:      writerel(1,15,'          —            ');
37:      writerel(1,16,'                       ');
38:      textattr:=15;
39:      writerel(4,7,'7');
40:      writerel(8,7,'8');
41:      writerel(12,7,'9');
42:      writerel(4,9,'4');
43:      writerel(8,9,'5');
44:      writerel(12,9,'6');
45:      writerel(4,11,'1');
46:      writerel(8,11,'2');
47:      writerel(12,11,'3');
48:      writerel(4,13,'0');
49:      writerel(8,13,'•');
50:      writerel(12,13,'±');
51:    end;
52:
53:    function floating(r:real):string;
54:    var
55:      temp:string;
56:      la:byte absolute temp;
57:      i:byte;
58:    begin
59:      str(r:1:9,temp);
60:      for i:=la downto 1 do begin
61:        if temp[i]<>'0' then begin
62:          la:=i;
63:          if temp[la]='.' then dec(la);
```

```
64:           floating:=temp;
65:            exit
66:          end
67:        end;
68:       if temp[la]='.' then dec(la);
69:       floating:=temp
70:     end;
71:
```

Die folgenden Prozeduren *ClearOp*, *PushOp* (Operator auf Stack legen),
*PopOp* (Operator vom Stack holen) und *LookOp* (Operator lesen, ohne ihn
vom Stack zu löschen) verwalten der Operatoren-Stack.

```
72:     procedure ClearOp;
73:     begin
74:       fillchar(op,sizeof(op),32)
75:     end;
76:
77:     procedure PushOp(ch:char);
78:     var
79:        i:byte;
80:     begin
81:       for i:=maxop downto 2 do op[i]:=op[pred(i)];
82:       op[1]:=ch
83:     end;
84:
85:     procedure PopOp(var ch:char);
86:     var
87:        i:byte;
88:     begin
89:       ch:=op[1];
90:       for i:=1 to pred(maxop) do op[i]:=op[succ(i)];
91:       op[maxop]:=#32;
92:     end;
93:
94:     procedure LookOp(var ch:char);
95:     begin
96:       ch:=op[1]
97:     end;
98:
```

Die folgenden Prozeduren *ClearRe*, *PushRe* (Zahl auf Stack legen), *PopRe*
(Zahl vom Stack holen) und *LookRe* (Zahl lesen, ohne sie vom Stack zu
löschen) verwalten den Zahlen-Stack.

```
 99:     procedure ClearRe;
100:     begin
101:       fillchar(re,sizeof(re),0)
102:     end;
```

```
103:
104:    procedure PushRe(r:real);
105:    var
106:       i:byte;
107:    begin
108:       for i:=maxre downto 2 do re[i]:=re[pred(i)];
109:       re[1]:=r
110:    end;
111:
112:    procedure PopRe(var r:real);
113:    var
114:       i:byte;
115:    begin
116:       r:=re[1];
117:       for i:=1 to pred(maxre) do re[i]:=re[succ(i)];
118:       re[maxre]:=0
119:    end;
120:
121:    procedure LookRe(var r:real);
122:    begin
123:       r:=re[1]
124:    end;
125:
```

Die Funktion *Prior* bestimmt die Priorität eines Operators. Falls ein Operator nicht bekannt ist, wird ihm der Wert 0 zugeordnet (entspricht der niedrigsten Priorität). + und - erhalten eine Priorität von 1, * und / eine solche von 2.

```
126:    function Prior(ch:char):integer;
127:    const
128:       max=2;
129:       p:array [1..max] of string[2]=('+-','*/');
130:    var
131:       i:byte;
132:    begin
133:       prior:=0;
134:       for i:=1 to max do begin
135:         if pos(ch,p[i])<>0 then begin
136:           prior:=i;
137:           exit
138:         end
139:       end
140:    end;
141:
```

Die folgende Prozedur *CalcOne* bearbeitet die beiden obersten Elemente des Zahlen-Stacks, verknüpft diese mit dem obersten Element des Operatoren-Stacks und schreibt schließlich das Resultat in den Zahlen-Stack.

Die Prozedur *CalcAll* führt *CalcOne* solange aus, bis der Operatoren-Stack
leer ist.

```
142:    procedure CalcOne;
143:    var
144:      r1,r2:real;
145:      op:char;
146:    begin
147:      popre(r1);
148:      popre(r2);
149:      popop(op);
150:      case op of
151:        '+':r1:=r2+r1;
152:        '-':r1:=r2-r1;
153:        '*':r1:=r2*r1;
154:       '/':begin
155:              if r1=0 then
156:                 error:=true
157:              else
158:                 r1:=r2/r1
159:           end;
160:      end;
161:      if (r1>=1e10) or (r1<=-1e10) then error:=true;
162:      if error then begin
163:        clearre;
164:        clearop
165:      end else
166:        pushre(r1)
167:    end;
168:
169:    procedure CalcAll;
170:    var
171:      op:char;
172:    begin
173:      lookop(op);
174:      while op<>#32 do begin
175:        calcone;
176:        lookop(op)
177:      end
178:    end;
179:
180:    procedure anzeige(temp:string; oper:char);
181:    begin
182:      mouseoff;
183:      if oper=#13 then oper:='=';
184:      if pos(oper,'+-*/=')=0 then oper:=' ';
185:      gotoxy(3,2);
186:      textattr:=112;
187:      if error then
188:        write(' E',rstring(temp,16),'  ')
```

```
189:     else begin
190:       if sto<>0 then write(' M') else write('  ');
191:       write(rstring(temp,16),oper:2)
192:     end;
193:     textattr:=7;
194:     mouseon
195:   end;
196:
197:   procedure readc;
198:   var
199:     ch:char;
200:     x1,y1,x2,y2:byte;
201:   begin
202:     textattr:=135;
203:     mouseoff;
204:     writerel(4,5,'C');
205:     mouseon;
206:     ch:='?';
207:     getwindowpos(x1,y1,x2,y2);
208:     repeat
209:       if keypressed then ch:=upcase(readkey);
210:       if mouseactrange(x1+3,y1+5,x1+5,y1+5) and singleclick(leftbut,500)
then
211:         ch:='C'
212:     until (ch='C') or (ch=#27);
213:     textattr:=7;
214:     mouseoff;
215:     writerel(4,5,'C');
216:     mouseon
217:   end;
218:
219:   function readkm:char;
220:   var
221:     x1,y1,x2,y2:byte;
222:     mx,my,bereich:integer;
223:     ch:char;
224:   begin
225:     repeat until keypressed or leftbutton or rightbutton;
226:     if keypressed then begin
227:       readkm:=upcase(readkey);
228:       exit
229:     end;
230:     if singleclick(rightbut,200) then begin readkm:=#8; exit end;
231:     if not leftbutton then begin readkm:='?'; exit end;
232:     getwindowpos(x1,y1,x2,y2);
233:     if not mouseactrange(x1,y1,x2,y2) then begin readkm:=#27; exit end;
234:     repeat until not leftbutton;
235:     getmousepos(mx,my);
236:     bereich:=(my-y1)*100+(mx-x1);
```

```
237:      case bereich of
238:         0203..0222:ch:=#10;   0503..0505:ch:='C';   0507..0509:ch:='S';
239:         0511..0513:ch:='R';   0515..0517:ch:='%';   0703..0705:ch:='7';
240:         0707..0709:ch:='8';   0711..0713:ch:='9';   0715..0717:ch:='/';
241:         0903..0905:ch:='4';   0907..0909:ch:='5';   0911..0913:ch:='6';
242:         0915..0917:ch:='*';   1103..1105:ch:='1';   1107..1109:ch:='2';
243:         1111..1113:ch:='3';   1115..1117:ch:='-';   1303..1305:ch:='0';
244:         1307..1309:ch:='.';   1311..1313:ch:='_';   1315..1317:ch:='+';
245:         1503..1522:ch:='=';
246:         0519..0522:begin ch:='M'; writekbd(#0,'C') end;
247:         0719..0722:begin ch:='M'; writekbd(#0,'/') end;
248:         0919..0922:begin ch:='M'; writekbd(#0,'*') end;
249:         1119..1122:begin ch:='M'; writekbd(#0,'-') end;
250:         1319..1322:begin ch:='M'; writekbd(#0,'+') end;
251:      else ch:='?'
252:    end;
253:     readkm:=ch
254:   end;
255:
256: var
257:    stemp:string;
258:    la:byte absolute stemp;
259:    ch,chsto,altop,neuop:char;
260:    rtemp:real;
261:    i,test:integer;
262:    clr,itwasop:boolean;
263:    t1,t2:byte;
264:    oben,unten:byte;
265: begin  { CalcAOS }
266:    if x>55 then x:=55;
267:    if x<1 then x:=1;
268:    if y>8 then y:=8;
269:    if y<1 then y:=1;
270:    clearop;
271:    clearre;
272:    clearkbd;
273:    saveparam;
274:    cursoroff;
275:    mouseoff;
276:    checkbreak:=false;
277:    openwindow(x,y,x+25,y+17,15,singleln);
278:    if windowerror<>0 then begin
279:      restoreparam;
280:      sperror:=-1;  { Fenster kann nicht geöffnet werden }
281:      exit
282:    end;
283:    bild;
284:    re[1]:=reg;
285:    stemp:=floating(reg);
286:    if reg>=0 then stemp:=' '+stemp;
287:    clr:=true;
```

```pascal
288:    itwasop:=false;
289:    error:=false;
290:    textattr:=7;
291:    ch:='=';
292:    mouseon;
293:    repeat
294:      anzeige(stemp,ch);
295:      if error then begin
296:        error:=false;
297:        readc;
298:        anzeige(stemp,ch)
299:      end;
300:      ch:=readkm;   { Liest Tastatur und Maus }
301:      if ch=#0 then begin
302:        ch:=readkey;
303:        mouseoff;
304:        case ch of
305:          #75:movewindow(leftdir);
306:          #77:movewindow(rightdir);
307:          #72:movewindow(updir);
308:          #80:movewindow(downdir)
309:        end;
310:        mouseon
311:      end else begin
312:        case ch of
313:          '0'..'9':
314:              begin
315:                if clr then begin
316:                  stemp:=' ';
317:                  clr:=false
318:                end;
319:                if stemp=' 0' then stemp:=' ';
320:                if pos('.',stemp)=0 then begin
321:                   if la<11 then stemp:=stemp+ch
322:                end else
323:                   if la<12 then stemp:=stemp+ch;
324:                if stemp[la]='.' then dec(la);
325:                val(ltrim(stemp),re[1],test)
326:              end;
327:          '.':begin
328:                if clr then stemp:=' 0';
329:                clr:=false;
330:                if stemp=' 0' then
331:                  stemp:=stemp+'.'
332:                else if (pos('.',stemp)=0) and (la<12) then
333:                  stemp:=stemp+'.';
334:                if stemp[la]='.' then begin
335:                  dec(la);
336:                  val(ltrim(stemp),re[1],test);
337:                  inc(la)
```

```
338:                  end else
339:                    val(ltrim(stemp),re[1],test)
340:                end;
341:          #8: begin
342:                if clr then la:=2;
343:                clr:=false;
344:                if la=2 then
345:                  stemp:=' 0'
346:                else
347:                  dec(la);
348:                if la=1 then stemp:=' 0';
349:                val(ltrim(stemp),re[1],test)
350:              end;
351:          '=',#13:
352:              begin
353:                CalcAll;
354:                stemp:=floating(re[1]);
355:                if re[1]>=0 then stemp:=' '+stemp;
356:                clr:=true
357:              end;
358:          #10:begin
359:                stemp:=trim(stemp);
360:                for i:=1 to length(stemp) do writekbd(#0,stemp[i]);
361:                ch:=#27
362:              end;
363:          '+','-','*','/':
364:              begin
365:                if itwasop then
366:                  op[1]:=ch
367:                else begin
368:                  lookop(altop);
369:                  neuop:=ch;
370:                  while (prior(neuop)<=prior(altop)) and (altop<>#32) do
371:                  begin CalcOne;
372:                    lookop(altop)
373:                  end;
374:                  if not error then begin
375:                    pushop(neuop);
376:                    pushre(re[1])
377:                  end;
378:                  stemp:=floating(re[1]);
379:                  if re[1]>=0 then stemp:=' '+stemp;
380:                  clr:=true
381:                end
382:              end;
383:          '%':begin
384:                if pos(op[1],#32'*/')<>0 then
385:                  re[1]:=re[1]/100
386:                else
387:                  re[1]:=re[2]/100*re[1];
388:                stemp:=floating(re[1]);
```

```
389:                 if re[1]>=0 then stemp:=' '+stemp
390:              end;
391:         '_':begin
392:              if re[1]<>0 then begin
393:                re[1]:=-1*re[1];
394:                if stemp[1]='-' then stemp[1]:=' ' else stemp[1]:='-'
395:              end;
396:             clr:=true;
397:            end;
398:         'C':begin
399:             clearop;
400:             clearre;
401:             stemp:=' 0'
402:            end;
403:         'S':begin
404:             lookre(sto);
405:             clr:=true .
406:            end;
407:         'R':begin
408:             re[1]:=sto;
409:             stemp:=floating(re[1]);
410:             if re[1]>=0 then stemp:=' '+stemp;
411:             clr:=true
412:            end;
413:         'M':begin
414:             textattr:=135;
415:             mouseoff;
416:             writerel(21,5,'C');
417:             writerel(21,7,'/');
418:             writerel(21,9,'*');
419:             writerel(21,11,'-');
420:             writerel(21,13,'+');
421:             mouseon;
422:             repeat
423:               chsto:=upcase(readkey);
424:               if keypressed then begin
425:                 chsto:=readkey;
426:                 chsto:=#0
427:               end else begin
428:                 case chsto of
429:                    '+':sto:=sto+re[1];
430:                    '-':sto:=sto-re[1];
431:                    '*':sto:=sto*re[1];
432:                    '/':if re[1]<>0 then
433:                          sto:=sto/re[1]
434:                        else begin
435:                          sto:=0;
436:                          error:=true
437:                        end;
438:                    'C':sto:=0;
439:                 end;
```

```
440:                        if (sto>=1e10) or (sto<=-1e10) then begin
441:                          sto:=0;
442:                          error:=true
443:                        end
444:                      end
445:                    until pos(chsto,'+-*/C'#27)<>0;
446:                    textattr:=7;
447:                    mouseoff;
448:                    writerel(21,5,'C');
449:                    writerel(21,7,'/');
450:                    writerel(21,9,'*');
451:                    writerel(21,11,'-');
452:                    writerel(21,13,'+');
453:                    mouseon
454:                  end;
455:              end;
456:            itwasop:=pos(ch,'+-*/')<>0
457:          end
458:      until ch=#27;
459:      getwindowpos(x,y,t1,t2);
460:      reg:=re[1];
461:      mouseoff;
462:      closewindow;
463:      restoreparam
464: end;
```

Die Datei **MENU.INC** enthält den Quell-Code des Menü-Systems; zu diesem gehören 10 Prozeduren.

```
 1: { ┌─────────────────────────────────────────────────────────────┐ }
 2: { │ Autor         │ Anton Liebetrau, Winterthur/Schweiz         │ }
 3: { │ Copyright     │ 1989, Vieweg-Verlag, Wiesbaden/BRD          │ }
 4: { │ Datei         │ MENU.INC                                    │ }
 5: { │ Beschreibung  │ Pull-Down-Menü und Menü-Balken              │ }
 6: { │ Version       │ 1.00                                        │ }
 7: { │ Stand         │ 24. Februar 1989                            │ }
 8: { └─────────────────────────────────────────────────────────────┘ }
 9:
10: const
11:   x:byte=1;
12:   y:byte=1;
13:   blinknumber:byte=2;
14:   blinktime:word=50;
15:   delta:byte=5;
16:   inv:byte=112;
17:   norm:byte=7;
18:   quick:boolean=false;
19:
```

```
20: procedure MenuQuick(ok:boolean);
21: begin
22:   quick:=ok
23: end;
24:
25: procedure MenuGetPos(var xp,yp:byte);
26: begin
27:   xp:=x;
28:   yp:=y
29: end;
30:
31: procedure MenuSetPos(xp,yp:byte);
32: begin
33:   if xp<1 then xp:=1;
34:   if yp<1 then yp:=1;
35:   if xp>80 then xp:=80;
36:   if yp>25 then yp:=25;
37:   x:=xp;
38:   y:=yp
39: end;
40:
41: procedure MenuBlinkTime(ms:word);
42: begin
43:   blinktime:=ms
44: end;
45:
46: procedure MenuBlinkNumber(anz:byte);
47: begin
48:   blinknumber:=anz
49: end;
50:
51: procedure MenuSpace(anz:byte);
52: begin
53:   delta:=anz
54: end;
55:
56: procedure MenuNormColor(color:byte);
57: begin
58:   norm:=color
59: end;
60:
61: procedure MenuInvColor(color:byte);
62: begin
63:   inv:=color
64: end;
65:
66: procedure MenuVert(var menustr; size:word; anz:byte; var nr,res:byte);
67: var
68:   menu:array [0..$fff0] of char absolute menustr;
69:   txt:array [1..25] of ^string;
70:   fch:string[25];
```

```
 71:    ch1:string[1];
 72:    p:pointer;
 73:    i,altnr,
 74:    x1,y1,x2,y2,
 75:    manf:byte;
 76:    mausx,mausy:integer;
 77:    my,d,a:word;
 78:    ch:char;
 79: begin
 80:    if anz<1 then begin sperror:=-2; exit end;
 81:    if pred(x)>lo(windmax)-lo(windmin) then begin sperror:=-3; exit end;
 82:    if pred(y)>hi(windmax)-hi(windmin) then begin sperror:=-3; exit end;
 83:    saveparam;
 84:    checkbreak:=false;
 85:    cursoroff;
 86:    my:=2+hi(windmax)-hi(windmin)-y;      { Anzahl Spalten }
 87:    d:=size div anz;
 88:    a:=0;
 89:    if anz>my then anz:=my;
 90:    if nr<1 then nr:=1;
 91:    if nr>anz then nr:=anz;
 92:    fch[0]:=char(anz);
 93:    altnr:=nr;
 94:    for i:=1 to anz do begin
 95:      txt[i]:=addr(menu[a]);
 96:      txt[i]^:=lstring(txt[i]^,pred(d));
 97:      ch1:=copy(trim(txt[i]^),1,1);
 98:      if ch1[0]<>#0 then fch[i]:=ch1[1] else fch[i]:=' ';
 99:      inc(a,d)
100:    end;
101:    fch:=upper(fch);
102:    textattr:=norm;
103:    mouseoff;
104:    for i:=1 to anz do writerel(x,y-1+i,txt[i]^);
105:    textattr:=inv;
106:    writerel(x,y-1+nr,txt[nr]^);
107:    textattr:=norm;
108:    res:=0;
109:    x1:=lo(windmin)+x; y1:=hi(windmin)+y;
110:    x2:=x1+d-2;
111:    y2:=y1+anz-1;
112:    if x2>lo(windmax)+1 then x2:=lo(windmax)+1;
113:    if y2>hi(windmax)+1 then y2:=hi(windmax)+1;
114:    mouseon;
115:    manf:=0;
116:    repeat
117:      if keypressed then
118:        ch:=readkey
119:      else begin
120:        if quick then ch:=#13 else ch:='*';
```

```
121:         if leftbutton then begin
122:           if manf=0 then
123:             if mouseactrange(x1,y1,x2,y2) then manf:=1 else res:=1;
124:           getmousepos(mausx,mausy);
125:           if mouseactrange(x1,y1,x2,y2) then nr:=mausy-y1+1
126:         end else begin
127:           if mouseactrange(x1,y1,x2,y2) and (manf<>0) then res:=255;
128:           manf:=0
129:         end
130:       end;
131:       if ch=#0 then begin
132:         ch:=readkey;
133:         case ch of
134:           #72,#15:dec(nr);   { auf, Shift Tab }
135:           #80:inc(nr);       { ab             }
136:           #71:nr:=1;         { Home           }
137:           #79:nr:=anz;       { End            }
138:           #59:res:=2;        { F1 (Hilfe)     }
139:           #75:res:=3;        { <-             }
140:           #77:res:=4;        { ->             }
141:         end
142:       end else begin
143:         case ch of
144:           #27:res:=1;        { ESC            }
145:           #32,#9:inc(nr);    { Space, Tab     }
146:           #8:dec(nr);        { Back Space     }
147:           else begin
148:             ch:=upcase(ch);
149:             a:=0;
150:             for i:=1 to anz do if ch=fch[i] then inc(a);
151:             if a>0 then begin
152:               nr:=instr(ch,fch,succ(nr));
153:               if nr=0 then nr:=pos(ch,fch);
154:               if a=1 then ch:=#13
155:             end
156:           end
157:         end
158:       end;
159:       if nr<1 then nr:=anz;
160:       if nr>anz then nr:=1;
161:       if altnr<>nr then begin
162:         mouseoff;
163:         writerel(x,y-1+altnr,txt[altnr]^);
164:         textattr:=inv;
165:         writerel(x,y-1+nr,txt[nr]^);
166:         textattr:=norm;
167:         altnr:=nr;
168:         mouseon
169:       end
170:     until (res<>0) or (ch=#13);
171:     mouseoff;
```

```
172:    if res=255 then begin      { Mit Maus angewählt }
173:      for i:=1 to blinknumber do begin
174:        textattr:=norm;
175:        writerel(x,y-1+nr,txt[nr]^);
176:        delay(blinktime);
177:        textattr:=inv;
178:        writerel(x,y-1+nr,txt[nr]^);
179:        delay(blinktime);
180:      end;
181:      res:=0
182:    end;
183:    restoreparam
184: end;
185:
186: procedure MenuHor(var menustr; size:word; anz:byte; var nr,res:byte);
187: var
188:    menu:array [0..$fff0] of char absolute menustr;
189:    txt:array [1..25] of ^string;
190:    fch,fps:string[25];
191:    ch1:string[1];
192:    ch:char;
193:    x1,y1,x2,y2,
194:    manf:byte;
195:    mausx,mausy:integer;
196:    d,a:word;
197:    i,altnr,tnr:byte;
198:
199:    function inwortnr(mx,my:integer):byte;
200:    var
201:      i,temp:integer;
202:    begin
203:      inwortnr:=0;
204:      if hi(windmin)+y<>my then exit;
205:      if not intrange(mx,lo(windmin)+x,lo(windmax)+1) then exit;
206:      for i:=1 to anz do begin
207:        temp:=lo(windmin)+x+byte(fps[i]);
208:        if intrange(mx,temp,temp+length(txt[i]^)-1) then begin
209:          inwortnr:=i;  { Mauszeiger auf Wort txt[i]^ }
210:          exit
211:        end
212:      end;
213:      inwortnr:=255  { Wortzwischenraum }
214:    end;
215:
216: begin { MenuHor }
217:    if anz<1 then begin sperror:=-2; exit end;
218:    if pred(x)>lo(windmax)-lo(windmin) then begin sperror:=-3; exit end;
219:    if pred(y)>hi(windmax)-hi(windmin) then begin sperror:=-3; exit end;
220:    saveparam;
221:    checkbreak:=false;
222:    cursoroff;
```

```
223:    d:=size div anz;
224:    if anz>25 then anz:=25;
225:    a:=0;
226:    for i:=1 to anz do begin
227:      txt[i]:=addr(menu[a]);
228:      ch1:=copy(trim(txt[i]^),1,1);
229:      if ch1[0]<>#0 then fch[i]:=ch1[1] else fch[i]:=' ';
230:      inc(a,d)
231:    end;
232:    mouseoff;
233:    textattr:=norm;
234:    a:=0;
235:    i:=0;
236:    while (i<anz) and (x+a<=lo(windmax)-lo(windmin)+1) do begin
237:      inc(i);
238:      writerel(x+a,y,txt[i]^);
239:      if i<anz then writerel(x+a+byte(txt[i]^[0]),y,replicate(' ',delta));
240:      fps[i]:=char(a);    { relative X-Koordinate speichern }
241:      inc(a,delta+byte(txt[i]^[0]))
242:    end;
243:    anz:=i;
244:    fch[0]:=char(anz);
245:    fch:=upper(fch);
246:    if nr<1 then nr:=1;
247:    if nr>anz then nr:=anz;
248:    textattr:=inv;
249:    writerel(x+byte(fps[nr]),y,txt[nr]^);
250:    res:=0;
251:    altnr:=nr;
252:    mouseon;
253:    manf:=0;
254:    repeat
255:      if keypressed then
256:        ch:=readkey
257:      else begin
258:        if quick then ch:=#13 else ch:='*';
259:        getmousepos(mausx,mausy);
260:        tnr:=inwortnr(mausx,mausy);
261:        if leftbutton then begin
262:          if manf=0 then if tnr>0 then manf:=1 else res:=1;
263:          if intrange(tnr,1,254) then nr:=tnr
264:        end else begin
265:          if intrange(tnr,1,254) and (manf<>0) then res:=255;
266:          manf:=0
267:        end
268:      end;
269:      if ch=#0 then begin
270:        ch:=readkey;
271:        case ch of
272:          #75,#15:dec(nr);  { <-, Shift Tab }
273:          #77:inc(nr);      { ->            }
```

```
274:          #72:res:=3;        { Pfeil auf    }
275:          #80:res:=4;        { Pfeil ab     }
276:          #71:nr:=1;         { Home         }
277:          #79:nr:=anz;       { End          }
278:          #59:res:=2;        { F1 (Hilfe)   }
279:        end
280:      end else begin
281:        case ch of
282:          #27:res:=1;        { ESC          }
283:          #32,#9:inc(nr);    { Space, Tab   }
284:          #8:dec(nr);        { Back Space   }
285:          else begin
286:            ch:=upcase(ch);
287:            a:=0;
288:            for i:=1 to anz do if ch=fch[i] then inc(a);
289:            if a>0 then begin
290:              nr:=instr(ch,fch,succ(nr));
291:              if nr=0 then nr:=pos(ch,fch);
292:              if a=1 then ch:=#13
293:            end
294:          end
295:        end
296:      end;
297:      if nr<1 then nr:=anz;
298:      if nr>anz then nr:=1;
299:      if nr<>altnr then begin
300:        mouseoff;
301:        textattr:=norm;
302:        writerel(x+byte(fps[altnr]),y,txt[altnr]^);
303:        textattr:=inv;
304:        writerel(x+byte(fps[nr]),y,txt[nr]^);
305:        altnr:=nr;
306:        mouseon
307:      end
308:    until (res<>0) or (ch=#13);
309:    mouseoff;
310:    if res=255 then begin  { Mit Maus ausgewählt }
311:      for i:=1 to blinknumber do begin
312:        textattr:=norm;
313:        writerel(x+byte(fps[nr]),y,txt[nr]^);
314:        delay(blinktime);
315:        textattr:=inv;
316:        writerel(x+byte(fps[nr]),y,txt[nr]^);
317:        delay(blinktime)
318:      end;
319:      res:=0
320:    end;
321:    restoreparam
322: end;
```

Die Datei **READFILE.INC** enthält den Quell-Code der Prozedur
*ReadFileName*. Das bei Prozedur-Aufruf geöffnete Fenster benötigt 1373
Bytes Speicherplatz des Fenster-Puffers.

```
 1: {                                                                      }
 2: { | Autor        | Anton Liebetrau, Winterthur/Schweiz  |             }
 3: { | Copyright    | 1989, Vieweg-Verlag, Wiesbaden/BRD   |             }
 4: { | Datei        | READFILE.INC                         |             }
 5: { | Beschreibung | Einlesen eines Dateinamens           |             }
 6: { | Version      | 1.00                                 |             }
 7: { | Stand        | 24. Februar 1989                     |             }
 8: {                                                                      }
 9:
10: const
11:    max=128;   { maximale Anzahl Dateien }
12: var
13:    dat:array [1..max] of string[14];
14:
15: function ReadFileName(var xp,yp:byte; var suchmaske:string):string;
16: const
17:    ol:byte=1;
18:    ur:byte=36;
19: var
20:    pfad,maske:string;
21:    res:integer;
22:    i:integer;
23:    anz:integer;
24:    t1,t2:byte;
25:
26:    procedure splitname(name:string; var pfad,maske:string);
27:    var
28:      i:byte;
29:    begin
30:      pfad:=name;
31:      maske:=name;
32:      for i:=length(name) downto 1 do begin
33:        if (name[i]='\') or (name[i]=':') then begin
34:          pfad[0]:=char(i);
35:          delete(maske,1,i);
36:          exit
37:        end
38:      end;
39:      pfad[0]:=#0
40:    end;
41:
42:    procedure formname(var s:string);
43:    var
44:      p,i:integer;
45:    begin
46:      p:=pos('.',s);
```

```
47:        if p=0 then begin
48:          s:=s+'.';
49:           p:=length(s)
50:        end;
51:        for i:=p to 8 do insert(#32,s,i);
52:        for i:=1 to 12-length(s) do s:=s+#32
53:     end;
54:
55:     function equalfile(name,mask:string):boolean;
56:     var
57:        i:byte;
58:        aus:boolean;
59:     begin
60:        formname(name);
61:        formname(mask);
62:        aus:=false;
63:        i:=0;
64:        repeat
65:          inc(i);
66:          case mask[i] of
67:            '*':if i>9 then i:=12 else i:=9;
68:            '?':;
69:            else if mask[i]<>name[i] then aus:=true
70:          end
71:        until aus or (i>=12);
72:        equalfile:=not aus
73:     end;
74:
```

Der Heap-Sort ist mir äußerst sympathisch, da er einerseits sehr schnell
ist und andererseits keinen Stack benötigt (wie der Quick-Sort), der in
unglücklichen Fällen sehr groß werden kann. Der Rechenaufwand des
Heap-Sorts in Abhängigkeit der zu sortierenden Elemente kann mit folgender Formel beschrieben werden:

```
Rechenaufwand:=c*n*log(n)  { Quick- und Heap-Sort }


c: Konstante (je nach Sortier-Algorithmus)
n: Anzahl der zu sortierenden Elemente
```

Der Rechenaufwand des Quick-Sorts läßt sich mit derselben Formel berechnen, jedoch ist die Konstante c kleiner (d.h. der Rechenaufwand ist
somit auch kleiner, dafür wird aber ein Stack benötigt).
Für den Bubble-Sort, der zu den schlechtesten Sortier-Algorithmen gehört, gilt folgende Formel zur Ermittlung des Rechenaufwandes:

```
Rechenaufwand:=c*n*n        { Bubble-Sort }
```

Eine Verdopplung der Elemente quadriert also hier den Rechenaufwand.

```
75:    procedure HeapSort(n:word);
76:    var
77:      l,r:word;
78:      x:string[14];
79:
80:      procedure sift(l,r:word);
81:      var
82:        i,j:word;
83:        x:string[14];
84:      begin
85:        i:=l;
86:        j:=l shl 1;
87:        x:=dat[l];
88:        if (j<r) and (dat[j]<dat[j+1]) then inc(j);
89:        while (j<=r) and (x<dat[j]) do begin
90:          dat[i]:=dat[j];
91:          i:=j;
92:          j:=j shl 1;
93:          if (j<r) and (dat[j]<dat[j+1]) then inc(j)
94:        end;
95:        dat[i]:=x
96:      end;
97:
98:    begin
99:      if n<2 then exit;
100:     if n>max then n:=max;
101:     l:=n div 2+1;
102:     r:=n;
103:     while l>1 do begin
104:       dec(l);
105:       sift(l,r)
106:     end;
107:     while r>1 do begin
108:       x:=dat[1];
109:       dat[1]:=dat[r];
110:       dat[r]:=x;
111:       dec(r);
112:       sift(l,r)
113:     end
114:   end;
115:
116:   procedure einlesen(var pfad,maske:string; var anz,res:integer);
117:   var
118:     s:searchrec;
119:   begin
120:     anz:=0;
121:     findfirst(pfad+'*.*',anyfile,s);
122:     res:=doserror;
```

```
123:     while doserror=0 do begin
124:       case s.attr of
125:           16:if s.name<>'.' then begin
126:               inc(anz);
127:               if anz>max then exit;
128:               dat[anz]:=lstring(#32+s.name+'\',14)
129:             end;
130:          0,32:if equalfile(s.name,maske) then begin
131:               inc(anz);
132:               if anz>max then exit;
133:               dat[anz]:=lstring(#255+s.name,14)
134:             end;
135:       end;
136:       findnext(s)
137:     end
138:   end;
139:
140:   procedure anzeigen(var nr:integer);
141:   const
142:     leer='               ';  { 15 Leerstellen }
143:   var
144:     i,k:integer;
145:   begin
146:     if anz<1 then exit;
147:     if nr<1 then nr:=1;
148:     if anz>max then anz:=max;
149:     if nr>anz then nr:=anz;
150:     while nr<ol do begin dec(ol,4); dec(ur,4) end;
151:     while nr>ur do begin inc(ur,4); inc(ol,4) end;
152:     textattr:=7;
153:     gotoxy(1,1);
154:     for i:=ol to pred(ur) do begin
155:       if i>anz then write(leer) else write(dat[i]+#32)
156:     end;
157:     if ur>anz then writerel(46,9,leer) else writerel(46,9,dat[ur]+#32);
158:     textattr:=112;
159:     k:=nr-pred(ol);
160:     writerel(((k-1) mod 4)*15+1,(k-1) div 4+1,dat[nr])
161:   end;
162:
163:   procedure schreibpfad(pfad:string);
164:   var
165:     la:byte absolute pfad;
166:   begin
167:     if la>57 then pfad:='... '+rstring(pfad,54);
168:     writetitle(#32+pfad+#32,15,center,head)
169:   end;
170:
```

```
171:    function invpos(ch:char; var s:string):byte;
172:    var
173:      i:integer;
174:      la:byte absolute s;
175:    begin
176:      for i:=la downto 1 do begin
177:        if s[i]=ch then begin
178:          invpos:=i;
179:          exit
180:        end
181:      end;
182:      invpos:=0
183:    end;
184:
185:    function steuerung(var suchmaske:string):string;
186:    var
187:      pfad,maske,msg,tmp:string;
188:      pfla:byte absolute pfad;
189:      nralt,nr,res:integer;
190:      ch:char;
191:      x1,y1,x2,y2,manf:byte;
192:      mausx,mausy:integer;
193:    begin
194:      steuerung:='';
195:      suchmaske:=longfilename(suchmaske);
196:      splitname(suchmaske,pfad,maske);
197:      if maske='.' then maske:='*.*';
198:      if maske[1]='.' then maske:='*'+maske;
199:      nr:=1;
200:      getwindowpos(x1,y1,x2,y2);
201:      inc(x1); inc(y1);
202:      dec(x2); dec(y2);
203:      repeat
204:        nralt:=0;
205:        textattr:=7;
206:        mouseoff;
207:        clrscr;
208:        writetitle('',7,center,head);
209:        writetitle('',7,center,foot);
210:        mouseon;
211:        einlesen(pfad,maske,anz,res);
212:        heapsort(anz);
213:        mouseoff;
214:        schreibpfad(pfad+maske);
215:        case res of
216:          0  :if anz>max then begin
217:                msg:=' Zu viele Dateien ';
218:                anz:=max
219:              end else if anz=0 then
220:                msg:=' Keinen Eintrag gefunden '
```

```
221:              else
222:                msg:='';
223:         3  :msg:=' Ungültige Suchmaske ';
224:        18 :msg:=' Keinen Eintrag gefunden ';
225:       152:msg:=' Laufwerk nicht bereit ';
226:        else msg:=' Unbekannter Fehler '
227:      end;
228:      writetitle(msg,112,center,foot);
229:      mouseon;
230:      if nr<0 then begin  { Sucht altes Directory, wenn mit ..\ verlassen }
231:        res:=1;
232:        while (res<=anz) and (nr<0) do begin
233:          if suchmaske=trim(dat[res]) then nr:=res;
234:          inc(res)
235:        end;
236:        if nr<0 then nr:=1
237:      end;
238:      manf:=0;
239:      repeat
240:        if nralt<>nr then begin
241:          if mouseactrange(x1,y1,x2,y2) then mouseoff;
242:          anzeigen(nr);
243:          mouseon;
244:          nralt:=nr
245:        end;
246:        if keystatus and scrolllockmode<>0 then begin
247:          writetitle(' ScrollModus ',112,center,foot);
248:          repeat
249:            if keypressed then begin
250:              ch:=readkey;
251:              if ch=#0 then begin
252:                ch:=readkey;
253:                mouseoff;
254:                case ch of
255:                  #75:movewindow(leftdir);
256:                  #77:movewindow(rightdir);
257:                  #72:movewindow(updir);
258:                  #80:movewindow(downdir)
259:                end;
260:                mouseon
261:              end
262:            end
263:          until keystatus and scrolllockmode=0;
264:          writetitle(msg,112,center,foot);
265:          ch:='*'
266:        end;
267:        if keypressed then
268:          ch:=readkey
269:        else begin
270:          ch:='*';
```

```
271:            if leftbutton then begin
272:              if mouseactrange(x1,y1-1,x2,y2+1) then begin
273:                manf:=1;
274:                getmousepos(mausx,mausy);
275:                nr:=ol+(mausx-x1) div 15+4*(mausy-y1);
276:                if nr>anz then nr:=anz;
277:                if nr<1 then nr:=1;
278:              end else
279:                if manf=0 then ch:=#27;  { simuliert ESC-Taste }
280:            end else begin
281:              if (manf<>0) and mouseactrange(x1,y1,x2,y2) then
282:                ch:=#13;  { RETURN-Taste }
283:              manf:=0
284:            end;
285:          end;
286:          if ch=#0 then begin
287:            ch:=readkey;
288:            case ch of
289:              #77:if nr<anz then inc(nr);                        { ->   }
290:              #75:if nr>1 then dec(nr);                          { <-   }
291:              #80:if nr<=(anz-4) then inc(nr,4);                 { ab   }
292:              #72:if nr>4 then dec(nr,4);                        { auf  }
293:              #71:nr:=1;                                         { Home }
294:              #79:nr:=anz;                                       { End  }
295:              #73:if nr>36 then dec(nr,36) else nr:=1;           { PgUp }
296:              #81:if nr<=(anz-36) then inc(nr,36) else nr:=anz;  { PgDn }
297:            end
298:          end else begin
299:            case ch of
300:              '*':; { muß leer sein }
301:              #13:if anz>0 then begin
302:                    if dat[nr,1]=#255 then begin  { Datei angewählt }
303:                      dat[nr,1]:=#32;
304:                      steuerung:=pfad+trim(dat[nr]);
305:                      suchmaske:=pfad+maske;
306:                      exit
307:                    end;
308:                    if dat[nr,2]<>'.' then begin  { Unterverz. gewählt }
309:                      pfad:=pfad+trim(dat[nr]);
310:                      nr:=1;
311:                      ch:=#0
312:                    end else begin  { ..\ angewählt, zurück Richtung Wurzel }
313:                      dec(pfad[0]);
314:                      res:=invpos('\',pfad);
315:                      inc(pfad[0]);
316:                      if res<>0 then begin
317:                        suchmaske:=pfad;
318:                        pfad[0]:=char(res);
319:                        delete(suchmaske,1,res);
```

```
320:                        nr:=-1;
321:                        ch:=#0
322:                      end
323:                    end
324:                  end;
325:              #1..#7:begin    { Laufwerk wechseln }
326:                      nr:=1;
327:                      getdir(byte(ch),pfad);
328:                      pfad:=upper(pfad);
329:                      if pfad[pfla]<>'\' then pfad:=pfad+'\';
330:                      ch:=#0;
331:                    end;
332:              ^R:ch:=#0;  { Inhalt neu einlesen }
333:              '.':begin { neue Suchmaske einlesen }
334:                    mouseoff;
335:                    textattr:=15;
336:                    box(3,3,16,5,singleln);
337:                    writerel(6,3,' Maske: ');
338:                    textattr:=112;
339:                    gotoxy(4,4);
340:                    normcursor;
341:                    maske:=readstr(maske,12);
342:                    maske:=trim(upper(maske));
343:                    if maske='' then maske:='*.*';
344:                    if maske[1]='.' then maske:='*'+maske;
345:                    cursoroff;
346:                    mouseon;
347:                    if esc then
348:                      nralt:=0
349:                    else begin
350:                      ch:=#0;
351:                      nr:=1
352:                    end
353:                  end;
354:            else if anz>1 then begin
355:              ch:=upcase(ch);
356:              repeat
357:                inc(nr);
358:                if nr>anz then nr:=1
359:              until (dat[nr,2]=ch) or (nr=nralt)
360:            end
361:          end
362:        end
363:      until (ch=#27) or (ch=#0)
364:    until ch=#27;
365:    suchmaske:=pfad+maske
366:  end;
367:
368: begin { ReadFileName }
369:   if xp<1 then xp:=1; if xp>19 then xp:=19;
370:   if yp<1 then yp:=1; if yp>15 then yp:=15;
```

```
371:     saveparam;
372:     directvideo:=true;
373:     cursoroff;
374:     mouseoff;
375:     checkbreak:=false;
```

Turbo Pascal hat einen etwas seltsamen Compiler-Fehler (oder ist es nur
eine Ungenauigkeit?), der mich einige Zeit beschäftigt hat.
Da *ReadFileName* eine Funktion ist, kann folgende Anweisung geschrieben werden:

```
maske:='*.*';
WriteLn('Dateiname: ',ReadFileName(maske));
```

Der obige Text *Dateiname:* wird erst dann in den Bildschirm geschrieben,
wenn der nächste Schreibbefehl mit *Write* oder *WriteLn* kommt. Dies geschieht auch wirklich in der Funktion *ReadFileName*; da sie aber bereits
ein Fenster geöffnet hat, wird der Text *Dateiname:* in dieses Fenster geschrieben (obwohl es eigentlich außerhalb stehen müßte). Korrekt werden
folgende Zeilen ausgeführt:

```
maske:='*.*';
Write('Dateiname: ');
WriteLn(ReadFileName(maske));
```

Die folgende Write-Anweisung zwingt Turbo Pascal nun (bevor das aktuelle Fenster verändert wird), alle vorhergehenden Parameter in den Bildschirm zu schreiben, so daß der Compiler-Fehler nicht mehr zur Wirkung
kommt.

```
376:     write;  { Compiler-Fehler? }
377:     textattr:=7;
378:     openwindow(xp,yp,xp+61,yp+10,15,singleln);
379:     if windowerror<>0 then begin
380:       restoreparam;
381:       sperror:=-1;
382:       readfilename:='';
383:       exit
384:     end;
385:     suchmaske:=trim(suchmaske);
386:     if suchmaske='' then suchmaske:='*.*';
387:     if (suchmaske[2]=':') and (length(suchmaske)=2) then
388:       suchmaske:=suchmaske+'*.*';
389:     readfilename:=steuerung(suchmaske);
390:     getwindowpos(xp,yp,t1,t2);
391:     mouseoff;
```

```
392:    closewindow;
393:    restoreparam;
394: end;
```

Die Datei **MINIED.INC** enthält den Quell-Code des Full-Screen-Editors und bindet fünf Include-Dateien ein:

| | |
|---|---|
| **VARS.MED** | Enthält alle globalen Variablen |
| **WORK.MED** | Enthält allgemeine Routinen |
| **PICTURE.MED** | Enthält alle Routinen, die für die Bildschirm-Darstellung verantwortlich sind |
| **FUNC1.MED** | Enthält alle Editor-Funktionen, die von Tasten mit einem Code ausgeführt werden (z.B. \|<- oder RETURN) |
| **FUNC2.MED** | Enthält alle Editor-Funktionen, die von Tasten mit zwei Codes ausgeführt werden (z.B. Cursor-Steuerung oder Funktionstasten) |

Für die Verwaltung der einzelnen Zeilen macht die Prozedur *MiniEd* regen Gebrauch von der Unit **Txt**.

Damit *MiniEd* ausgeführt werden kann, muß der Puffer für die Fensterverwaltung über mindestens 5382 Bytes freien Speicherplatz verfügen.

```
 1: {                                                                    }
 2: { │ Autor         │ Anton Liebetrau, Winterthur/Schweiz      │       }
 3: { │ Copyright     │ 1989, Vieweg-Verlag, Wiesbaden/BRD       │       }
 4: { │ Datei         │ MINIED.INC                               │       }
 5: { │ Beschreibung  │ Full-Screen-Editor                       │       }
 6: { │ Version       │ 1.00                                     │       }
 7: { │ Stand         │ 24. Februar 1989                         │       }
 8: {                                                                    }
 9:
10: {$I vars.med     } { Globale Variablen                            }
11: {$I work.med     } { Allgemeine Routinen                          }
12: {$I picture.med  } { Anzeigen von Spalte, Zeile, Dateinamen ...   }
13: {$I func1.med    } { Return-, BackSpace-Taste ... (Scan-Code=0)   }
14: {$I func2.med    } { Cursor-, Funktions-Tasten (Scan-Code<>0)     }
15:
16: procedure MiniEd(datname:string);
17: var
18:    scan,ch:char;
19:    mausein,break:boolean;
20:    coben,cunten:byte;
21: begin
22:    openwindow(1,1,80,25,7,SingleLn);
23:    if windowerror<>0 then begin
24:      sperror:=-1;
```

```
25:     exit
26:   end;
27:   if windowbufsize<1373 then begin
28:     sperror:=-1;
29:     closewindow;
30:     exit
31:   end;
32:   initvars;
33:   if maxtxtnumber=0 then begin
34:     createtxt;
35:     zeile:=''
36:   end else begin
37:     selecttxt(1);
38:     gotop;
39:     getline(zeile)
40:   end;
41:   datei:=longfilename(datname);
42:   mausein:=ismouseon;
43:   getcursor(coben,cunten);
44:   break:=checkbreak;
45:   cursoroff;
46:   mouseoff;
47:   checkbreak:=false;
48:   fkttast;
49:   insstatus;
50:   dateiname;
51:   if datei<>'' then loadfile(datei);
52:   repeat
53:     bildaufbau;
54:     repeat until keypressed;
55:     readkbd(scan,ch);
56:     if ch=#0 then func2(scan) else func1(scan,ch)
57:   until progende;
58:   closewindow;
59:   if mausein then mouseon;
60:   setcursor(coben,cunten);
61:   checkbreak:=break
62: end;
```

Die Datei **VARS.MED** enthält alle globalen Variablen des Full-Screen-Editors.

```
1: const
2:   ax:byte=10; ay:byte=4;    { Position der Ascii-Tabelle }
3:   cx:byte=30; cy:byte=5;    { Position des Taschenrechners }
4:   cr:real=0;  cs:real=0;    { Anzeige und Speicher des Rechners }
5:   rx:byte=10; ry:byte=8;    { Position der Dateiauswahl-Box }
6:
7:   spnr:byte=1;              { Aktuelle Spalte (Bildschirm) }
8:   zenr:byte=1;              { Aktuelle Zeile (Bildschirm) }
```

```
 9:    spos:byte=1;                { 1. Zeichen einer Zeile, das angezeigt wird }
10:    zeile:string='';            { Aktueller Zeileninhalt }
11:    temp:string='';             { String für Zwischenspeicherung }
12:    datei:string='';            { Aktueller Dateiname }
13:    maske:string='*.*';         { Suchmaske für Dateinamen }
14:    such:string[38]='';         { Aktueller Suchbegriff }
15:
16:    unrand=23;                  { Letzte Zeile im Fenster }
17:    insmode:boolean=true;       { Einfügen EIN/aus }
18:    change:boolean=false;       { Zeigt an, ob Text verändert wurde }
19:    progende:boolean=false;     { Zeigt an, ob Editor verlassen werden soll }
20:    error:integer=0;            { Aktuelle Fehlermeldung }
21:
22: var
23:    leer:string[78];            { entspricht <Replicate(' ',78)>; Leerzeile }
24:    screenadr:word;             { Segment-Adresse des Bildschirmes }
```

Die Datei **WORK.MED** enthält allgemeine Routinen, die vom Full-Screen-Editor gebraucht werden.

```
 1: procedure initvars;
 2: begin
 3:    leer:=replicate(' ',78);
 4:    if lastmode=7 then
 5:      screenadr:=$b000     { Monochrom        }
 6:    else
 7:      screenadr:=$b800;    { Farb-Bildschirm }
 8:    spnr:=1;
 9:    zenr:=1;
10:    spos:=1;
11:    datei:='';
12:    change:=false;
13:    progende:=false;
14:    error:=0
15: end;
16:
17: procedure movefromscreen(var source,dest; length:integer);
18: begin
19:    if (screenadr=$b000) or not checksnow then begin
20:      move(source,dest,length);
21:      exit
22:    end;
23:    length:=length shr 1;
24:    inline($1E/$55/$BA/$DA/$03/$C5/$B6/source/$C4/$BE/dest/$8B/$8E/
25:      length /$FC/$EC/$D0/$D8/$72/$FB/$FA/$EC/$D0/$D8/$73/$FB/$AD/
26:      $FB/$AB/$E2/$F0/$5D/$1F);
27: end;
28:
```

```
29: function memxy(x,y:byte):integer;
30: begin
31:   memxy:=pred(y)*160+pred(x) shl 1
32: end;
33:
34: var
35:   txtb:array [1..160] of byte;
36:   txtc:array [1..160] of char absolute txtb;
37:
38: procedure writerel(x,y:byte; var txt:string);
39: var
40:   len:byte absolute txt;
41:   i,k,la:byte;
42: begin
43:   la:=len;
44:   if len=0 then exit;
45:   if (y=0) or (x=0) then exit;
46:   inc(x,lo(windmin));
47:   inc(y,hi(windmin));
48:   if y>succ(hi(windmax)) then exit;
49:   if x>succ(lo(windmax)) then exit;
50:   if len>lo(windmax)-x+2 then len:=lo(windmax)-x+2;
51:   fillchar(txtb,len shl 1,textattr);
52:   k:=1;
53:   for i:=1 to len do begin
54:     txtc[k]:=txt[i];
55:     inc(k,2)
56:   end;
57:   movefromscreen(txtb,mem[screenadr:memxy(x,y)],len shl 1);
58:   len:=la
59: end;
60:
61: procedure putline(var zeile:string);
62: var
63:   la:byte absolute zeile;
64: begin
65:   if zeile[la]=' ' then zeile:=rtrim(zeile);
66:   txt.putline(zeile)
67: end;
68:
69: procedure beep;
70: begin
71:   sound(523); delay(25);
72:   sound(659); delay(25);
73:   sound(784); delay(25);
74:   sound(1045); delay(50);
75:   nosound;
76:   clearkbd
77: end;
78:
```

```
 79: procedure loadfile(name:string);
 80: label
 81:    aus;
 82: var
 83:    f:text;
 84: begin
 85:    change:=false;
 86:    deletealllines;
 87:    error:=txterror; if error<>0 then exit;
 88:    if not fileexist(name) then exit;
 89:    assign(f,datei);
 90:    reset(f);
 91:    if ioresult<>0 then begin
 92:      error:=-103;  { ungültiger Dateiname }
 93:      exit
 94:    end;
 95:    error:=0;
 96:    while not eof(f) do begin
 97:      readln(f,temp);
 98:      if ioresult<>0 then begin error:=-104; goto aus end;
 99:      putline(temp);
100:      error:=txterror; if error<>0 then goto aus;
101:      if not eof(f) then begin
102:        insertline;
103:        error:=txterror; if error<>0 then goto aus
104:      end
105:    end;
106: aus:
107:    close(f);
108:    if ioresult=ioresult then ;  { mögliche Fehlermeldung löschen }
109:    spnr:=1;
110:    zenr:=1;
111:    spos:=1;
112:    gotop;
113:    getline(zeile)
114: end;
115:
116: procedure savefile(name:string);
117: label
118:    aus;
119: var
120:    f:text;
121:    nr:word;
122: begin
123:    change:=false;
124:    markline;
125:    nr:=linenumber;
126:    assign(f,datei);
127:    rewrite(f);
128:    if ioresult<>0 then begin
129:      error:=-103;
```

```
130:     exit
131:   end;
132:   gotop;
133:   getline(temp);
134:   if nr=1 then write(f,zeile) else write(f,temp);
135:   if ioresult<>0 then begin error:=-105; goto aus end;
136:   while not bottomtxt do begin
137:     writeln(f);
138:     if ioresult<>0 then begin error:=-105; goto aus end;
139:     godown;
140:     getline(temp);
141:     if nr=linenumber then write(f,zeile) else write(f,temp);
142:     if ioresult<>0 then begin error:=-105; goto aus end
143:   end;
144: aus:
145:   close(f);
146:   if ioresult=ioresult then ;  { mögliche Fehlermeldung löschen }
147:   gomarkedline
148: end;
149:
150: procedure speichern; forward;  { in FUNC2.MED }
151:
152: procedure zuerstspeichern(var zurueck:boolean);
153: var
154:   max,min:word;
155:   menu:array [1..3] of string[9];
156:   nr,res:byte;
157:   mx,my:byte;
158: begin
159:   zurueck:=false;
160:   menu[1]:=' Sichern ';
161:   menu[2]:=' Weiter ';
162:   menu[3]:=' Zurück ';
163:   nr:=1;
164:   menuquick(false);
165:   max:=windmax;
166:   min:=windmin;
167:   window(19,10,62,15);
168:   textattr:=112;
169:   clrscr;
170:   box(2,1,43,6,singleln);
171:   win.writerel(19,1,' Achtung ');
172:   win.writerel(6,3,' Aktuelle Datei nicht gesichert! ');
173:   menugetpos(mx,my);
174:   menusetpos(8,5);
175:   menuspace(2);
176:   menuinvcolor(15);
177:   menunormcolor(112);
178:   repeat
179:     menuhor(menu,sizeof(menu),3,nr,res)
180:   until res<2;
```

```
181:    if (res=1) or (nr=3) then zurueck:=true;
182:   if (res=0) and (nr=1) then begin
183:     textattr:=15+blink;
184:     win.writerel(8,5,' Sichern ');
185:     esc:=false;
186:     if datei='' then speichern else savefile(datei);
187:     if esc or (datei='') then zurueck:=true
188:   end;
189:   menunormcolor(7);
190:   menuinvcolor(15);
191:   menuspace(5);
192:   menusetpos(mx,my);
193:   textattr:=7;
194:   windmin:=min;
195:   windmax:=max
196: end;
```

Die Datei **PICTURE.MED** enthält alle Routinen, die für die Bildschirm-Darstellung verantwortlich sind.

```
 1: procedure FktTast;
 2: begin
 3:   textattr:=7;
 4:   writeabs(2,25,' F1-Hilfe  F2-Speichern  F3-Laden  F4-Suchen  '+
 5:                 ' F7-Ascii  F8-Rechner  F10-Ende ');
 6:   textattr:=15;
 7:   writeabs(3,25,'F1');  writeabs(13,25,'F2'); writeabs(27,25,'F3');
 8:   writeabs(37,25,'F4'); writeabs(49,25,'F7'); writeabs(59,25,'F8');
 9:   writeabs(71,25,'F10');
10:   textattr:=7
11: end;
12:
13: procedure Dateiname;
14: begin
15:   textattr:=7;
16:   writeabs(2,1,replicate(#196,52));
17:   if datei='' then exit;
18:   if length(datei)>50 then
19:     temp:='... '+rstring(datei,46)
20:   else
21:     temp:=datei;
22:   textattr:=15;
23:   writeabs(2,1,' '+temp+' ');
24:   textattr:=7
25: end;
26:
27: procedure insstatus;
28: begin
29:   textattr:=15;
```

```
30:    if insmode then
31:      writeabs(56,1,' Einf ')
32:    else begin
33:      textattr:=7;
34:      writeabs(56,1,replicate(#196,6))
35:    end;
36:    textattr:=7
37: end;
38:
39: procedure fehlerbehandlung;
40: var
41:    s:string;
42:    ch:char;
43:    max,min:word;
44: begin
45:    case error of
46:       -2:s:='Zu wenig Speicherplatz';
47:       -5:s:='Löschen oder Speichern nicht möglich';
48:     -100:s:='Maximal 250 Zeichen pro Zeile erlaubt';
49:     -101:s:='Fensterpuffer zu klein';
50:     -102:s:='Suchbegriff nicht gefunden';
51:     -103:s:='Ungültiger Dateiname';
52:     -104:s:='Fehler beim Lesen der Datei';
53:     -105:s:='Fehler beim Schreiben der Datei';
54:      else s:='Unbekannter Fehler'
55:    end;
56:    max:=windmax;
57:    min:=windmin;
58:    window(19,10,62,15);
59:    textattr:=112;
60:    clrscr;
61:    box(2,1,43,6,singleln);
62:    win.writerel(18,1,' Fehler ');
63:    win.writerel(22-length(s) div 2,3,s);
64:    textattr:=15;
65:    win.writerel(18,5,' Weiter ');
66:    repeat
67:      ch:=readkey
68:    until (ch=#27) or (ch=#13);
69:    textattr:=7;
70:    windmin:=min;
71:    windmax:=max;
72:    error:=0
73: end;
74:
75: procedure zeilespalte;
76: var
77:    t1,t2:string[5];
78:    l1:byte absolute t1;
79:    l2:byte absolute t2;
```

```
 80: begin
 81:    textattr:=15;
 82:    str(linenumber,t1);
 83:    str(spnr,t2);
 84:    writeabs(73-l1-l2,1,' Z:'+t1+' S:'+t2+' ');
 85:    textattr:=7;
 86:    writeabs(62,1,replicate(#196,11-l1-l2));
 87: end;
 88:
 89: var
 90:    reg:registers;
 91:
 92: procedure schreib(i:byte; var zeile);
 93: var
 94:    s:string absolute zeile;
 95:    la:byte absolute s;
 96: begin
 97:    writerel(1,i,s);
 98:    if la>77 then exit;
 99:    reg.ah:=9;
100:    reg.al:=32;  { Leerzeichen }
101:    reg.bl:=7;
102:    reg.bh:=0;
103:    reg.cx:=78-la;
104:    gotoxy(la+1,i);
105:    intr($10,reg)
106:    { entspricht: writerel(la+1,i,leer)  }
107: end;
108:
109: procedure Bildaufbau;
110: label
111:    weiter;
112: var
113:    i:byte;
114:    ch:char;
115:    la:byte absolute zeile;
116: begin
117:    if error<>0 then fehlerbehandlung;
118:    if zenr>unrand then zenr:=unrand;
119:    if zenr<1 then zenr:=1;
120:    if spnr<spos then spos:=spnr;
121:    if spnr>spos+77 then spos:=spnr-77;
122:    zeilespalte;
123:    markline;
124:    temp:=zeile;
125:    delete(temp,1,pred(spos));
126:    schreib(zenr,temp);
127:    textattr:=112;
128:    if spnr>la then ch:=' ' else ch:=zeile[spnr];
129:    win.writerel(spnr-spos+1,zenr,ch);  { Cursor simulieren }
130:    textattr:=7;
```

```
131:    for i:=zenr+1 to unrand do begin
132:      if keypressed then goto weiter;
133:      if bottomtxt then
134:        writerel(1,i,leer)
135:      else begin
136:        godown;
137:        getline(temp);
138:        delete(temp,1,pred(spos));
139:        schreib(i,temp)
140:      end
141:    end;
142:    gomarkedline;
143:    for i:=zenr-1 downto 1 do begin
144:      if keypressed then goto weiter;
145:      if toptxt then
146:        writerel(1,i,leer)
147:      else begin
148:        goup;
149:        getline(temp);
150:        delete(temp,1,pred(spos));
151:        schreib(i,temp)
152:      end
153:    end;
154: weiter:
155:    gomarkedline
156: end;
```

Alle in der Datei **FUNC1.MED** enthaltenen Routinen werden von Tasten ausgeführt, die einen Code besitzen.

```
 1: procedure zeichenausgabe(ch:char);
 2: var
 3:    lang:byte;
 4: begin
 5:    lang:=byte(zeile[0]);
 6:    if lang>=250 then begin
 7:      beep;
 8:      exit
 9:    end;
10:    change:=true;
11:    if lang+1=spnr then begin
12:      zeile[spnr]:=ch;
13:      inc(zeile[0]);
14:      inc(spnr);
15:      exit
16:    end;
17:    if spnr>lang then begin
18:      zeile:=lstring(zeile,spnr);
19:      zeile[spnr]:=ch;
```

```
20:     inc(spnr);
21:     exit
22:   end;
23:   if insmode then
24:     insert(ch,zeile,spnr)
25:   else
26:     zeile[spnr]:=ch;
27:   inc(spnr)
28: end;
29:
30: procedure zeileloeschen;
31: begin
32:   change:=true;
33:   if bottomtxt then
34:     zeile:=''
35:   else begin
36:     deleteline;
37:     error:=txterror; if error<>0 then exit;
38:     getline(zeile)
39:   end;
40:   spnr:=1
41: end;
42:
43: procedure wortloeschen;
44: var
45:   temp:string;
46: begin
47:   change:=true;
48:   if length(zeile)<spnr then begin  { Zeilen zusammenziehen }
49:     if bottomtxt then exit;
50:     godown; getline(temp); goup;
51:     if length(temp)+pred(spnr)>250 then begin
52:       error:=-100;  { Zeile zu lang }
53:       exit
54:     end;
55:     deleteline;
56:     error:=txterror; if error<>0 then exit;
57:     zeile:=lstring(zeile,spnr-1)+temp;
58:     exit
59:   end;
60:   while (zeile[spnr]<>' ') and (char(spnr)<=zeile[0]) do
61:     delete(zeile,spnr,1);
62:   while (zeile[spnr]=' ') and (char(spnr)<=zeile[0]) do
63:     delete(zeile,spnr,1)
64: end;
65:
66: procedure zeichenloeschen;
67: var
68:   temp:string;
69: begin
70:   change:=true;
```

```
 71:    if spnr>1 then begin
 72:      dec(spnr);
 73:      delete(zeile,spnr,1)
 74:    end else begin
 75:      if not toptxt then begin
 76:        goup;
 77:        getline(temp);
 78:        if length(temp)+length(zeile)>250 then begin
 79:          error:=-100;    { Zeile zu lang }
 80:          godown
 81:        end else begin
 82:          zeile:=temp+zeile;
 83:          spnr:=succ(length(temp));
 84:          markline;
 85:          godown;
 86:          deleteline;
 87:          error:=txterror;
 88:          gomarkedline;
 89:          dec(zenr)
 90:        end;
 91:      end
 92:    end
 93: end;
 94:
 95: procedure return;
 96: var
 97:    temp:string;
 98: begin
 99:    if not insmode then begin
100:      if bottomtxt then exit;
101:      putline(zeile);
102:      error:=txterror; if error<>0 then exit;
103:      godown;
104:      getline(zeile);
105:      spnr:=1;
106:      inc(zenr);
107:      exit
108:    end;
109:    change:=true;
110:    temp:=copy(zeile,1,spnr-1);
111:    putline(temp);
112:    error:=txterror; if error<>0 then exit;
113:    schreib(zenr,temp);   { Bildschirm auffrischen }
114:    insertline;
115:    error:=txterror; if error<>0 then exit;
116:    delete(zeile,1,spnr-1);
117:    inc(zenr);
118:    spnr:=1
119: end;
120:
```

```
121: procedure qbefehle;
122: var
123:    ch:char;
124: begin
125:    writetitle(' ^Q: Y-Restliche Zeile löschen  L-Veränderung aufheben ',
126:                  15,center,head);
127:    ch:=upcase(readkey);
128:    case ch of
129:      ^Y,'Y':zeile[0]:=char(spnr-1);
130:      ^L,'L':getline(zeile)
131:    end;
132:    if pos(ch,^Y^L'YL')<>0 then change:=true;
133:    clearkbd;
134:    writetitle('',15,center,head);
135:    insstatus;
136:    dateiname
137: end;
138:
139: procedure func1(scan,ch:char);
140: begin
141:    if (scan=#0) or (ch>=#31) then
142:      zeichenausgabe(ch)
143:    else
144:      case ch of
145:        ^Y:zeileloeschen;
146:        ^T:wortloeschen;
147:        ^Q:qbefehle;
148:        #8:zeichenloeschen;
149:        #13:return;
150:      end
151: end;
```

Alle in der Datei **FUNC2.MED** enthaltenen Routinen werden von Tasten
aufgerufen, die zwei Codes besitzen (z.B. Funktionstasten).

```
 1: procedure zeileauf;
 2: begin
 3:    if not toptxt then begin
 4:      putline(zeile);
 5:      error:=txterror;
 6:      if error<>0 then exit;
 7:      goup;
 8:      getline(zeile);
 9:      dec(zenr)
10:    end
11: end;
12:
```

```
13: procedure zeileab;
14: var
15:   la:byte absolute zeile;
16:   ch:char;
17: begin
18:   if not bottomtxt then begin
19:     putline(zeile);
20:     error:=txterror;
21:     if error<>0 then exit;
22:     if spnr>la then ch:=' ' else ch:=zeile[spnr];
23:     win.writerel(spnr-spos+1,zenr,ch);  { Cursor löschen }
24:     godown;
25:     getline(zeile);
26:     inc(zenr)
27:   end
28: end;
29:
30: procedure goleft;
31: begin
32:   if spnr>1 then dec(spnr)
33: end;
34:
35: procedure goright;
36: begin
37:   if spnr<251 then inc(spnr)
38: end;
39:
40: procedure gowordleft;
41: begin
42:   if spnr>length(zeile) then spnr:=length(zeile);
43:   if spnr<2 then begin
44:     if toptxt then exit;
45:     putline(zeile);
46:     error:=txterror; if error<>0 then exit;
47:     goup;
48:     getline(zeile);
49:     spnr:=length(zeile)+1;
50:     dec(zenr);
51:     if spnr=1 then exit
52:   end;
53:   dec(spnr);
54:   while (zeile[spnr]=' ') and (spnr>1) do dec(spnr);
55:   if spnr>2 then begin
56:     while (zeile[spnr]<>' ') and (spnr>1) do dec(spnr);
57:     if zeile[spnr]=' ' then inc(spnr)
58:   end
59: end;
60:
```

```
 61: procedure gowordright;
 62: var
 63:   la:byte absolute zeile;
 64:   ch:char;
 65: begin
 66:   if spnr>la then ch:=' ' else ch:=zeile[spnr];
 67:   win.writerel(spnr-spos+1,zenr,ch);  { Cursor löschen }
 68:   inc(spnr);
 69:   while (zeile[spnr]<>' ') and (spnr<=length(zeile)) do inc(spnr);
 70:   if spnr>la then begin
 71:     if bottomtxt then begin
 72:       spnr:=length(zeile)+1;
 73:       exit
 74:     end;
 75:     putline(zeile);
 76:     error:=txterror; if error<>0 then exit;
 77:     godown;
 78:     getline(zeile);
 79:     inc(zenr);
 80:     spnr:=1;
 81:     if length(zeile)=0 then exit;
 82:   end;
 83:   while zeile[spnr]=' ' do inc(spnr)
 84: end;
 85:
 86: procedure goendline;
 87: begin
 88:   zeile:=rtrim(zeile);
 89:   spnr:=length(zeile);
 90:   if spnr<255 then inc(spnr);
 91:   if spnr>251 then spnr:=251
 92: end;
 93:
 94: procedure gostartline;
 95: begin
 96:   spnr:=1
 97: end;
 98:
 99: procedure gopgup;
100: var
101:   i:byte;
102: begin
103:   putline(zeile);
104:   error:=txterror; if error<>0 then exit;
105:   for i:=2 to unrand do goup;
106:   getline(zeile);
107:   if linenumber<zenr then zenr:=linenumber
108: end;
109:
```

```
110: procedure gopgdn;
111: var
112:    i:byte;
113: begin
114:    putline(zeile);
115:    error:=txterror; if error<>0 then exit;
116:    for i:=2 to unrand do godown;
117:    getline(zeile);
118:    if maxlinenumber<unrand then
119:      zenr:=maxlinenumber
120:    else begin
121:      if maxlinenumber-linenumber<unrand then
122:        zenr:=unrand-(maxlinenumber-linenumber)
123:    end
124: end;
125:
126: procedure textanfang;
127: begin
128:    putline(zeile);
129:    error:=txterror; if error<>0 then exit;
130:    gotop;
131:    getline(zeile);
132:    spnr:=1;
133:    zenr:=1
134: end;
135:
136: procedure textende;
137: begin
138:    putline(zeile);
139:    error:=txterror; if error<>0 then exit;
140:    gobottom;
141:    getline(zeile);
142:    if linenumber<unrand then zenr:=linenumber else zenr:=unrand;
143:    goendline
144: end;
145:
146: procedure changeinsert;
147: begin
148:    insmode:=not insmode;
149:    insstatus
150: end;
151:
152: procedure deltaste;
153: var
154:    temp:string;
155: begin
156:    change:=true;
157:    if spnr<=length(zeile) then begin
158:      delete(zeile,spnr,1);
159:      exit
160:    end;
```

```
161:    if bottomtxt then exit;
162:    godown; getline(temp); goup;
163:    if length(temp)+pred(spnr)>250 then begin
164:      error:=-100;
165:      exit
166:    end;
167:    deleteline;
168:    error:=txterror; if error<>0 then exit;
169:    zeile:=lstring(zeile,spnr-1)+temp
170: end;
171:
172: procedure hilfe;
173: var
174:    max,min:word;
175:    ch:char;
176:    i:byte;
177: begin
178:    max:=windmax;
179:    min:=windmin;
180:    window(4,3,77,22);
181:    textattr:=112;
182:    clrscr;
183:    box(2,1,73,20,singleln);
184:    win.writerel(35,1,' Hilfe ');
185:    win.writerel(4,3,'Cursorsteuerung');
186:    win.writerel(4,5,'Zeichen links         <-');
187:    win.writerel(4,6,'Zeichen rechts        ->');
188:    win.writerel(4,7,'Wort links            Ctrl <-');
189:    win.writerel(4,8,'Wort rechts           Ctrl ->');
190:    win.writerel(4,10,'Zeilen-Anfang        Home');
191:    win.writerel(4,11,'Zeilen-Ende          End');
192:    win.writerel(4,13,'Seite auf            PgUp');
193:    win.writerel(4,14,'Seite ab             PgDn');
194:    win.writerel(4,15,'Text-Anfang          Ctrl PgUp');
195:    win.writerel(4,16,'Text-Ende            Ctrl PgDn');
196:    win.writerel(40,3,'Löschen');
197:    win.writerel(40,5,'Zeichen links         |<- (BS)');
198:    win.writerel(40,6,'Zeichen               DEL');
199:    win.writerel(40,8,'Wort                  Ctrl T');
200:    win.writerel(40,9,'Zeile                 Ctrl Y');
201:    win.writerel(40,10,'Rest der Zeile        Ctrl Q Y');
202:    win.writerel(40,14,'Sonstiges');
203:    win.writerel(40,16,'Zeile einfügen        RETURN');
204:    win.writerel(40,17,'Einfügemodus          INS');
205:    win.writerel(40,18,'Zeile restaurieren  Ctrl Q T');
206:    for i:=3 to 19 do win.writerel(38,i,#179);
207:    win.writerel(38,12,#195+replicate(#196,33));
208:    ch:=readkey;
209:    while keypressed do ch:=readkey;
```

```
210:    windmax:=max;
211:    windmin:=min
212: end;
213:
214: procedure speichern;
215: var
216:    max,min:word;
217: begin
218:    max:=windmax;
219:    min:=windmin;
220:    window(19,10,62,15);
221:    textattr:=112;
222:    clrscr;
223:    box(2,1,43,6,singleln);
224:    win.writerel(18,1,' Speichern ');
225:    win.writerel(9,3,' Bitte Dateinamen eingeben: ');
226:    gotoxy(4,5);
227:    textattr:=15;
228:    if datei[0]>#38 then datei:=shortfilename(datei);
229:    normcursor;
230:    datei:=readstr(datei,38);
231:    datei:=longfilename(datei);
232:    textattr:=112;
233:    if datei[0]>#38 then
234:      win.writerel(4,5,'... '+lstring(datei,34))
235:    else
236:      win.writerel(4,5,lstring(datei,38));
237:    cursoroff;
238:    if not esc and (datei<>'') then savefile(datei);
239:    windmax:=max;
240:    windmin:=min;
241:    textattr:=7;
242:    dateiname
243: end;
244:
245: procedure laden;
246: var
247:    max,min:word;
248:    zurueck:boolean;
249: begin
250:    if change then begin
251:      zuerstspeichern(zurueck);
252:      if zurueck then exit
253:    end;
254:    max:=windmax;
255:    min:=windmin;
256:    window(19,10,62,15);
257:    textattr:=112;
258:    clrscr;
259:    box(2,1,43,6,singleln);
260:    win.writerel(19,1,' Laden ');
```

```
261:    win.writerel(9,3,' Bitte Dateinamen eingeben: ');
262:    gotoxy(4,5);
263:    textattr:=15;
264:    normcursor;
265:    if maske[0]>#38 then maske:=shortfilename(maske);
266:    maske:=readstr(maske,38);
267:    cursoroff;
268:    textattr:=112;
269:    if not esc then begin
270:      maske:=trim(upper(maske));
271:      if (maske[2]=':') and (length(maske)=2) then maske:=maske+'*.*';
272:      if (maske='') or (pos('*',maske)<>0) or (pos('?',maske)<>0) then begin
273:        temp:=readfilename(rx,ry,maske);
274:        if temp<>'' then begin
275:          datei:=temp;
276:          window(19,10,62,15);
277:          if datei[0]>#38 then
278:            win.writerel(4,5,'... '+lstring(datei,34))
279:          else
280:            win.writerel(4,5,lstring(datei,38));
281:          loadfile(datei)
282:        end;
283:      end else begin
284:        datei:=maske;
285:        datei:=longfilename(datei);
286:        window(19,10,62,15);
287:        if datei[0]>#38 then
288:          win.writerel(4,5,'... '+lstring(datei,34))
289:        else
290:          win.writerel(4,5,lstring(datei,38));
291:        loadfile(datei)
292:      end
293:    end;
294:    textattr:=7;
295:    windmin:=min;
296:    windmax:=max;
297:    dateiname
298: end;
299:
300: procedure suchen;
301: var
302:    max,min:word;
303:    p:byte;
304: begin
305:    max:=windmax;
306:    min:=windmin;
307:    window(19,10,62,15);
308:    textattr:=112;
309:    clrscr;
310:    box(2,1,43,6,singleln);
311:    win.writerel(18,1,' Suchen ');
```

```
312:    win.writerel(9,3,'Bitte Suchbegriff eingeben:');
313:    textattr:=15;
314:    normcursor;
315:    gotoxy(4,5); such:=readstr(such,38);
316:    cursoroff;
317:    textattr:=112;
318:    gotoxy(4,5); write(lstring(such,38));
319:    if not esc and (such<>'') then begin
320:      such:=upper(such);
321:      putline(zeile);
322:      error:=txterror;
323:      if error=0 then begin
324:        markline;
325:        p:=instr(such,upper(zeile),spnr+1);
326:        while (p=0) and not bottomtxt do begin
327:          godown;
328:          getline(zeile);
329:          p:=pos(such,upper(zeile))
330:        end;
331:        if p=0 then begin
332:          gomarkedline;
333:          getline(zeile);
334:          error:=-102  { Suchstring nicht gefunden }
335:        end else begin
336:          spnr:=p;
337:          if maxlinenumber<=unrand then
338:            zenr:=linenumber
339:          else if maxlinenumber-linenumber<unrand then
340:            zenr:=unrand-(maxlinenumber-linenumber)
341:        end
342:      end
343:    end;
344:    textattr:=7;
345:    windmin:=min;
346:    windmax:=max
347: end;
348:
349: procedure ascii;
350: begin
351:    AsciiTable(ax,ay);
352:    error:=specialerror;
353:    if error<>0 then error:=-101
354: end;
355:
356: procedure rechner;
357: begin
358:    CalcAOS(cx,cy,cr,cs);
359:    error:=specialerror;
360:    if error<>0 then error:=-101
361: end;
362:
```

```
363: procedure EndeProg;
364: var
365:   zurueck:boolean;
366: begin
367:   if change then begin
368:     zuerstspeichern(zurueck);
369:     if zurueck then exit
370:   end;
371:   progende:=true
372: end;
373:
374: procedure func2(ch:char);
375: begin
376:   case ch of
377:     #72:zeileauf;
378:     #80:zeileab;
379:     #75:goleft;
380:     #77:goright;
381:     #115:gowordleft;
382:     #116:gowordright;
383:     #71:gostartline;
384:     #79:goendline;
385:     #73:gopgup;
386:     #81:gopgdn;
387:     #132:textanfang;
388:     #118:textende;
389:     #82:changeinsert;
390:     #83:deltaste;
391:     #59:hilfe;
392:     #60:speichern;
393:     #61:laden;
394:     #62:suchen;
395:     #65:ascii;
396:     #66:rechner;
397:     #68:EndeProg
398:   end
399: end;
```

# Quellcode der Unit Spell

Korrekturprogramme suchen die in einem Text enthaltenen Wörter in einem Referenz-Wörterbuch; werden diese darin gefunden, kann angenommen werden, daß das zu prüfende Wort korrekt geschrieben ist. Damit ein Korrektur-Programm brauchbar ist, muß ein Wort in sehr kurzer Zeit innerhalb des Referenz-Wörterbuches gefunden werden; außerdem sollte ein einzelnes Wort so wenig Speicherplatz wie möglich benutzen, da Referenz-Wörterbücher oft viele tausend Wörter enthalten.

Das von der Unit **Spell** verwendete Wörterbuch besteht aus 8 Blöcken zu je 32'768 Bytes (insgesamt also 262'144 Bytes). Da jedes gespeicherte Wort 2 Bytes belegt, kann ein Wörterbuch maximal 131'072 Wörter aufnehmen. Ein einzelner Block kann wie folgt dargestellt werden:

```
0.   1.   2.   3.   4.   5.    ...    16'383. Wort
```

Jedes Wort belegt zwei aufeinanderfolgende Speicherstellen innerhalb eines Blockes und besitzt eine eindeutige Adresse (z.B. 7. Wort im 3. Block). Mit Hilfe einer Umwandlung wird nun versucht, einem Wort (das aus Buchstaben besteht) eine bestimmte Adresse zuzuordnen (diese Technik wird in der Fachwelt als "Schlüssel-Transformation" oder "hashing" bezeichnet). Da die Menge aller möglichen Wörter wesentlich mehr Elemente umfaßt als nur 131'072 (durch unser Wörterbuch begrenzt), muß ein Algorithmus gefunden werden, der für die einzelnen Wörter eine gültige Adresse berechnet. Natürlich ist es wünschenswert, daß diese Schlüssel-Transformation sehr schnell ausgeführt werden kann und die Wörter innerhalb des Wörterbuches gut verteilt werden.
Als ersten Versuch könnten wir folgende Prozedur *Key1* schreiben, die für ein Wort die erwünschte Adresse im Bereich 0..131'071 übergibt (Parameter *key*):

```pascal
PROCEDURE Key1(VAR wort:STRING; VAR key:LONGINT);
CONST
  max=131072;
VAR
  b:ARRAY [0..255] OF BYTE ABSOLUTE wort;
  i:BYTE;
BEGIN
  key:=0;
  FOR i:=1 TO b[0] DO key:=(key*256+b[i]) MOD max
END;
```

Diese Methode birgt aber den Nachteil in sich, daß wir den so ermittelten Schlüssel noch in eine Blocknummer (0..7) und einen Wert umwandeln müssen, der im Bereich 0..16383 liegt (aufgrund unseres Wörterbuches, das aus 8 Blöcken zu je 32768 Bytes besteht). Viel schlimmer wirkt sich aber der Umstand aus, daß mit dieser Schlüssel-Transformation nur die letzten 2 Buchstaben eines Wortes und das 0. Bit des drittletzten Zeichens Einfluß auf den endgültigen Schlüssel-Wert haben; die Verteilung der Schlüssel ist somit unbrauchbar und rührt daher, daß die maximale Anzahl Wörter (Konstante *max*) eine Potenz von 2 ist.

Gute Resultate erhalten Sie, wenn Sie der Konstanten *max* den Wert 131'071 (Primzahl) zuweisen und mit der Prozedur *Key1* nun einen Wert im Bereich 0..131'070 erhalten.

Schreiben wir nun die Prozedur *Key2*, die eine Adresse ermittelt, die aus einer Blocknummer (0..7) und einem Wert besteht, der die Wortnummer innerhalb des gewählten Blockes bezeichnet und im Bereich 0..16'383 liegt (für den 7. Block: 0..16'382):

```
PROCEDURE Key2(VAR wort:STRING; VAR key:WORD; VAR blk:BYTE);
CONST
  max=131071;
VAR
  b:ARRAY [0..255] OF BYTE ABSOLUTE wort;
  k:LONGINT;
  i:BYTE;
BEGIN
  k:=0;
  FOR i:=1 TO b[0] DO k:=(k*256+b[i]) MOD max;
  key:=k MOD 16384;
  blk:=k DIV 16384
END;
```

Die Prozedur *Key3* zeigt die gleiche Wirkung wie *Key2*, kann jedoch etwas schneller ausgeführt werden:

```
PROCEDURE Key3(VAR wort:STRING; VAR key:WORD; VAR blk:BYTE);
CONST
  max=131071;
VAR
  b:ARRAY [0..255] OF BYTE ABSOLUTE wort;
  k:LONGINT;
  i:BYTE;
BEGIN
  k:=0;
  FOR i:=1 TO b[0] DO k:=(k SHL 8+b[i]) MOD max;
```

```
      key:=k AND 16383;
      blk:=k SHR 14
END;
```

Nach der Ermittlung der Adresse taucht nun die Frage auf, welche Daten
eines Wortes ins Wörterbuch eingetragen werden sollen. Wenn wir davon
ausgehen, daß ein einzufügendes Wort aus mindestens 2 Buchstaben bestehen muß, könnten wir die ersten beiden Zeichen eines Wortes an der
berechneten Stelle eintragen. Folgende Abbildung zeigt einen Block unseres Wörterbuches, in dem die drei Wörter "Taschenbuch", "gehen" und
"singen" enthalten sind:

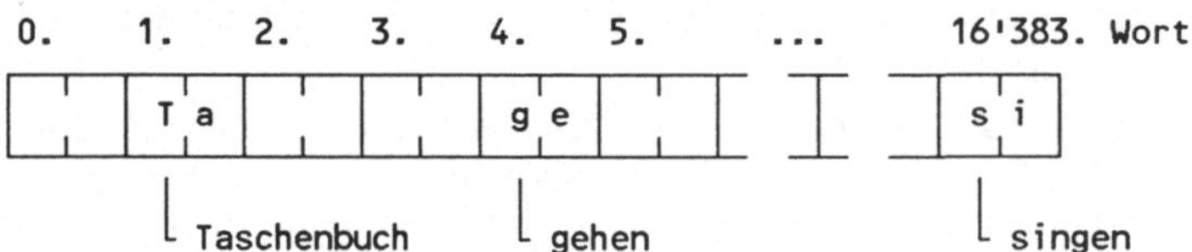


Um nun zu prüfen, ob das Wort "gehen" im Wörterbuch existiert, berechnen wir zuerst die Adresse (mit *Key3*) und sehen dann nach, ob sich die
beiden Buchstaben "g" und "e" an der entsprechenden Stelle befinden.
Wenn ja, ist alles in Ordnung und wir können ein anderes Wort prüfen.
Es besteht aber auch die Möglichkeit, daß die beiden Stellen noch leer
sind; somit ist "gehen" eventuell falsch geschrieben oder noch nicht im
Wörterbuch enthalten. Den dritten Fall, daß an der berechneten Stelle andere Buchstaben stehen als "g" und "e", wollen wir erst etwas später be-
handeln.
Angenommen, wir hätten uns dazu entschlossen, die beiden ersten Buchstaben eines einzutragendes Wortes im Wörterbuch zu speichern. Das erste
Zeichen würde dann in der deutschen Sprache die Elemente 'A'..'Z',
'a'..'z', 'Ä', 'ä', 'Ö', 'ö', 'Ü' und 'ü' umfassen, das zweite hingegen 'a'..'z',
'ä', 'ö', 'ü' und 'ß'. Somit ergeben sich insgesamt 1'740 (58*30) verschiedene zweistellige Buchstabenfolgen. Schreiben wir nun die Prozedur *Key4*,
die uns neben der Adresse auch die beiden abzuspeichernden Zeichen ermittelt:

```
PROCEDURE Key4(VAR wort:STRING; VAR key:WORD; VAR blk,ch1,ch2:BYTE);
CONST
   max=131071;
VAR
   b:ARRAY [0..255] OF BYTE ABSOLUTE wort;
   k:LONGINT;
   i:BYTE;
```

```
BEGIN
  k:=0;
  FOR i:=1 TO b[0] DO k:=(k SHL 8+b[i]) MOD max;
  key:=k AND 16383;
  blk:=k SHR 14;
  ch1:=b[1];
  ch2:=b[2]
END;
```

Da aber einzelne Buchstaben öfters vorkommen als andere (ein "s" ist am Anfang eines Wortes wesentlich häufiger anzutreffen als ein "y"), ist eine gleichmäßige Verteilung ausgeschlossen und die hier betrachtete Lösung nicht befriedigend, da die Gefahr, ein falsch geschriebenes Wort als richtig zu erkennen, relativ groß ist.

Natürlich wäre es wünschenswert, alle 256 Codes des IBM-Zeichensatzes zu verwenden, denn somit hätten wir 65'536 (256*256) verschiedene Zeichenkombinationen. Daneben sollten die einzelnen Zeichen im Bereich #0..#255 möglichst gleichmäßig verteilt werden. Folgende Prozedur zeigt die Lösung:

```
PROCEDURE Key5(VAR wort:STRING; VAR key:WORD; VAR blk,ch1,ch2:BYTE);
CONST
  max=131071;
VAR
  b:ARRAY [0..255] OF BYTE ABSOLUTE wort;
  k:LONGINT;
  i:BYTE;
BEGIN
  k:=0;
  FOR i:=1 TO b[0] DO k:=(k SHL 8+b[i]) MOD max;
  key:=k AND 16383;
  blk:=k SHR 14;
  ch1:=k xor b[1];
  ch2:=k xor b[2]
END;
```

Der Trick besteht darin, die beiden ersten Buchstaben und die ermittelte Adresse mit dem Operator XOR zu verknüpfen. Dabei entstehen für die beiden Parameter *ch1* und *ch2* Werte im gewünschten Bereich. Meine Versuche haben gezeigt, daß die Verteilung der einzelnen Zeichen auf diese Weise gut ist.

Eine Speicherstelle, die noch kein Wort enthält, wird mit dem Zeichen #0 gekennzeichnet. Falls wir ein Wort innerhalb des Wörterbuches löschen wollen, überschreiben wir das erste gespeicherte Zeichen mit #1. Somit ergibt sich folgende Prozedur *Key6*, die verhindern soll, daß die beiden

Zeichen #0 und #1 versehentlich für ein einzufügendes Wort verwendet
werden:

```
PROCEDURE Key6(VAR wort:STRING; VAR key:WORD; VAR blk,ch1,ch2:BYTE);
CONST
  max=131071;
VAR
  b:ARRAY [0..255] OF BYTE ABSOLUTE wort;
  k:LONGINT;
  i:BYTE;
BEGIN
  k:=0;
  FOR i:=1 TO b[0] DO k:=(k SHL 8+b[i]) MOD max;
  key:=k AND 16383;
  blk:=k SHR 14;
  ch1:=k XOR b[1];
  ch2:=k XOR b[2];
  IF ch1<2 THEN BEGIN
    i:=ch1; ch1:=ch2; ch2:=i;  { Wert vertauschen }
    IF ch1<2 THEN Inc(ch1,2)
  END
END;
```

Die obige Prozedur *Key6* wird in ähnlicher Weise in der Unit **Spell** verwendet; ihr einziger Nachteil ist die relativ "langsame" Ausführzeit (bei
mir etwa 4.1 ms für ein Wort mit 10 Buchstaben), hervorgerufen durch
die Anweisung *k:=(k SHL 8+b[i]) MOD max*, denn sie erzwingt bei jedem Schleifendurchgang eine Division (Operator MOD), die viel CPU-
Zeit in Anspruch nimmt.
Die in der Unit **Spell** implementierte Prozedur *Key* bildet die Adresse des
gewünschten Wortes mit Hilfe einer Bit-Rotation und einer XOR-Ver-
knüpfung, so daß die Gewindigkeit um den Faktor 9 gesteigert werden
konnte. Natürlich ist auch mit dieser Methode die Verteilung der einzelnen Wort-Adressen sehr gut.

Wie bereits erwähnt, besteht durchaus die Möglichkeit, daß zwei verschiedene Wörter dieselbe Adresse innerhalb des Wörterbuches erhalten.
Angenommen, wir wollen ein Wort einfügen, das noch nicht im Wörterbuch enthalten ist; leider bezeichnet aber die mit *Key6* berechnete Adresse
eine Stelle, die bereits von einem anderen Wort besetzt ist (es wird von
einer Kollision gesprochen). Es gibt mehrere Möglichkeiten, dieses Problem zu beseitigen. Die einfachste ist, die Adresse solange um einen bestimmten Betrag zu erhöhen, bis wir auf einen freien Platz stoßen (die
Unit Spell verwendet diese Methode, da sie hier aus technischen Gründen
die beste ist bezüglich Geschwindigkeit; siehe auch weiter unten). Zu

diesem Zweck schreiben wir die Prozedur *NextKey*, die uns eine neue Adresse für das einzufügende Wort berechnet:

```
PROCEDURE NextKey(VAR key:WORD; VAR blk:BYTE);
CONST
  plus=1;
BEGIN
  Inc(key,plus);
  IF key>16383 THEN BEGIN
    key:=key AND 16383;  { ... MOD 16384: Bereich 0..16383 }
    Inc(blk);
    blk:=blk AND 7        { ... MOD 8: Bereich 0..7 }
  END
END;
```

**Wichtig:** Da sich ein Wörterbuch auf der Festplatte befinden (also nicht in den Arbeitsspeicher gelanden worden ist) und die Existenz-Prüfung eines Wortes mehrere Platten-Zugriffe erfordern kann, sollte die Konstante *plus* dem Wert 1 entsprechen. Dies garantiert uns, daß ein zu suchendes, zu löschendes oder einzufügendes Wort an unmittelbar aufeinanderfolgenden Adressen der Festplatte gesucht wird und die Schreib-/Leseköpfe nicht unnötige Sprünge machen müssen.

Analysen der Schlüssel-Transformationen haben gezeigt, daß ein Einfügen oder Auffinden eines Wortes im Mittel sehr wenige Zugriffe erfordert (ausführliche Erläuterungen erhalten Sie hierzu im ausgezeichneten Buch von Niklaus Wirth, Algorithmen und Datenstrukturen, Teubner-Verlag). Der Zusammenhang zwischen der Anzahl Sondierungen (S) und dem Füllungsgrad (F) des Wörterbuches läßt sich für die Unit **Spell** mit folgender Formel beschreiben:

```
S:=(1-F/2)/(1-F);
```

Folgende Tabelle zeigt einige Werte-Paare, die aus obiger Formel resultieren:

| F | S | F | S | F | S |
|---|---|---|---|---|---|
| 0.10 | 1.06 | 0.40 | 1.33 | 0.75 | 2.50 |
| 0.20 | 1.13 | 0.50 | 1.50 | 0.80 | 3.00 |
| 0.25 | 1.17 | 0.60 | 1.75 | 0.90 | 5.50 |
| 0.30 | 1.21 | 0.70 | 2.17 | 0.95 | 10.50 |

```
F: Füllungsgrad des Wörterbuches (Prozent/100)
S: Sondierungen (Speicherzugriffe)
```

Wenn also das Wörterbuch zu 90% gefüllt ist, müssen durchschnittlich 5.5 Speicherstellen beim Einfügen oder Löschen eines Wortes aufgesucht werden.

```
 1: {$R-,S-,I-,D-,F-,V-,B-}
 2:
 3: unit spell;
 4:
 5: {                                                                    }
 6: {  | Autor         | Anton Liebetrau, Winterthur/Schweiz     |      }
 7: {  | Copyright      | 1989, Vieweg-Verlag, Wiesbaden/BRD      |      }
 8: {  | Programmname   | Turbo Spell                             |      }
 9: {  | Beschreibung   | Rechtschreib-Korrektur für deutsche Texte |    }
10: {  | Version        | 1.00                                    |      }
11: {  | Stand          | 24. Februar 1989                        |      }
12: {                                                                    }
13:
14: interface
15: uses
16:    dos;
17: const
18:    SpDisk = 0;   { Wörterbuch auf Datenträger    }
19:    SpRAM  = 1;   { Wörterbuch im Arbeitsspeicher }
20:
21:    procedure OpenLex(name:string);
22:      { Öffnet ein Wörterbuch }
23:    procedure CloseLex;
24:      { Schließt ein Wörterbuch }
25:    procedure CreateLex(name:string);
26:      { Erzeugt ein leeres Wörterbuch }
27:
28:    procedure InsertWord(var wort:string);
29:      { Schreibt ein Wort ins Wörterbuch }
30:    procedure DeleteWord(var wort:string);
31:      { Löscht ein Wort aus dem Wörterbuch }
32:    function Inserted:boolean;
33:      { WAHR, wenn Wort eingefügt }
34:    function Deleted:boolean;
35:      { WAHR, wenn Wort gelöscht }
36:
37:    function WordExist(var wort:string):boolean;
38:      { WAHR, wenn Wort bekannt ist }
39:    function CompoundWord(var wort:string):boolean;
40:      { WAHR, wenn Wort aus bekannten Teilwörtern besteht }
41:
42:    function WordNumber:longint;
43:      { Ermittelt die aktuelle Anzahl Wörter }
44:    function CountWords:longint;
45:      { Zählt im Wörterbuch alle Wörter }
```

```
46:    function LexError:integer;
47:      { Ermittelt eine Fehlernummer:
48:      {
49:      {  0: Kein Fehler aufgetreten                       }
50:      { -1: Anzahl Wörter nicht korrekt                   }
51:      { -2: Kein Wörterbuch gewählt                       }
52:      { -3: Wörterbuch nicht gefunden                     }
53:      { -4: Wörterbuch defekt                             }
54:      { -5: Wörterbuch findet keinen Platz im Speicher    }
55:      { -6: Wörterbuch voll                               }
56:      {                                                   }
57:      { Positive Werte entsprechen den Fehlernummern der  }
58:      { Turbo Pascal-Funktion <IOresult> und treten bei   }
59:      { Problemen mit dem Datenträger auf.                }
60:    procedure SetMethod(mode:byte);
61:      { Bestimmt, wo Wörterbuch zu suchen ist (Speicher/Festplatte }
62:    procedure GetMethod(var mode:byte);
63:      { Ermittelt, ob Wörterbuch im Speicher oder auf Festplatte }
64:
65:    procedure OpenFastRead(name:string);
66:      { Öffnet Datei für schnelles Lesen der Festplatte/Diskette }
67:    procedure CloseFastRead;
68:      { Schließt Datei für schnelles Lesen }
69:    procedure FastRead(var ch:char);
70:      { Übergibt ein gelesenes Zeichen }
71:    function EndFastRead:boolean;
72:      { Ermittelt, ob das Dateiende bereits erreicht ist }
73:
74:    procedure OpenFastWrite(name:string);
75:      { Öffnet Datei für schnelles Schreiben auf Festplatte/Diskette }
76:    procedure CloseFastWrite;
77:      { Schließt Datei für schnelles Schreiben }
78:    procedure FastWrite(ch:char);
79:      { Schreibt ein Zeichen auf Festplatte/Diskette }
80:
81:    function FastIOError:integer;
82:      { Ermittelt eine Fehlernummer, entspricht <IOresult> }
83:
84: implementation
85: type
86:    blk=array [0..32767] of byte;
87:    blkptr=^blk;
88: var
89:    init,
90:    ins,del,
91:    wordsok,             { TRUE, wenn Anzahl Wörter richtig  }
92:    ram:boolean;         { TRUE, wenn Wörterbuch im Speicher }
93:    error:integer;       { Aktuelle Fehlernummer            }
94:    wanz:longint;        { Aktuelle Anzahl Wörter           }
95:    altexit:pointer;
```

```
 96:    wbu:array [0..7] of blkptr;
 97:    wbublock:blkptr;
 98:    wbufile:file;
 99:    wbuname,
100:    wbupfad:string;
101: const
102:    max=512;              { Puffergröße für Schreib- und Leseoperationen }
103: var
104:    rf,wf:file;
105:    rpu,wpu:array [1..max] of char;
106:    rptr,wptr,
107:    gelesen,geschrieben:word;
108:    rinit,winit,endoffile:boolean;
109:    ferror:integer;
110:
```

Die Anzahl der im Wörterbuch enthaltenen Wörter wird in den ersten 4 Bytes des Wörterbuches abgespeichert:

```
 0.  1.  2.  3.    ...     16'383. Byte des 1. Blockes
┌───┬───┬───┬───┐   ┌───┐   ┌───┐
│(a)│(b)│(c)│(d)│   │   │   │   │
└───┴───┴───┴───┘   └───┘   └───┘
```

Falls beim Öffnen das Byte (a) den Wert 255 enthält, wird die Anzahl der Wörter wie folgt berechnet:

```
Anzahl:=(b)+(c)*256+(d)*256*256;
```

Nach dieser Berechnung werden das 0. und 2. Byte auf den Wert 254 gesetzt. Die Prozedur *CloseLex* trägt beim Schließen des Wörterbuches die aktuelle Anzahl Wörter ins Wörterbuch ein und setzt das 0. Byte auf den Wert 255 zurück. Auf diese Weise läßt sich erkennen, ob nach dem Öffnen des Wörterbuches ein Stromausfall oder ein Warmstart mit CTRL-ALT-DEL erfolgt ist und die Anzahl der Wörter nicht aktualisiert werden konnte.

```
111:    procedure OpenLex(name:string);
112:    var
113:      i,k:byte;
114:      err:integer;
115:      gross:array [0..3] of byte;
116:    begin
117:      closelex;
118:      if error<>0 then exit;
119:      wbuname:=name;
120:      getdir(0,wbupfad);
121:      assign(wbufile,name);
```

```
122:      reset(wbufile,1);
123:      if ioresult<>0 then begin
124:        error:=-3;
125:        exit
126:      end;
127:      if filesize(wbufile)<>262144 then begin
128:        error:=-4;
129:        close(wbufile);
130:        err:=ioresult;
131:        exit
132:      end;
133:      if ram then begin
134:        if memavail<262144 then begin
135:          error:=-5;
136:          close(wbufile);
137:          err:=ioresult;
138:          exit
139:        end;
140:        i:=0;
141:        while (i<8) and (maxavail>=32768) do begin
142:          new(wbu[i]);
143:          inc(i)
144:        end;
145:        if i<8 then begin
146:          error:=-5;
147:          for k:=i downto 1 do dispose(wbu[k]);
148:          close(wbufile);
149:          err:=ioresult;
150:          exit
151:        end;
152:        seek(wbufile,0);
153:        for i:=0 to 7 do blockread(wbufile,wbu[i]^,32768);
154:        error:=ioresult;              { Lesefehler? }
155:        if error<>0 then begin
156:          close(wbufile);
157:          err:=ioresult;
158:          exit
159:        end;
160:        close(wbufile);
161:        err:=ioresult;
162:        wbublock:=wbu[0];
163:        if wbublock^[0]<>255 then begin
164:          wordsok:=false;
165:          wanz:=0
166:        end else begin
167:          wordsok:=true;
168:          wanz:=wbublock^[3];
169:          for i:=2 downto 1 do wanz:=(wanz shl 8)+wbublock^[i]
170:        end;
171:        wbublock^[0]:=254;
172:        wbublock^[2]:=254;
```

```
173:        init:=true;
174:         exit
175:      end;  { if ram ... }
176:      blockread(wbufile,gross,4);
177:      err:=ioresult;
178:      if (gross[0]<>255) or (err<>0) then begin
179:        wordsok:=false;
180:        wanz:=0
181:      end else begin
182:        wordsok:=true;
183:        wanz:=gross[3];
184:        for i:=2 downto 1 do wanz:=(wanz shl 8)+gross[i]
185:      end;
186:      gross[0]:=254;
187:      gross[2]:=254;
188:      seek(wbufile,0);
189:      blockwrite(wbufile,gross,4);
190:      err:=ioresult;
191:      init:=true
192:    end;
193:
194:    procedure CloseLex;
195:    var
196:      gross:array [0..3] of byte;
197:      i:byte;
198:      err:integer;
199:      pfad:string;
200:    begin
201:      error:=0;
202:      if not init then exit;
203:      if ram then begin
204:        getdir(0,pfad);
205:        chdir(wbupfad);
206:        assign(wbufile,wbuname);
207:        rewrite(wbufile,1);
208:        chdir(pfad);
209:        error:=ioresult;
210:        if error<>0 then exit;
211:        for i:=0 to 7 do blockwrite(wbufile,wbu[i]^,32768);
212:        error:=ioresult;         { Schreibfehler? }
213:        if error<>0 then begin
214:          close(wbufile);
215:          err:=ioresult;
216:          exit
217:        end;
218:        for i:=7 downto 0 do dispose(wbu[i]) { Heap freigeben }
219:      end;
220:      if wordsok then begin
221:        gross[0]:=255;
222:        for i:=1 to 3 do begin
223:          gross[i]:=wanz;
```

```
224:              wanz:=wanz shr 8
225:            end;
226:          seek(wbufile,0);
227:          blockwrite(wbufile,gross,4);
228:          err:=ioresult
229:        end;
230:      close(wbufile);
231:      err:=ioresult;
232:      init:=false
233:    end;
234:
235:    procedure CreateLex(name:string);
236:    var
237:      i,k:byte;
238:      pu:array [1..1024] of byte;
239:      err:integer;
240:      gross:array [0..3] of byte;
241:    begin
242:      closelex;
243:      if error<>0 then exit;
244:      wbuname:=name;
245:      getdir(0,wbupfad);
246:      if ram then begin
247:        if memavail<262144 then begin
248:          error:=-5;
249:          exit
250:        end;
251:        i:=0;
252:        while (i<8) and (maxavail>=32768) do begin
253:          new(wbu[i]);
254:          inc(i)
255:        end;
256:        if i<8 then begin
257:          error:=-5;
258:          for k:=i downto 1 do dispose(wbu[k]);
259:          close(wbufile);
260:          exit
261:        end;
262:        for i:=0 to 7 do fillchar(wbu[i]^,32768,0);
263:        wbublock:=wbu[0];
264:        wbublock^[0]:=254;
265:        wbublock^[2]:=254;
266:        wanz:=0;
267:        wordsok:=true;
268:        init:=true;
269:        exit
270:      end;
271:      assign(wbufile,name);
272:      rewrite(wbufile,1);
273:      error:=ioresult;
274:      if error<>0 then exit;
```

```
275:      fillchar(pu,1024,0);
276:      for i:=0 to 255 do blockwrite(wbufile,pu,1024);
277:      error:=ioresult;
278:      if error<>0 then begin
279:        close(wbufile);
280:        err:=ioresult;
281:        erase(wbufile);
282:        err:=ioresult;
283:        exit
284:      end;
285:      gross[0]:=254;
286:      gross[2]:=254;
287:      seek(wbufile,0);
288:      blockwrite(wbufile,gross,4);
289:      err:=ioresult;
290:      wanz:=0;
291:      wordsok:=true;
292:      init:=true;
293:    end;
294:
295:    function rol7(w:word):word;
296:    inline($58/          { POP AX    }
297:           $b1/$07/   { MOV CL,7 }
298:           $d3/$c0);  { ROL AX,CL }
299:
300:    procedure key(var wort; var k:word; var block,ch1,ch2:byte);
301:    var
302:      b:array [0..255] of byte absolute wort;
303:      i:byte;
304:      w:word;
305:    begin
306:      w:=0;
307:      for i:=1 to b[0] do          { Schlüssel berechnen }
308:        w:=rol7(w) xor b[i];
309:      k:=w and 16383;               { Schlüssel im Bereich 0..16383 }
310:      ch1:=w xor b[1];              { Zeichen, die im Wörterbuch ... }
311:      ch2:=(w shr 8) xor b[2];     { ... gespeichert werden.        }
312:      block:=(ch1+b[2]) and 7;    { Blocknummer im Bereich 0..7    }
313:      if ch1<2 then begin          { 0 und 1 sind reserviert        }
314:        i:=ch1; ch1:=ch2; ch2:=i;
315:        if ch1<2 then inc(ch1,2)
316:      end
317:    end;
318:
319:    procedure nextkey(var key:word; var block:byte);
320:    const
321:      plus=1;
322:    begin
323:      inc(key,plus);
324:      if key>16383 then begin
325:        key:=key and 16383;  { immer im Bereich 0..16383 }
```

```
326:          inc(block);
327:          block:=block and 7    { immer im Bereich 0..7 }
328:       end
329:    end;
330:
```

Die Funktion *look* untersucht die aktuelle Adresse innerhalb des Wörterbuches und gibt folgende Werte zurück:

0   Es ist ein Lesefehler aufgetreten
1   Speicherstelle ist frei
2   Wort (*ch1* und *ch2*) stimmt mit dem gesuchten überein
3   Wort an der aktuellen Stelle entspricht nicht dem gesuchten
4   An dieser Stelle ist zuvor ein Wort gelöscht worden

```
331:    function look(key:word; blk,ch1,ch2:byte):byte;
332:    var
333:      b1,b2:byte;
334:      w:word;
335:      pos:longint;
336:    begin
337:      key:=key shl 1;
338:      if ram then begin
339:        wbublock:=wbu[blk];
340:        b1:=wbublock^[key];
341:        b2:=wbublock^[key+1]
342:      end else begin
343:        pos:=blk;
344:        pos:=pos*32768+key;
345:        seek(wbufile,pos);
346:        blockread(wbufile,w,2);
347:        b1:=w;
348:        b2:=hi(w);
349:        error:=ioresult;
350:        if error<>0 then begin
351:          look:=0;     { Lesefehler }
352:          exit
353:        end;
354:      end;
355:      case b1 of
356:        0:look:=1;    { frei      }
357:        1:look:=4;    { gelöscht  }
358:        else begin
359:          if (ch1=b1) and (ch2=b2) then
360:            look:=2  { gleich    }
361:          else
362:            look:=3; { ungleich  }
363:        end
```

```
364:      end
365:    end;
366:
367:    function wordexist(var wort:string):boolean;
368:    var
369:      k:word;
370:      blk,ch1,ch2:byte;
371:      la:byte absolute wort;
372:      res:byte;
373:    begin
374:      if not init then begin
375:        error:=-2;
376:        wordexist:=false;
377:        exit
378:      end;
379:      if la<2 then begin
380:        wordexist:=true;
381:        exit
382:      end;
383:      key(wort,k,blk,ch1,ch2);
384:      repeat
385:        res:=look(k,blk,ch1,ch2);
386:        nextkey(k,blk)
387:      until res<3;
388:      wordexist:=(res=2)
389:    end;
390:
391:    procedure upchar(var ch:char);
392:    var
393:      b:byte absolute ch;
394:    begin
395:      case b of
396:        97..122:b:=b xor 32;
397:        132:ch:='Ä';
398:        148:ch:='Ö';
399:        129:ch:='Ü'
400:      end
401:    end;
402:
```

Die Funktion *CompoundWord* sucht innerhalb von *wort* nach bekannten
Teilwörtern. Die zu prüfenden Teilwörter werden aus dem Gesamtwort
gebildet, indem bei diesem am Wortanfang die Buchstaben solange wegge-
nommen werden, bis ein Teilwort erkannt wird. Die zu prüfenden Teilwörter, die auf diese Weise aus "Bildernagel" entstehen, sind also: *Bildernagel, Ildernagel, Ldernagel, Dernagel, Ernagel, Rnagel, Nagel* (dieses
Wort kann im Wörterbuch gefunden werden), *Bilder* (auch dieses Wort
wird im Wörterbuch gefunden). Da *wort* aus mindestens zwei Wörtern be-

stehen muß, die je drei Buchstaben umfassen, prüft *CompoundWord* als
erstes Teilwort direkt "Dernagel".
Unser verwendete Algorithmus kann wie folgt dargestellt werden:

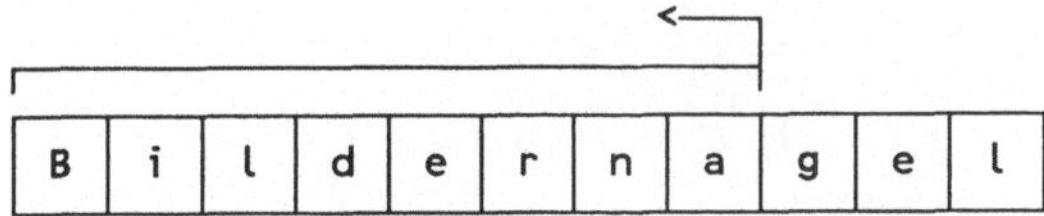

```
Prüft: Dernagel, Ernagel, Rnagel, Nagel (wird gefunden)
       Bilder (wird gefunden)
```

Folgende drei weiteren Suchmethoden wären neben der verwendeten
denkbar:

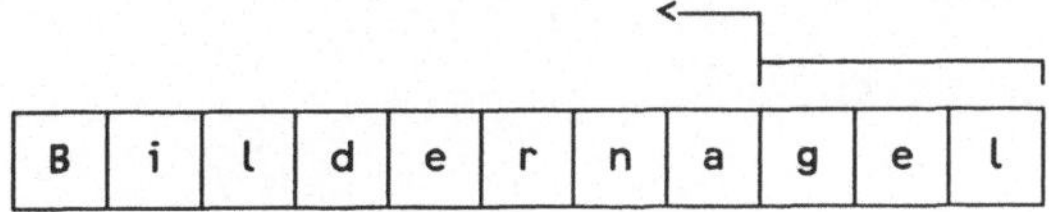

```
Prüft: Bilderna, Bildern (wird gefunden)
       Agel, Age (nicht gefunden)
```

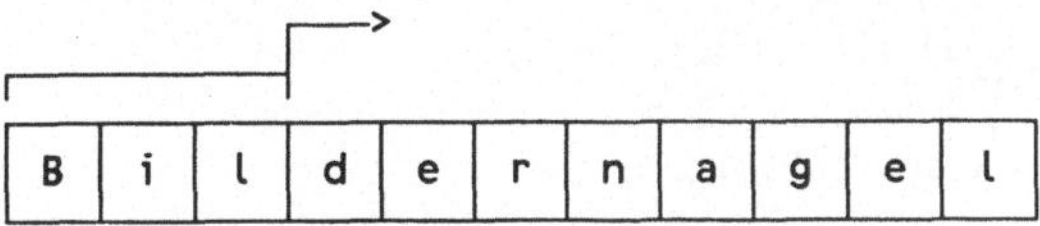

```
Prüft: Gel (wird gefunden)
       Rna, Erna (wird gefunden)
       Ild, Bild (wird gefunden)
```

```
Prüft: Bil, Bild (wird gefunden)
       Ern, Erna (wird gefunden)
       Gel (wird gefunden)
```

Wie Sie selbst erkennen können, sind diese Methoden in der Praxis nicht
empfehlenswert, da sie oft Teilwörter entdecken, die zwar korrekt aber
nicht gemeint sind.

```
403:    function compoundword(var wort:string):boolean;
404:    var
405:      haupt,teil:string;
406:      lh:byte absolute haupt;
407:      lt:byte absolute teil;
408:      a,e:byte;
409:    begin
410:      compoundword:=false;
411:      if not init then begin
412:        error:=-2;
413:        exit
414:      end;
415:      if wort[0]<#6 then exit;   { Wort zu kurz }
416:      case wort[1] of
417:        'a'..'z','ä','ö','ü','ß':exit  { erster Buchstabe klein }
418:      end;
419:      haupt:=wort;
420:      a:=3;
421:      e:=lh;
422:      lt:=e-2;
423:      repeat
424:        repeat
425:          inc(a);
426:          dec(lt);
427:          move(haupt[a],teil[1],e-a+1);
428:          upchar(teil[1])
429:        until wordexist(teil) or (lt<3);
430:        if lt<3 then exit;
431:        lh:=a-1;
432:        a:=0;
433:        e:=lh;
434:        lt:=e+1
435:      until lh<1;
436:      compoundword:=true
437:    end;
438:
439:    procedure insword(k:word; blk,ch1,ch2:byte);
440:    var
441:      pos:longint;
442:    begin
443:      k:=k shl 1;
444:      if ram then begin
445:        wbublock:=wbu[blk];
446:        wbublock^[k]:=ch1;
447:        wbublock^[k+1]:=ch2
448:      end else begin
449:        pos:=blk;
450:        pos:=pos*32768+k;
451:        seek(wbufile,pos);
452:        blockwrite(wbufile,ch1,1);
```

```
453:        blockwrite(wbufile,ch2,1);
454:        error:=ioresult
455:      end
456:   end;
457:
458:   procedure insertword(var wort:string);
459:   var
460:     la:byte absolute wort;
461:     k:word;
462:     blk,ch1,ch2:byte;
463:     res:byte;
464:   begin
465:     error:=0;
466:     ins:=false;
467:     del:=false;
468:     if not init then begin
469:       error:=-2;
470:       exit
471:     end;
472:     if la<2 then exit;
473:     if wanz>=131070 then begin  { Wörterbuch voll? }
474:       error:=-6;
475:       exit
476:     end;
477:     key(wort,k,blk,ch1,ch2);
478:     res:=look(k,blk,ch1,ch2);
479:     while res=3 do begin
480:       nextkey(k,blk);
481:       res:=look(k,blk,ch1,ch2)
482:     end;
483:     if (res=1) or (res=4) then begin
484:       insword(k,blk,ch1,ch2);
485:       if error=0 then begin
486:         ins:=true;
487:         inc(wanz)
488:       end
489:     end
490:   end;
491:
492:   procedure delword(k:word; blk:byte);
493:   var
494:     pos:longint;
495:     b:byte;
496:   begin
497:     k:=k shl 1;
498:     if ram then begin
499:       wbublock:=wbu[blk];
500:       wbublock^[k]:=1  { Merkmal für gelöscht }
501:     end else begin
502:       pos:=blk;
503:       pos:=pos*32768+k;
```

```
504:        b:=1;
505:        seek(wbufile,pos);
506:        blockwrite(wbufile,b,1);
507:        error:=ioresult
508:      end
509:    end;
510:
511:    procedure deleteword(var wort:string);
512:    var
513:      la:byte absolute wort;
514:      k:word;
515:      blk,ch1,ch2:byte;
516:      res:byte;
517:    begin
518:      error:=0;
519:      ins:=false;
520:      del:=false;
521:      if not init then begin
522:        error:=-2;
523:        exit
524:      end;
525:      if la<2 then exit;
526:      key(wort,k,blk,ch1,ch2);
527:      res:=look(k,blk,ch1,ch2);
528:      while res>2 do begin
529:        nextkey(k,blk);
530:        res:=look(k,blk,ch1,ch2)
531:      end;
532:      if res=2 then begin
533:        delword(k,blk);
534:        if error=0 then begin
535:          del:=true;
536:          dec(wanz)
537:        end
538:      end
539:    end;
540:
541:    function inserted:boolean;
542:    begin
543:      inserted:=ins
544:    end;
545:
546:    function deleted:boolean;
547:    begin
548:      deleted:=del
549:    end;
550:
551:    function wordnumber:longint;
552:    begin
553:      if not init then begin
554:        wordnumber:=0;
```

```
555:         error:=-2;
556:          exit
557:       end;
558:     wordnumber:=wanz;
559:     if not wordsok then error:=-1 else error:=0
560:   end;
561:
562:   function countwords:longint;
563:   var
564:     pu:array [1..512,1..2] of byte;
565:     i,k:integer;
566:   begin
567:     if not init then begin
568:        countwords:=0;
569:        error:=-2;
570:        exit
571:     end;
572:     error:=0;
573:     wanz:=-2;           { da die ersten beiden Wörter ungültig sind }
574:     if ram then begin
575:       for i:=0 to 7 do begin
576:         wbublock:=wbu[i];
577:         for k:=0 to 16383 do if wbublock^[k shl 1]>1 then inc(wanz)
578:       end
579:     end else begin
580:       seek(wbufile,0);
581:       for i:=1 to 256 do begin
582:         blockread(wbufile,pu,1024);
583:         for k:=1 to 512 do if pu[k,1]>1 then inc(wanz)
584:       end;
585:       error:=ioresult
586:     end;
587:     countwords:=wanz;
588:     if error=0 then
589:       wordsok:=true
590:     else begin
591:       wordsok:=false;
592:       error:=-1
593:     end
594:   end;
595:
596:   function lexerror:integer;
597:   begin
598:     lexerror:=error;
599:     error:=0
600:   end;
601:
602:   procedure setmethod(mode:byte);
603:   begin
604:     if init then exit;
```

```
605:      ram:=(mode=spram)
606:    end;
607:
608:    procedure getmethod(var mode:byte);
609:    begin
610:      mode:=byte(ram)
611:    end;
612:
```

Das zeichenweise Einlesen oder Schreiben mit den unter Turbo Pascal zur
Verfügung stehenden Möglichkeiten ist bei Dateien unbefriedigend lang-
sam. Deshalb werden für die Prozedur *FastRead* ein Lese- und für *Fast-
Write* ein Schreibpuffer erzeugt, die mit den schnellen Turbo Pascal-Prozeduren *BlockRead* und *BlockWrite* gefüllt oder geleert werden. Der dabei
erzielte Geschwindigkeitszuwachs ist enorm (rund 15 Mal schneller).
Die Größen des Lese- und des Schreibpuffers können mit Hilfe der Konstanten *max* (am Anfang des IMPLEMENTATION-Teils definiert) verändert werden und betragen in der Standardeinstellung je 512 Bytes.

```
613:    procedure OpenFastRead(name:string);
614:    begin
615:      closefastread;
616:      if name='' then begin
617:        ferror:=2;  { Datei nicht gefunden }
618:        endoffile:=true;
619:        rinit:=false;
620:        exit
621:      end;
622:      assign(rf,name);
623:      reset(rf,1);
624:      blockread(rf,rpu,max,gelesen);
625:      rptr:=1;
626:      ferror:=ioresult;
627:      rinit:=(ferror=0);
628:      endoffile:=(gelesen=0) or (ferror<>0)
629:    end;
630:
631:    procedure CloseFastRead;
632:    begin
633:      if not rinit then exit;
634:      close(rf);
635:      ferror:=ioresult;
636:      rinit:=false;
637:    end;
638:
639:    procedure FastRead(var ch:char);
640:    begin
641:      if rinit then begin
642:        ch:=rpu[rptr];
```

```
643:        inc(rptr);
644:        if rptr>max then begin
645:          rptr:=1;
646:          blockread(rf,rpu,max,gelesen);
647:          ferror:=ioresult
648:        end;
649:        if rptr>gelesen then begin
650:          endoffile:=true;
651:          rinit:=false
652:        end
653:      end else begin
654:        if endoffile then ferror:=100  { Versuch, trotz Dateiende zu lesen }
655:      end;
656:    end;
657:
658:    function EndFastRead:boolean;
659:    begin
660:      endfastread:=endoffile
661:    end;
662:
663:    procedure OpenFastWrite(name:string);
664:    begin
665:      closefastwrite;
666:      if name='' then begin
667:        ferror:=2;  { Datei nicht gefunden }
668:        winit:=false;
669:        exit
670:      end;
671:      assign(wf,name);
672:      rewrite(wf,1);
673:      ferror:=ioresult;
674:      winit:=(ferror=0)
675:    end;
676:
677:    procedure CloseFastWrite;
678:    var
679:      err:integer;
680:    begin
681:      if not winit then exit;
682:      ferror:=0;
683:      if wptr<>0 then begin
684:        blockwrite(wf,wpu,wptr,geschrieben);     { Puffer leeren }
685:        if wptr<>geschrieben then ferror:=101;  { Diskette voll }
686:      end;
687:      close(wf);
688:      err:=ioresult;
689:      winit:=false
690:    end;
691:
```

```
692:    procedure FastWrite(ch:char);
693:    begin
694:      if winit then begin
695:        if wptr=max then begin
696:          blockwrite(wf,wpu,max,geschrieben);
697:          ferror:=ioresult;
698:          if max<>geschrieben then ferror:=101;  { Diskette voll }
699:          wptr:=0;
700:        end;
701:        inc(wptr);
702:        wpu[wptr]:=ch
703:      end
704:    end;
705:
706:    function FastIOError:integer;
707:    begin
708:      fastioerror:=ferror;
709:      ferror:=0
710:    end;
711:
712: {$F+}
713:    procedure schluss;
714:    begin
715:      closelex;
716:      closefastread;
717:      closefastwrite;
718:      exitproc:=altexit
719:    end;
720: {$F-}
721:
722: begin
723:    init:=false;
724:    ins:=false;
725:    del:=false;
726:    wordsok:=false;
727:    wanz:=0;
728:    error:=0;
729:    ram:=false;       { Wörterbuch nicht im Arbeitsspeicher }
730:    rinit:=false;
731:    winit:=false;
732:    endoffile:=false;
733:    ferror:=0;
734:    rptr:=0;
735:    wptr:=0;
736:    altexit:=exitproc;
737:    exitproc:=addr(schluss)
738: end.
```

# Quellcode der Unit Standard

Viele der hier implementierten Routinen werden oft in meinem Programmieralltag benötigt und sind sicher schon von vielen erfunden und geschrieben worden.
Wesentlich scheint mir, daß auch die trivialsten Prozeduren und Funktionen gut dokumentiert und ausreichend getestet werden müssen, damit sich auch jener Software-Entwickler die Arbeit erleichtern läßt, der nur seinen eigenen Programmierkünsten wirklich traut.

```
 1: {$R-,S-,I-,D-,F-,V-,B-}
 2:
 3: unit standard;
 4:
 5: {  ┌────────────────────────────────────────────────┐  }
 6: {  │ Autor        │ Anton Liebetrau, Winterthur/Schweiz │  }
 7: {  │ Copyright    │ 1989, Vieweg-Verlag, Wiesbaden/BRD   │  }
 8: {  │ Programmname │ Turbo Standard                       │  }
 9: {  │ Beschreibung │ Stringbehandlung, Zahlensysteme ...  │  }
10: {  │ Version      │ 1.00                                 │  }
11: {  │ Stand        │ 24. Februar 1989                     │  }
12: {  └────────────────────────────────────────────────┘  }
13:
14: interface
15: uses
16:    crt;
17: var
18:    Esc:boolean;
19:
20:    function Upper(s:string):string;
21:      { Wandelt Zeichenkette in Großbuchstaben um }
22:    function Lower(s:string):string;
23:      { Wandelt Zeichenkette in Kleinbuchstaben um }
24:    function FirstUpper(s:string):string;
25:      { Das erste Zeichen eines Strings wird groß, die restlichen klein }
26:
27:    function LTrim(s:string):string;
28:      { Eliminiert führende (linksstehende) Leerzeichen }
29:    function RTrim(s:string):string;
30:      { Eliminiert folgende (rechtsstehende) Leerzeichen }
31:    function Trim(s:string):string;
32:      { Eliminiert alle Leerzeichen }
33:
34:    function InStr(teil,ganz:string; p:byte):byte;
35:      { Sucht <teil> in <ganz> ab der Position <p> }
36:    function Replicate(ch:char; anz:byte):STRING;
37:      { Erzeugt eine Zeichenkette gleicher Zeichen und beliebiger Länge }
38:    function LString(s:STRING; lang:byte):STRING;
39:      { Übergibt eine Anzahl Zeichen, die links einer Zeichenkette stehen }
```

```
40:    function RString(s:STRING; lang:byte):STRING;
41:      { Übergibt eine Anzahl Zeichen, die rechts einer Zeichenkette stehen }
42:
43:    function FileExist(name:string):boolean;
44:      { Prüft, ob eine Datei vorhanden ist }
45:    function LongFileName(name:string):string;
46:      { Erweitert einen Dateinamen mit dem Pfad }
47:    function ShortFileName(name:string):string;
48:      { Eliminiert den Suchpfad bei einer Datei }
49:
50:    procedure CopyFile(quelle,ziel:string);
51:      { Kopiert eine Datei }
52:    procedure CopyBuffer(size:word);
53:      { Richtet einen Puffer für <CopyFile> ein }
54:    function CopyError:integer;
55:      { Übergibt eine Fehlernummer, passend zu <CopyFile> }
56:    function ErrorMsg(err:integer):string;
57:      { Übergibt eine Fehlermeldung in deutscher Sprache }
58:
59:    function BitSet(wert:longint; nr:byte):boolean;
60:      { Wahr, wenn Bit gesetzt ist }
61:    function SetBit(wert:longint; nr:byte):longint;
62:      { Setzt ein bestimmtes Bit }
63:    function ClrBit(wert:longint; nr:byte):longint;
64:      { Löscht ein bestimmtes Bit }
65:
66:    function Hex(wert:longint):string;
67:      { Wandelt einen Wert ins hexadezimale System um }
68:    function Bin(wert:longint):string;
69:      { Wandelt einen Wert ins binäre System um }
70:    function ValHex(s:string):longint;
71:      { Wandelt einen hexadezimalen Wert um }
72:    function ValBin(s:string):longint;
73:      { Wandelt einen binären Wert um }
74:    function DelZero(s:string):string;
75:      { Löscht führende Nullen }
76:    function Float(r:real):string;
77:      { Stellt eine reelle Zahl mit Fließkomma dar }
78:    function Rnd(start,ende:word):word;
79:      { Erzeugt eine Zufallszahl, die in einem bestimmten Bereich liegt }
80:
81:    function ReadStr(start:string; len:byte):string;
82:      { Liest eine Zeichenkette ein }
83:    function ReadInt(len:byte):longint;
84:      { Liest eine ganze Zahl ein }
85:    function ReadReal(len:byte):real;
86:      { Liest eine reelle Zahl ein }
87:    procedure BeepOn;
88:      { Schaltet Warnton ein }
89:    procedure BeepOff;
90:      { Schaltet Warnton aus }
```

```
 91:
 92:    function IntRange(i,anfg,ende:longint):boolean;
 93:      { Prüft, ob sich ein ganzzahliger Wert in einem Bereich befindet }
 94:    function RealRange(r,anfg,ende:real):boolean;
 95:      { Prüft, ob sich ein reeller Wert in einem gewissen Bereich befindet }
 96:    function CharRange(ch,anfg,ende:char):boolean;
 97:      { Prüft, ob sich ein Zeichen in einem bestimmten Bereich befindet }
 98:
```

Die Konstante *max* legt die Standard-Größe (in Bytes) des Puffers fest,
der von der Prozedur *CopyFile* verwendet wird, falls Sie diese nicht explizit mit der Prozedur *CopyBuffer* selbst bestimmen.
Eine Puffergröße von 16 KBytes reicht in den meisten Fällen für ein
schnelles Kopieren von Dateien völlig aus.

```
 99: implementation
100: const
101:    max=$4000;        { 16 KBytes Puffer für <CopyFile> }
102: var
103:    puffer:pointer;   { für <CopyFile>                  }
104:    bufexist:boolean;
105:    cerror:integer;
106:    boff:boolean;     { für <BeepOn>, <BeepOff>, <Beep> }
107:
```

Die Codes der Klein- und Großbuchstaben unterscheiden sich nur durch
ein einziges Bit. Die Prozeduren *Upper* und *Lower* machen von dieser
Tatsache Gebrauch.

```
108:    function upper(s:string):string;
109:    var
110:       z:array [0..255] of byte absolute s;
111:       i:byte;
112:    begin
113:       for i:=1 to z[0] do begin
114:         case z[i] of
115:           97..122:z[i]:=z[i] xor 32;
116:           132:s[i]:='Ä';
117:           148:s[i]:='Ö';
118:           129:s[i]:='Ü'
119:         end
120:       end;
121:       upper:=s
122:    end;
123:
124:    function lower(s:string):string;
125:    var
126:       i:byte;
127:       z:array [0..255] of byte absolute s;
```

```
128:    begin
129:      for i:=1 to z[0] do begin
130:        case z[i] of
131:          65..90:z[i]:=z[i] xor 32;
132:          142:z[i]:=132;
133:          153:z[i]:=148;
134:          154:z[i]:=129
135:        end
136:      end;
137:      lower:=s
138:    end;
139:
140:    function firstupper(s:string):string;
141:    begin
142:      s:=lower(s);
143:      if s[0]>#0 then begin
144:        case s[1] of
145:          'a'..'z':s[1]:=upcase(s[1]);
146:          'ä':s[1]:='Ä';
147:          'ö':s[1]:='Ö';
148:          'ü':s[1]:='Ü'
149:        end
150:      end;
151:      firstupper:=s
152:    end;
153:
154:    function ltrim(s:string):string;
155:    var
156:      i:byte;
157:      len:byte absolute s;
158:    begin
159:      for i:=1 to len do begin
160:        if s[i]<>#32 then begin
161:          delete(s,1,pred(i));
162:          ltrim:=s;
163:          exit
164:        end;
165:      end;
166:      if s[len]=#32 then len:=0;
167:      ltrim:=s
168:    end;
169:
170:    function rtrim(s:string):string;
171:    var
172:      i:byte;
173:      len:byte absolute s;
174:    begin
175:      for i:=len downto 1 do begin
176:        if s[i]<>#32 then begin
177:          s[0]:=char(i);
178:          rtrim:=s;
```

```
179:        exit
180:      end;
181:    end;
182:    if s[1]=#32 then len:=0;
183:    rtrim:=s
184:  end;
185:
186:  function trim(s:string):string;
187:  var
188:    i:byte;
189:    len:byte absolute s;
190:    temp:string;
191:    z:byte absolute temp;
192:  begin
193:    z:=0;
194:    for i:=1 to len do begin
195:      if s[i]<>#32 then begin
196:        inc(z);
197:        temp[z]:=s[i]
198:      end
199:    end;
200:    trim:=temp
201:  end;
202:
203:  function instr(teil,ganz:string; p:byte):byte;
204:  var
205:    b:byte;
206:  begin
207:    if p>length(ganz) then begin instr:=0; exit end;
208:    if p=0 then begin instr:=0; exit end;
209:    delete(ganz,1,pred(p));
210:    b:=pos(teil,ganz);
211:    if b=0 then
212:      instr:=0
213:    else
214:      instr:=p+pred(b)
215:  end;
216:
217:  function fileexist(name:string):boolean;
218:  var
219:    f:file;
220:  begin
221:    fileexist:=false;
222:    if name='' then exit;
223:    assign(f,name);
224:    {$i-}
225:    reset(f);
226:    {$i+}
227:    if ioresult=0 then begin
228:      fileexist:=true;
```

```
229:      close(f)
230:    end
231:  end;
232:
```

Die in der Funktion *LongFileName* verwendete Prozedur *GetDir* meldet
keinen I/O-Fehler, wenn das bestimmte Laufwerk nicht bereit ist (bitte
beachten Sie, daß hier {$I+} gilt). In diesem Fall dauert aber die Ermitt-
lung des langen Dateinamens etwa 2 Sekunden.

```
233:  function longfilename(name:string):string;
234:  var
235:    pfad:string;
236:  begin
237:    name:=upper(trim(name));
238:    if name='' then begin longfilename:=''; exit end;
239:    if pos(':',name)>2 then begin longfilename:=name; exit end;
240:    getdir(0,pfad);
241:    if pos(':',name)=0 then name:=copy(pfad,1,2)+name;
242:    if pos('.',name)=0 then name:=name+'.';
243:    if name[3]<>'\' then begin
244:      getdir(pos(name[1],'ABCDEFGH'),pfad);
245:      if pfad[length(pfad)]<>'\' then pfad:=pfad+'\';
246:      delete(pfad,1,2);
247:      insert(pfad,name,3)
248:    end;
249:    longfilename:=name
250:  end;
251:
252:  function shortfilename(name:string):string;
253:  var
254:    i:byte;
255:    lauf:char;
256:  begin
257:    name:=longfilename(name);
258:    repeat
259:      i:=pos('\',name);
260:      if i<>0 then delete(name,3,i-2)
261:    until i=0;
262:    shortfilename:=name
263:  end;
264:
265:  function errormsg(err:integer):string;
266:  var
267:    e:string;
268:  begin
269:    e:='Unbekannter Fehler';
270:    case err of
271:      -2:e:='Kein Datenpuffer für <CopyFile>';
272:      -1:e:='Datei kann nicht in sich selbst kopiert werden';
```

```
273:              0:e:='Kein Fehler';
274:              2:e:='Datei nicht gefunden';
275:              3:e:='Pfad nicht gefunden';
276:              4:e:='Zuviele Dateien offen';
277:              6:e:='Datei-Handler zerstört';
278:             12:e:='Ungültige Zugriffsart';
279:             15:e:='Unzulässige Laufwerksnummer';
280:             16:e:='Verzeichnis kann nicht gelöscht werden';
281:             17:e:='<Rename> kann nicht ausgeführt werden';
282:            100:e:='Fehler beim Lesen des Datenträgers';
283:            101:e:='Fehler beim Beschreiben des Datenträgers';
284:            102:e:='Der Dateivariablen ist keine Datei zugeordnet';
285:            103:e:='Datei nicht geöffnet';
286:            104:e:='Datei nicht für Leseoperationen geöffnet';
287:            105:e:='Datei nicht für Schreiboperationen geöffnet';
288:            106:e:='Numerisches Format ungültig';
289:            150:e:='Diskette schreibgeschützt';
290:            151:e:='Peripheriegerät unbekannt';
291:            152:e:='Laufwerk nicht bereit';
292:            153:e:='Ungültige DOS-Funktion';
293:            154:e:='Prüfsumme beim Lesen vom Datenträger falsch';
294:            155:e:='Ungültiger Laufwerks-Parameterkopf';
295:            156:e:='Positionierungsfehler des Schreib-, Lesekopfes';
296:            157:e:='Unbekanntes Sektorformat';
297:            158:e:='Sektor nicht gefunden';
298:            159:e:='Drucker ohne Papier';
299:            160:e:='Schreibfehler beim Peripheriegerät';
300:            161:e:='Lesefehler beim Peripheriegerät';
301:            162:e:='Undefinierbarer Hardware-Fehler';
302:            200:e:='Division durch Null';
303:            201:e:='Fehler bei Bereichtsüberprüfung';
304:            202:e:='Stack-Überlauf';
305:            203:e:='Heap-Überlauf';
306:            204:e:='Ungültige Zeigeroperation';
307:            205:e:='Überlauf bei Fließkomma-Zahlen';
308:            206:e:='Unterlauf bei Fließkomma-Zahlen';
309:            207:e:='Fließkomma-Fehler';
310:            208:e:='Overlay-Verwaltung ist nicht installiert';
311:            209:e:='Fehler beim Lesen einer Overlay-Datei'
312:    end;
313:    errormsg:=e
314:  end;
315:
316:  function copyerror:integer;
317:  begin
318:    copyerror:=cerror;
319:    if cerror<>-2 then cerror:=0
320:  end;
321:
```

```
322:    procedure copybuffer(size:word);
323:    begin
324:      if bufexist then exit;
325:      if size<1024 then size:=1024;
326:      if maxavail<size then begin
327:        cerror:=-2;
328:        exit
329:      end;
330:      getmem(puffer,size);
331:      bufexist:=true
332:    end;
333:
334:    procedure copyfile(quelle,ziel:string);
335:    label
336:      aus;
337:    var
338:      f1,f2:file;
339:      gelesen,geschrieben:word;
340:    begin
341:      if not bufexist then copybuffer(max);  { Erzeugt Standard-Puffer }
342:      if cerror=-2 then exit;    { Kein Puffer vorhanden }
343:      cerror:=0;
344:      if longfilename(quelle)=longfilename(ziel) then begin
345:        cerror:=-1;
346:        exit
347:      end;
348:      {$I-}
349:      assign(f1,quelle);
350:      reset(f1,1);
351:      cerror:=ioresult; if cerror<>0 then goto aus;
352:      assign(f2,ziel);
353:      rewrite(f2,1);
354:      cerror:=ioresult; if cerror<>0 then goto aus;
355:      repeat
356:        blockread(f1,puffer^,max,gelesen);
357:        cerror:=ioresult; if cerror<>0 then goto aus;
358:        blockwrite(f2,puffer^,gelesen,geschrieben);
359:        cerror:=ioresult; if cerror<>0 then goto aus;
360:        if gelesen<>geschrieben then begin
361:          cerror:=101;  { Diskette voll }
362:          goto aus
363:        end
364:      until gelesen<>max;
365:    aus:
366:      close(f1);
367:      if ioresult=ioresult then;    { Möglichen Fehler löschen }
368:      close(f2);
369:      if ioresult=ioresult then;    { Möglichen Fehler löschen }
370:      {$I+}
371:    end;
372:
```

```
373:    function bitset(wert:longint; nr:byte):boolean;
374:    var
375:      z:longint;
376:    begin
377:      z:=1;
378:      bitset:=wert and (z shl nr)=z shl nr
379:    end;
380:
381:    function setbit(wert:longint; nr:byte):longint;
382:    var
383:      z:longint;
384:    begin
385:      z:=1;
386:      setbit:=wert or (z shl nr)
387:    end;
388:
389:    function clrbit(wert:longint; nr:byte):longint;
390:    var
391:      z:longint;
392:    begin
393:      z:=1;
394:      clrbit:=wert and (not (z shl nr))
395:    end;
396:
```

Die beiden Prozeduren *Hex* und *Bin* nutzen die Tatsache aus, daß alle
ganzzahligen Werte intern bereits in binärer Form dargestellt werden. 4
Bits ergeben immer eine hexadezimale Ziffer.

```
397:    function hex(wert:longint):string;
398:    const
399:      ziff:array [0..15] of char='0123456789ABCDEF';
400:    var
401:      z:string;
402:      i:integer;
403:      w:array [1..4] of byte absolute wert;
404:      b:byte;
405:    begin
406:      z:='';
407:      for i:=4 downto 1 do begin
408:        b:=w[i];
409:        b:=(b and 240) shr 4;
410:        z:=z+ziff[b];
411:        b:=w[i];
412:        b:=b and 15;
413:        z:=z+ziff[b]
414:      end;
415:      hex:=z
416:    end;
417:
```

```
418:   function bin(wert:longint):string;
419:   var
420:     z:string;
421:     i:byte;
422:   begin
423:     z:='';
424:     for i:=31 downto 0 do begin
425:       if bitset(wert,i) then
426:         z:=z+'1'
427:       else
428:         z:=z+'0'
429:     end;
430:     bin:=z
431:   end;
432:
433:   function valhex(s:string):longint;
434:   var
435:     l:longint;
436:     e,i:byte;
437:   begin
438:     s:=upper(s);
439:     l:=0;
440:     e:=length(s);
441:     if e>8 then e:=8;
442:     for i:=1 to e do l:=(l shl 4)+pred(pos(s[i],'0123456789ABCDEF'));
443:     valhex:=l
444:   end;
445:
446:   function valbin(s:string):longint;
447:   var
448:     l:longint;
449:     e,i:byte;
450:   begin
451:     l:=0;
452:     e:=length(s);
453:     if e>32 then e:=32;
454:     for i:=1 to e do l:=(l shl 1)+ord(s[i]='1');
455:     valbin:=l
456:   end;
457:
458:   function rnd(start,ende:word):word;
459:   var
460:     h:longint;
461:   begin
462:     if start>ende then begin h:=start; start:=ende; ende:=h end;
463:     rnd:=random(succ(ende-start))+start
464:   end;
465:
```

```
466:    function float(r:real):string;
467:    var
468:      temp:string;
469:      la:byte absolute temp;
470:      i:byte;
471:    begin
472:      str(r:1:9,temp);
473:      for i:=la downto 1 do begin
474:        if temp[i]<>'0' then begin
475:          la:=i;
476:          if temp[la]='.' then dec(la);
477:          float:=temp;
478:          exit
479:        end
480:      end;
481:      if temp[la]='.' then dec(la);
482:      float:=temp
483:    end;
484:
485:    function delzero(s:string):string;
486:    var
487:      i:byte;
488:      len:byte absolute s;
489:    begin
490:      for i:=1 to len do begin
491:        if s[i]<>'0' then begin
492:          delete(s,1,pred(i));
493:          delzero:=s;
494:          exit
495:        end;
496:      end;
497:      if s[len]='0' then len:=0;
498:      delzero:=s
499:    end;
500:
501:    function lstring(s:string; lang:byte):string;
502:    var
503:      la,i:byte;
504:      t:string;
505:    begin
506:      la:=length(s);
507:      if la<lang then begin
508:        t:=s;
509:        for i:=succ(la) to lang do t:=t+' ' end
510:      else
511:        t:=copy(s,1,lang);
512:      lstring:=t
513:    end;
514:
```

```
515:    function rstring(s:string; lang:byte):string;
516:    var
517:      la,i:byte;
518:      t:string;
519:    begin
520:      la:=length(s);
521:      if la<lang then begin
522:        t:=s;
523:        for i:=succ(la) to lang do t:=' '+t end
524:      else
525:        t:=copy(s,succ(la-lang),la);
526:      rstring:=t
527:    end;
528:
529:    procedure beep;
530:    begin
531:      if boff then exit;
532:      sound(880);
533:      delay(25);
534:      nosound
535:    end;
536:
537:    procedure beepon;
538:    begin
539:      boff:=false
540:    end;
541:
542:    procedure beepoff;
543:    begin
544:      boff:=true
545:    end;
546:
547:    function readstr(start:string; len:byte):string;
548:    var
549:      x,y,i,xpos:byte;
550:      break,nr1:boolean;
551:      ch:char;
552:      hilf:string;
553:    begin
554:      esc:=false;
555:      nr1:=true;
556:      x:=wherex;
557:      y:=wherey;
558:      if x+len>lo(windmax)-lo(windmin) then
559:        len:=succ(lo(windmax)-lo(windmin)-x);
560:      hilf:=lstring(start,len);
561:      for i:=1 to len do if hilf[i]<#32 then hilf[i]:='.';
562:      break:=checkbreak;
563:      checkbreak:=false;
564:      xpos:=1;
```

```
565:      repeat
566:       hilf:=lstring(hilf,len);
567:       gotoxy(x,y);
568:       write(hilf);
569:       gotoxy(pred(x+xpos),y);
570:       ch:=readkey;
571:       if nr1 then begin
572:         nr1:=false;
573:         if ch>#31 then hilf:=''
574:       end;
575:       if ch=#0 then begin
576:         ch:=readkey;
577:         case ch of
578:           #75:dec(xpos);              { <-   }
579:           #77:if xpos=len then        { ->   }
580:                  beep
581:                else
582:                  inc(xpos);
583:           #71:xpos:=1;               { Home }
584:           #79:inc(xpos,80);          { End  }
585:           #83:delete(hilf,xpos,1)    { Del  }
586:           else beep
587:         end;
588:         if xpos<1 then xpos:=1;
589:         if xpos>succ(length(hilf)) then xpos:=succ(length(rtrim(hilf)));
590:         if xpos>len then xpos:=len end
591:       else begin
592:         case ch of
593:           ^Y:begin
594:                hilf:='';
595:                xpos:=1
596:              end;
597:           #8:if xpos>1 then begin  { |<-  }
598:                dec(xpos);
599:                delete(hilf,xpos,1) end
600:              else
601:                beep;
602:           #27:
603:              esc:=true;             { Esc  }
604:           #32..#255:
605:              begin
606:                if xpos<=len then begin
607:                  insert(ch,hilf,xpos);
608:                  inc(xpos)
609:                end;
610:                if xpos>len then beep
611:              end
612:         end  { case }
613:       end; { else }
614:       if xpos>len then xpos:=len
615:     until pos(ch,#13#27)<>0;
```

```
616:      if esc then
617:        readstr:=start
618:      else
619:        readstr:=rtrim(hilf);
620:      checkbreak:=break
621:    end;
622:
623:    function readint(len:byte):longint;
624:    var
625:      x,y,xpos:byte;
626:      zahl:longint;
627:      h:integer;
628:      break:boolean;
629:      ch,first:char;
630:      hilf:string;
631:    begin
632:      esc:=false;
633:      x:=wherex;
634:      y:=wherey;
635:      if len>11 then len:=11;
636:      if x+len>lo(windmax)-lo(windmin) then
637:        len:=succ(lo(windmax)-lo(windmin)-x);
638:      break:=checkbreak;
639:      checkbreak:=false;
640:      hilf:='';
641:      xpos:=1;
642:      repeat
643:        hilf:=lstring(hilf,len);
644:        gotoxy(x,y);
645:        write(hilf);
646:        gotoxy(pred(x+xpos),y);
647:        if length(hilf)>0 then
648:          first:=hilf[1]
649:        else
650:          first:='?';
651:        ch:=readkey;
652:        if ch=#0 then begin
653:          ch:=readkey;
654:          case ch of
655:            #75:dec(xpos);              { <-    }
656:            #77:if xpos=len then        { ->    }
657:                  beep
658:                else
659:                  inc(xpos);
660:            #71:xpos:=1;                { Home }
661:            #79:inc(xpos,80);           { End  }
662:            #83:delete(hilf,xpos,1)     { Del  }
663:            else beep
664:          end;
665:          if xpos<1 then xpos:=1;
666:          if xpos>succ(length(hilf)) then xpos:=succ(length(rtrim(hilf))) end
```

```
667:        else begin
668:          case upcase(ch) of
669:            ^Y:begin
670:                 hilf:='';
671:                 xpos:=1
672:               end;
673:            #8:if xpos>1 then begin
674:                 dec(xpos);
675:                 delete(hilf,xpos,1) end
676:               else
677:                 beep;
678:            #27:
679:               esc:=true;
680:            '0'..'9':
681:               begin
682:                 if xpos=len then beep;
683:                 if (xpos=1) and (pos(first,'-$')<>0) then
684:                   beep
685:                 else begin
686:                   insert(ch,hilf,xpos);
687:                   inc(xpos)
688:                 end
689:               end;
690:            '-','$':
691:               if (xpos<>1) or (pos(first,'-$')<>0) then
692:                 beep
693:               else begin
694:                 insert(ch,hilf,1);
695:                 xpos:=2
696:               end;
697:            'A'..'F':
698:               if (xpos=1) or (first<>'$') then
699:                 beep
700:               else begin
701:                 if xpos=len then beep;
702:                 insert(ch,hilf,xpos);
703:                 inc(xpos)
704:               end;
705:            else
706:               if ch<>#13 then beep
707:          end  { case }
708:        end; { else }
709:        if xpos>len then xpos:=len
710:      until pos(ch,#13#27)<>0;
711:      if esc then
712:        readint:=0
713:      else begin
714:        hilf:=trim(hilf);
715:        val(hilf,zahl,h);
```

```
716:        if h<>0 then begin
717:          hilf[0]:=char(h-1);
718:          val(hilf,zahl,h);
719:          gotoxy(x,y);
720:          write(lstring(hilf,len))
721:        end;
722:        readint:=zahl
723:      end;
724:    checkbreak:=break
725:  end;
726:
727:  function readreal(len:byte):real;
728:  var
729:    x,y,xpos:byte;
730:    break,e:boolean;
731:    ch,first:char;
732:    hilf:string;
733:    zahl:real;
734:    h:integer;
735:  begin
736:    esc:=false;
737:    x:=wherex;
738:    y:=wherey;
739:    if len>34 then len:=34;
740:    if x+len>lo(windmax)-lo(windmin) then
741:      len:=succ(lo(windmax)-lo(windmin)-x);
742:    break:=checkbreak;
743:    checkbreak:=false;
744:    hilf:='';
745:    xpos:=1;
746:    repeat
747:      hilf:=lstring(hilf,len);
748:      gotoxy(x,y);
749:      write(hilf);
750:      gotoxy(pred(x+xpos),y);
751:      if length(hilf)>0 then
752:        first:=hilf[1]
753:      else
754:        first:='?';
755:      ch:=readkey;
756:      if ch=#0 then begin
757:        ch:=readkey;
758:        case ch of
759:          #75:dec(xpos);                { <-  }
760:          #77:if xpos=len then          { ->  }
761:                beep
762:              else
763:                inc(xpos);
764:          #71:xpos:=1;                  { Home }
765:          #79:inc(xpos,80);             { End }
766:          #83:delete(hilf,xpos,1)       { Del }
```

```
767:            else beep
768:          end;
769:        if xpos<1 then xpos:=1;
770:        if xpos>succ(length(hilf)) then xpos:=succ(length(rtrim(hilf))) end
771:      else begin
772:        case upcase(ch) of
773:          ^Y:begin
774:               hilf:='';
775:               xpos:=1
776:             end;
777:          #8:if xpos>1 then begin
778:               dec(xpos);
779:               delete(hilf,xpos,1) end
780:             else
781:               beep;
782:          #27:
783:             esc:=true;
784:          '0'..'9':
785:             begin
786:               if xpos=len then beep;
787:               insert(ch,hilf,xpos);
788:               inc(xpos)
789:             end;
790:          'E':
791:             if (xpos=1) or (xpos>=succ(len)) then
792:               beep
793:             else begin
794:               if pos(hilf[xpos-1],'-.')<>0 then
795:                 beep
796:               else begin
797:                 e:=false;
798:                 for h:=1 to length(hilf) do
799:                   if upcase(hilf[h])='E' then e:=true;
800:                 if e then
801:                   beep
802:                 else begin
803:                   insert(ch,hilf,xpos);
804:                   inc(xpos)
805:                 end
806:               end
807:             end;
808:          '-':
809:             if ((xpos=1) and (first='-')) or (xpos>=succ(len)) then
810:               beep
811:             else begin
812:               if (xpos<>1) and (upcase(hilf[xpos-1])<>'E') then
813:                 beep
814:               else begin
815:                 if (xpos<>length(hilf)+1) and (hilf[xpos]='-') then
816:                   beep
```

```
817:                    else begin
818:                       insert('-',hilf,xpos);
819:                       inc(xpos)
820:                    end
821:                 end
822:               end;
823:            '.':
824:               if (xpos=1) or (xpos>=succ(len)) then
825:                 beep
826:               else begin
827:                 if pos(hilf[xpos-1],'-eE')<>0 then
828:                   beep
829:                 else begin
830:                   e:=false;
831:                   for h:=1 to length(hilf) do
832:                     if hilf[h]='.' then e:=true;
833:                   if e then
834:                     beep
835:                   else begin
836:                     e:=false;
837:                     for h:=1 to pred(xpos) do
838:                       if upcase(hilf[h])='E' then e:=true;
839:                     if e then
840:                       beep
841:                     else begin
842:                       insert('.',hilf,xpos);
843:                       inc(xpos)
844:                     end
845:                   end
846:                 end
847:               end;
848:            else
849:               if ch<>#13 then beep
850:          end { case }
851:        end; { else }
852:        if xpos>len then xpos:=len
853:      until pos(ch,#13#27)<>0;
854:      if esc then
855:        readreal:=0
856:      else begin
857:        hilf:=trim(hilf);
858:        repeat
859:          val(hilf,zahl,h);
860:          if h<>0 then begin
861:            if h>length(hilf) then h:=length(hilf);
862:            delete(hilf,h,1)
863:          end
864:        until h=0;
865:        gotoxy(x,y);
```

```
866:          write(lstring(hilf,len));
867:           readreal:=zahl
868:        end;
869:      checkbreak:=break
870:    end;
871:
872:    function replicate(ch:char; anz:byte):string;
873:    var
874:      h:string;
875:      k:word;
876:    begin
877:      k:=anz;
878:      fillchar(h,succ(k),ch);
879:      h[0]:=char(anz);
880:      replicate:=h
881:    end;
882:
883:    function intrange(i,anfg,ende:longint):boolean;
884:    begin
885:      intrange:=(i>=anfg) and (i<=ende)
886:    end;
887:
888:    function realrange(r,anfg,ende:real):boolean;
889:    begin
890:      realrange:=(r>=anfg) and (r<=ende)
891:    end;
892:
893:    function charrange(ch,anfg,ende:char):boolean;
894:    begin
895:      charrange:=(ch>=anfg) and (ch<=ende)
896:    end;
897:
898: begin
899:    cerror:=0;
900:    esc:=false;
901:    boff:=true;
902:    bufexist:=false
903: end.
```

# Quellcode der Unit Sys

Die in der Unit Sys enthaltenen Funktionen und Prozeduren sind maschinennah programmiert. Einerseits werden Interrupts des Betriebssystems aufgerufen, andererseits wird direkt auf bestimmte Speicherstellen des Systemspeichers zugegriffen. Die einzelnen Routinen sind jedoch in der höchst möglichen Programmier-Ebene geschrieben, so daß Probleme bei nur teilweise kompatiblen Computern weitgehend vermieden werden können.

```
 1: {$R-,S-,I-,D-,F-,V-,B-}
 2:
 3: unit Sys;
 4:
 5: { +-----------------------------------------------------+ }
 6: { | Autor        | Anton Liebetrau, Winterthur/Schweiz  | }
 7: { | Copyright    | 1989, Vieweg-Verlag, Wiesbaden/BRD   | }
 8: { | Programmname | Turbo Sys                            | }
 9: { | Beschreibung | Systemnahe Routinen                  | }
10: { | Version      | 1.00                                 | }
11: { | Stand        | 24. Februar 1989                     | }
12: { +-----------------------------------------------------+ }
13:
14: interface
15: uses
16:    crt,dos;
17: const
18:    RightShift     = $01;
19:    LeftShift      = $02;
20:    CtrlKey        = $04;
21:    AltKey         = $08;
22:    ScrollLockMode = $10;
23:    NumLockMode    = $20;
24:    CapsLockMode   = $40;
25:    InsMode        = $80;
26:
27:    LstNotHere     = $02;   { Schnittstelle nicht vorhanden     }
28:    LstAtWork      = $10;   { Drucker arbeitet                  }
29:    LstOff         = $30;   { Drucker ausgeschaltet             }
30:    LstOffLine     = $80;   { Drucker im OFF-LINE Betrieb       }
31:    LstReady       = $90;   { Drucker für Zeichenausgabe bereit }
32:    LstNoPaper     = $A0;   { Drucker ohne Papier               }
33:
34:    procedure SetCursor(oben,unten:byte);
35:       { Setzt die Cursorgröße }
36:    procedure GetCursor(var oben,unten:byte);
37:       { Liest die aktuelle Cursorgröße }
38:    procedure CursorOn;
39:       { Cursor wird sichtbar }
```

```
40:    procedure CursorOff;
41:      { Cursor wird unsichtbar }
42:    procedure BigCursor;
43:      { Cursor als Block }
44:    procedure NormCursor;
45:      { Cursor als Strich }
46:
47:    procedure ReadScr(var zch:char; var attr:byte);
48:      { Liest an der aktuellen Bildschirmposition ein Zeichen, Attribut }
49:    procedure WriteScr(zch:char; attr:byte);
50:      { Schreibt an der aktuellen Bildschirmposition ein Zeichen, Attribut }
51:    procedure FillScr(zch:char; attr:byte);
52:      { Füllt den gesamten Bildschirm mit einem Zeichen, Attribut }
53:
54:    function LstStatus(nr:byte):byte;
55:      { Ermittelt den Zustand des Druckers an LPT1:, LPT2: ... }
56:    function KeyStatus:byte;
57:      { Ermittelt, welche Umschalttasten (ALT, CTRL ...) gedrückt sind }
58:
59:    function MaxRam:longint;
60:      { Ermittelt die Größe des gesamten RAM-Speichers }
61:    function FreeRam:longint;
62:      { Ermittelt die Größe des verbleibenden RAM-Speichers }
63:    function ProgSize:longint;
64:      { Ermittelt die Größe (in Bytes) des aktuellen Programmes }
65:
66:    function EnvironCount:word;
67:      { Ermittelt, wieviele Environment-Einräge vorhanden sind }
68:    function EnvironStr(nr:word):string;
69:      { Liefert einen Environment-Eintrag }
70:    procedure SplitEnvironStr(nr:WORD; VAR vari,wert:STRING);
71:      { Teilt einen Environment-Eintrag in zwei Teile (Variable, Wert) }
72:
73:    procedure LookKbd(var scan,ch:char);
74:      { Ermittelt, welche Taste sich im Tastaturpuffer befindet }
75:    procedure ReadKbd(var scan,ch:char);
76:      { Liest ein Zeichen aus dem Tastaturpuffer }
77:    procedure WriteKbd(scan,ch:char);
78:      { Schreibt ein Zeichen in den Tastaturpuffer }
79:    procedure ClearKbd;
80:      { Löscht den gesamten Tastaturpuffer }
81:    function FreeKbd:byte;
82:      { Ermittelt, wieviele Zeichen der Puffer noch aufnehmen kann }
83:
84:    procedure StartTimer;
85:      { Startet die Stoppuhr }
86:    procedure StopTimer;
87:      { Hält die Stoppuhr an }
88:    function TimerSec:real;
89:      { Ermittelt die Zeit (in Sekunden), während der die Stoppuhr }
90:      { eingeschaltet war                                          }
```

```
 91:
 92:    function FloppyDrives:byte;
 93:      { Ermittelt die Anzahl der Disketten-Laufwerke }
 94:    function Drives:byte;
 95:      { Ermittelt die Anzahl aller verfügbaren Laufwerke }
 96:    function COM:byte;
 97:      { Ermittelt die Anzahl der RS-232-Schnittstellen (seriell) }
 98:    function LPT:byte;
 99:      { Ermittelt die Anzahl der Centronics-Schnittstellen (parallel) }
100:    function CPU87:boolean;
101:      { WAHR, wenn mathematischer Co-Prozessor vorhanden }
102:
103:    procedure PrtScrOff;
104:      { Schaltet die <PrtScr>-Taste aus }
105:    procedure PrtScrOn;
106:      { Schaltet die <PrtScr>-Taste ein }
107:    procedure PrtScr;
108:      { Druckt den Bildschirminhalt aus }
109:
110:    procedure GetScrMode(var mode:byte);
111:      { Ermittelt den aktuellen Bildschirmmodus }
112:    procedure SetScrMode(mode:byte);
113:      { Setzt einen Bildschirmmodus }
114:
115:    procedure Version(var ver,rel:byte);
116:      { Ermittelt die MS-DOS-Version }
117:
118: implementation
119: var
120:    reg:registers;
121:    curso,cursu,mode:byte;
122:    ec:word;
123:    int05save,exitprocsave:pointer;
124:    startt,stopt:longint;
125:
```

Mit Hilfe der Turbo Pascal-Anweisung *MemL[0:$46c]* läßt sich der aktuelle Stand eines Zählers ermitteln, der bei jedem Interrupt 8 um eins erhöht wird. Dieser Interrupt wird rund 18.2 Mal in der Sekunde von einem Oszillator ausgelöst, der mit einer Frequenz von 1'193'180/65'536 Hertz schwingt.

Beim Einschalten des Computersystems wird dieser Zähler auf 0 gesetzt und normalerweise mit dem DOS-Befehl *time* vom Anwender verändert. Der höchste Zählerstand entspricht dem ganzzahligen Wert 1'573'040.

Der Interrupt 26, der in den beiden Prozeduren *StartTimer* und *StopTimer* aufgerufen wird, ermittelt den aktuellen Stand des Zeitzählers an der Speicherstelle $0000:$046c.

```
126:    procedure StartTimer;
127:    begin
128:      reg.ah:=0;
129:      intr(26,reg);
130:      startt:=reg.cx;
131:      startt:=startt shl 16+reg.dx
132:    end;
133:
134:    procedure StopTimer;
135:    begin
136:      reg.ah:=0;
137:      intr(26,reg);
138:      stopt:=reg.cx;
139:      stopt:=stopt shl 16+reg.dx
140:    end;
141:
142:    function TimerSec:real;
143:    begin
144:      if stopt<startt then inc(stopt,1573040);
145:      timersec:=(stopt-startt)/18.2064819  { = 1'193'180/65'536 }
146:    end;
147:
148:    procedure setcursor(oben,unten:byte);
149:    begin
150:      reg.ah:=$01;
151:      reg.ch:=oben;
152:      reg.cl:=unten;
153:      intr($10,reg)
154:    end;
155:
156:    procedure getcursor(var oben,unten:byte);
157:    begin
158:      reg.ah:=$03;
159:      reg.bh:=$00;
160:      intr($10,reg);
161:      oben:=reg.ch;
162:      unten:=reg.cl
163:    end;
164:
165:    procedure cursoron;
166:    begin
167:      setcursor(curso,cursu)
168:    end;
169:
170:    procedure cursoroff;
171:    begin
172:      setcursor(48,1)
173:    end;
174:
```

```
175:    procedure bigcursor;
176:    begin
177:      curso:=0;
178:      cursoron;
179:    end;
180:
181:    procedure normcursor;
182:    begin
183:      curso:=pred(cursu);
184:      cursoron;
185:    end;
186:
187:    procedure readscr(var zch:char; var attr:byte);
188:    begin
189:      reg.ah:=$08;
190:      reg.bh:=$00;  { Bildschirmseite 1 }
191:      intr($10,reg);
192:      zch:=char(reg.al);
193:      attr:=reg.ah
194:    end;
195:
196:    procedure writescr(zch:char; attr:byte);
197:    begin
198:      reg.ah:=$09;
199:      reg.bh:=$00;
200:      reg.al:=byte(zch);
201:      reg.bl:=attr;
202:      reg.cx:=1;
203:      intr($10,reg)
204:    end;
205:
206:    procedure fillscr(zch:char; attr:byte);
207:    var
208:      x,y:byte;
209:      ob,un:word;
210:    begin
211:      x:=wherex;
212:      y:=wherey;
213:      ob:=windmin;
214:      un:=windmax;
215:      windmin:=0;
216:      windmax:=$184f;
217:      gotoxy(1,1);
218:      reg.ah:=$09;
219:      reg.bh:=$00;
220:      reg.al:=byte(zch);
221:      reg.bl:=attr;
222:      reg.cx:=2000;
223:      intr($10,reg);
```

```
224:        windmin:=ob;
225:        windmax:=un;
226:        gotoxy(x,y)
227:     end;
228:
229:     function lststatus(nr:byte):byte;
230:     begin
231:       reg.ah:=$02;
232:       reg.dx:=nr;
233:       intr($17,reg);
234:       lststatus:=reg.ah
235:     end;
236:
```

Der von der Funktion *KeyStatus* ermittelte Tastaturzustand befindet sich
auch im Speicher an der Stelle $0000:$0417.

```
237:     function keystatus:byte;
238:     begin
239:       reg.ah:=$02;
240:       intr($16,reg);
241:       keystatus:=reg.al
242:     end;
243:
```

Der Interrupt $12, verwendet in der Funktion *MaxRam*, liest die
Speicherzelle mit der Adresse $0000:$0413 (zwei Bytes). Der darin ste-
hende Wert bezeichnet die Größe des Arbeitsspeichers in KBytes.

```
244:     function maxram:longint;
245:     var
246:       l:longint;
247:     begin
248:       intr($12,reg);
249:       l:=reg.ax;
250:       l:=l shl 10;
251:       maxram:=l
252:     end;
253:
```

Jedem .EXE-Programm wird ein Block von 256 Bytes vorangestellt, der
gewisse Informationen enthält. So bezeichnen beispielsweise das 2. und 3.
Byte (Beginn beim 0. Byte) die erste freie Speicherstelle (Segment der
Speicheradresse), die nicht mehr von einem Programm verwendet wird.
Falls ein Turbo Pascal-Programm mit dem Heap den gesamten Arbeitsspeicher belegt, bleibt kein freier Speicherplatz für weitere Anwendungs-
programme mehr übrig.

```
254:    function freeram:longint;
255:    var
256:      h:longint;
257:    begin
258:      h:=memw[prefixseg:2];
259:      h:=h shl 4;
260:      freeram:=maxram-h
261:    end;
262:
```

Eine typische .EXE-Datei, erzeugt unter Turbo Pascal, besteht aus folgenden Teilen:

- Ablaufumgebung (Environment, ein Vielfaches von 16 Bytes)
- Programm-Segment-Präfix (PSP, immer 256 Bytes)
- Programm-Code (beliebige Größe)
- Daten (maximal 64 KBytes)
- Stack (maximal 64 KBytes)
- Heap (beliebige Größe)

Um die korrekte Programm-Länge zu ermitteln, müssen die beiden Speicheradressen bekannt sein, die auf den Beginn und das Ende eines Programmes zeigen. Diese können mit *MemW[PrefixSeg:44]* (Programm-Beginn) und *MemW[PrefixSeg:2]* (Programm-Ende) ermittelt werden. Die so erhaltenen Werte entsprechen dem Segment der gewünschten Adressen (deshalb bestimmt die Anweisung *segment SHL 4* die wirkliche Speicher-Adresse).

```
263:    function progsize:longint;
264:    var
265:      fre,env:longint;
266:    begin
267:      env:=memw[prefixseg:44];
268:      env:=env shl 4;
269:      fre:=memw[prefixseg:2];
270:      fre:=fre shl 4;
271:      progsize:=fre-env
272:    end;
273:
```

Da die Ermittlung der Anzahl Environment-Einträge relativ viel Rechner-Zeit in Anspruch nimmt, wird diese bei der Initialisierung der Unit Sys ermittelt. Dies geschieht durch den Aufruf der Funktion *environc* im Initialisierungs-Teil; das Ergebnis befindet sich nach dem Funktionsaufruf in der Variablen *ec*, auf die außerhalb der Unit **Sys** nicht zugegriffen werden kann.

Die Ablaufumgebung (Environment) wird jedem gestarteten .EXE-Programm vorangestellt und enthält Anweisungen, die den Programm-Ablauf steuern können (siehe hierzu auch *EnvironCount* im 1. Teil dieses Buches). Die Ablaufumgebung besteht aus Zeichenketten, die durch das Zeichen #0 voneinander getrennt sind. Das Ende wird mit zwei aufeinanderfolgenden #0 bekanntgegeben.

Die Speicheradresse des ersten Zeichens der Ablaufumgebung steht im PSP (verfügbar mit *MemW[PrefiSeg:44]*, wobei der so ermittelte Wert dem Segment-Teil der Adresse entspricht; der Offset-Teil beträgt immer 0). Die Größe der Ablaufumgebung ist immer ein Vielfaches von 16.

```
274:    function environc:word;
275:    var
276:      env:word;
277:      einmal:boolean;
278:      i,k:word;
279:    begin
280:      einmal:=false;
281:      i:=0;
282:      k:=0;
283:      env:=memw[prefixseg:44];
284:      repeat
285:        if mem[env:i]=0 then begin
286:          if einmal then begin
287:            environc:=k;
288:            exit
289:          end;
290:          einmal:=true;
291:          inc(k) end
292:        else
293:          einmal:=false;
294:        inc(i)
295:      until false
296:    end;
297:
298:    function environcount:word;
299:    begin
300:      environcount:=ec
301:    end;
302:
303:    function environstr(nr:word):string;
304:    var
305:      i,k,env:word;
306:      s:string;
```

```
307:    begin
308:      if (nr<1) or (nr>ec) then begin
309:        environstr:='';
310:        exit
311:      end;
312:      env:=memw[prefixseg:44];
313:      s:='';
314:      i:=0;
315:      k:=1;
316:      while k<nr do begin
317:        if mem[env:i]=0 then inc(k);
318:        inc(i)
319:      end;
320:      repeat
321:        s:=s+char(mem[env:i]);
322:        inc(i)
323:      until mem[env:i]=0;
324:      environstr:=s
325:    end;
326:
327:    procedure splitenvironstr(nr:word; var vari,wert:string);
328:    var
329:      temp:string;
330:      le:byte absolute temp;  { String-Länge }
331:      p:byte;
332:    begin
333:      vari:='';
334:      wert:='';
335:      temp:=environstr(nr);
336:      if temp='' then exit;
337:      p:=pos('=',temp);
338:      vari:=copy(temp,1,pred(p));
339:      wert:=copy(temp,succ(p),le-p)
340:    end;
341:
```

Der Tastatur-Puffer des Computer-Systems umfaßt 32 Bytes und kann
maximal 15 Tasten-Anschläge zwischenspeichern. Jeder Eintrag besteht
aus einem Scan- (bestimmt die Lage der betätigten Taste) und einem
Zeichen-Code (entspricht üblicherweise dem ASCII-Code). Der Tastatur-
Puffer (als Ringpuffer organisiert) nimmt Tasten-Anschläge auf, die nicht
unmittelbar von einem Anwendungs-Programm verarbeitet werden.
Die Variable *start* zeigt auf den (logisch) ersten, *ende* auf den ersten un-
belegten Eintrag. Falls *start* den gleichen Inhalt wie *ende* aufweist, ist der
Puffer leer. Folgende Abbildung zeigt den Tastatur-Puffer mit zwei Ein-
trägen (Taste A und Z):

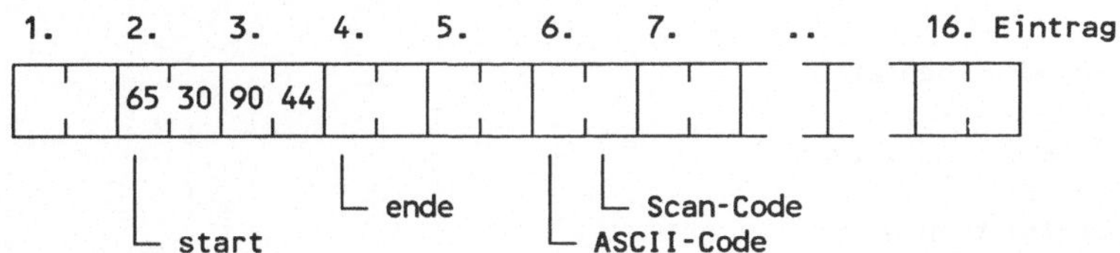


Beim Lesen eines Eintrages verändert sich der Start-Wert (der Eintrag
selbst wird nicht gelöscht), beim Schreiben der End-Wert.

```
342: var
343:    start:word absolute 0:$041a;   { 1. Zeichen, Tastaturpuffer }
344:    ende:word absolute 0:$041c;    { Letztes Zeichen            }
345:
346:    procedure lookkbd(var scan,ch:char);
347:    var
348:      s:byte absolute scan;
349:      c:byte absolute ch;
350:    begin
351:      if start=ende then begin
352:        s:=0;
353:        c:=0 end
354:      else begin
355:        c:=mem[$40:start];
356:        s:=mem[$40:succ(start)]
357:      end
358:    end;
359:
360:    procedure readkbd(var scan,ch:char);
361:    var
362:      s:byte absolute scan;
363:      c:byte absolute ch;
364:    begin
365:      if start=ende then begin
366:        s:=0;
367:        c:=0 end
368:      else begin
369:        c:=mem[$40:start];
370:        s:=mem[$40:succ(start)];
371:        inc(start,2);
372:        if start>$3d then start:=$1e
373:      end
374:    end;
375:
376:    procedure writekbd(scan,ch:char);
377:    var
378:      s:byte absolute scan;
379:      c:byte absolute ch;
```

```
380:    begin
381:      if freekbd=0 then exit;
382:      mem[$40:ende]:=c;
383:      mem[$40:succ(ende)]:=s;
384:      inc(ende,2);
385:      if ende>$3d then ende:=$1e
386:    end;
387:
388:    procedure clearkbd;
389:    begin
390:      start:=ende
391:    end;
392:
393:    function freekbd:byte;
394:    var
395:      i:integer;
396:    begin
397:      if ende<start then
398:        i:=ende+32-start
399:      else
400:        i:=ende-start;
401:      i:=i shr 1;
402:      freekbd:=15-lo(i)
403:    end;
404:
```

Die Hardware-Ausstattung wird aufgrund der Stellungen der einzelnen
Dip-Schalter ermittelt und muß nicht unbedingt mit den wirklich vorhandenen Geräten übereinstimmen (in diesem Fall sind die Dip-Schalter
falsch gesetzt).

```
405:    function com:byte;
406:    begin
407:      intr($11,reg);
408:      reg.ah:=reg.ah and 14;
409:      reg.ah:=reg.ah shr 1;
410:      com:=reg.ah
411:    end;
412:
413:    function lpt:byte;
414:    begin
415:      intr($11,reg);
416:      reg.ah:=reg.ah shr 6;
417:      lpt:=reg.ah
418:    end;
419:
420:    function floppydrives:byte;
421:    begin
422:      intr($11,reg);
```

```
423:     if reg.al and 1=0 then
424:        floppydrives:=0
425:     else begin
426:        reg.al:=reg.al shr 6;
427:        floppydrives:=succ(reg.al)
428:      end
429:   end;
430:
431:   function drives:byte;
432:   begin
433:     reg.ah:=$19;
434:     msdos(reg);      { Ermittelt aktuelles Laufwerk }
435:     reg.dl:=reg.al;
436:     reg.ah:=$0e;
437:     msdos(reg);
438:     drives:=reg.al
439:   end;
440:
441:   function cpu87:boolean;
442:   begin
443:     intr($11,reg);
444:     cpu87:=reg.al and 2=2
445:   end;
446:
```

Eine INTERRUPT-Prozedur muß immer als *far* definiert werden. Um die <PrtScr>-Taste außer Kraft zu setzen, wird der Interrupt-Vektor $05 verändert. Bei uns enthält er nach *PrtScrOff* die Speicheradresse der Prozedur *drucke*, welche nach dem Aufruf die Kontrolle sofort wieder dem Anwendungs-Programm übergibt.

```
447: {$f+}
448:   procedure drucke; interrupt;
449:   begin
450:     { Diese Prozedur wird bei <PrtScr> angesprungen, falls die Prozedur }
451:     { <PrtScrOff> ausgeführt worden ist.                                }
452:   end;
453: {$f-}
454:
455:   procedure prtscroff;
456:   begin
457:     setintvec(5,@drucke)
458:   end;
459:
460:   procedure prtscron;
461:   begin
462:     setintvec(5,int05save)
463:   end;
464:
```

```
465:    procedure prtscr;
466:    var
467:      p:pointer;
468:      ok:boolean;
469:    begin
470:      ok:=true;
471:      getintvec(5,p);
472:      if p<>int05save then begin
473:        ok:=false;
474:        prtscron
475:      end;
476:      intr(5,reg);
477:      if not ok then prtscroff
478:    end;
479:
480:    procedure getscrmode(var mode:byte);
481:    begin
482:      reg.ah:=15;
483:      intr($10,reg);
484:      mode:=reg.al
485:    end;
486:
487:    procedure setscrmode(mode:byte);
488:    begin
489:      reg.ah:=0;
490:      reg.al:=mode;
491:      intr($10,reg)
492:    end;
493:
494:    procedure version(var ver,rel:byte);
495:    begin
496:      reg.ah:=$30;
497:      msdos(reg);
498:      ver:=reg.al;
499:      rel:=reg.ah
500:    end;
501:
```

Die Exit-Prozedur *schluss* wird bei einem Programm-Abbruch (Fehlermeldung oder natürliches Programm-Ende) aufgerufen. Sie stellt sicher,
daß die <PrtScr>-Taste ihre ursprüngliche Funktion und der Cursor sein
übliches Aussehen zurückerhält.

```
502: {$f+}
503:    procedure schluss;
504:      { Diese Prozedur wird beim Programmende automatisch ausgeführt }
505:    begin
506:      prtscron;
507:      if lastmode=7 then cursu:=13 else cursu:=7;
508:      cursoron;
```

```
509:      normcursor;
510:      exitproc:=exitprocsave  { Ermöglicht weitere Exit-Prozeduren }
511:   end;
512: {$f-}
513:
```

Der Initialisierungs-Teil schaltet den Cursor ein, ermittelt die Anzahl der
Environment-Einträge und sichert den Original-Vektor des Interrupts $05.

```
514: begin
515:    if lastmode=7 then cursu:=13 else cursu:=7;
516:    curso:=pred(cursu);
517:    cursoron;
518:    ec:=environc;
519:    getintvec(5,int05save);
520:    exitprocsave:=exitproc;
521:    exitproc:=@schluss;
522: end.
```

# Quellcode der Unit Txt

Die in dieser Unit implementierten Routinen machen von einer komplexen Datenstruktur Gebrauch, die mit einer Unzahl von Zeigern ein
dichtes Netz knüpft (ein Text zeigt auf einen anderen, der auf die erste,
letzte, markierte und aktuelle Zeile zeigt, diese wiederum zeigen auf die
vorhergehenden und nächsten Zeilen sowie auf den eigentlichen Zeileninhalt). Um uns nicht darin zu verfangen, möchte ich an dieser Stelle ge-
nauer auf diese Datenstruktur eingehen.

Jede Zeile innerhalb eines Textes verwendet den Datentyp *zeileptr*, der
wie folgt definiert ist:

```
TYPE
  zeileptr=^zeile;
  zeile=RECORD
    vorn,dann:zeileptr;    { Adresse der vorherigen, nächsten Zeile }
    ln:^STRING;            { Adresse der Zeichenkette               }
    attr,lang:BYTE;        { Attribut und Länge der Zeile           }
    user:INTEGER
  END;
```

Die Definition *ln:^STRING* ermöglicht es uns, daß für den Text einer
Zeile (z.B.: *Der Zahn der Zeit war schon etwas gelb geworden.*) eine angemessene Größe Speicherplatz auf dem Heap reserviert werden kann
(mittels der Turbo Pascal-Prozedur *GetMem*) und eine Speicherplatz-Ver-
schwendung vermieden wird.
Folgende Abbildung stellt eine einzelne Zeile graphisch dar. NIL zeigt an,
daß keine vorhergehende oder nachfolgende Zeile existiert:

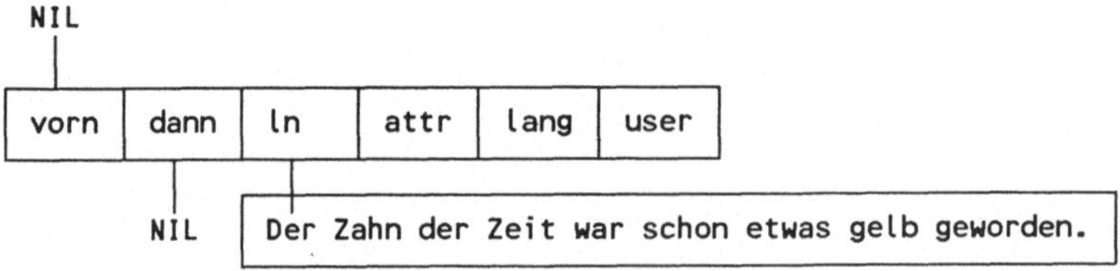


Kommt eine zweite Zeile hinzu, läßt sich diese Struktur wie folgt darstellen:

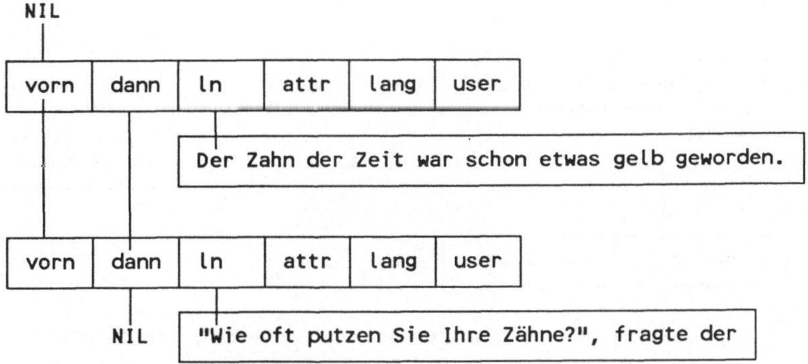


Mit Hilfe der beiden Felder *vorn* und *dann* kann sehr einfach zwischen den einzelnen Zeilen hin- und hergewandert werden, *ln* ermöglicht uns den Zugriff auf die der Zeile zugeordneten Zeichenkette.

Der Datentyp *txtheadptr* bezeichnet einen Text (der aus einer beliebigen Anzahl von Zeilen bestehen kann) und ist folgendermaßen definiert:

```
TYPE
   txtheadptr=^txthead;
   txthead=RECORD
      next:txtheadptr;        { Nächster Text                       }
      start,ende,             { Adresse der 1. und letzten, ...     }
      markiert,               { ... der markierten und ...          }
      aktuell:zeileptr;       { ... der aktuellen Zeile             }
      endenr,markiertnr,      { Nummer der letzten, markierten ...  }
      aktuellnr:WORD;         { ... und aktuellen Zeile             }
      user:INTEGER
   END;
```

Zwei Texte, mit Hilfe dieser Unit gespeichert, können wie folgt dargestellt werden:

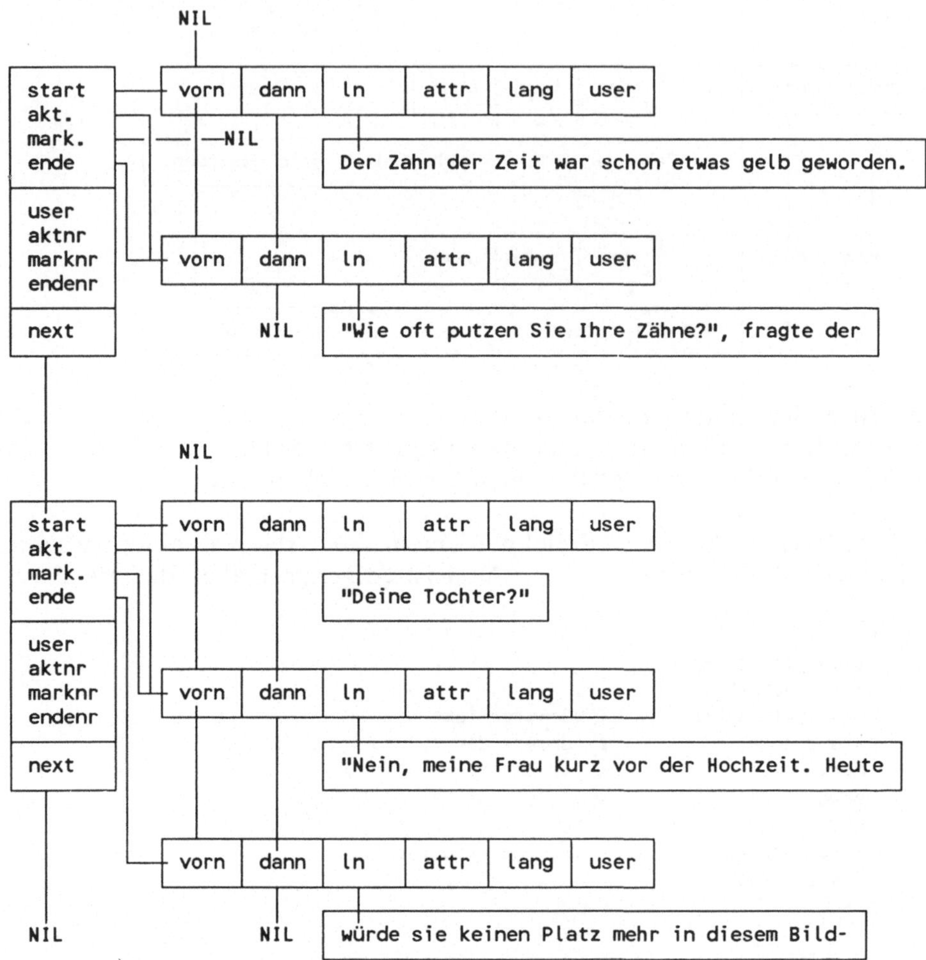


Damit der erste Text im Speicher ohne Probleme aufgefunden werden
kann, enthält die Variable *starttxt* immer die Adresse des ersten Textes.
*akttxt* zeigt stets auf den aktuellen Text, *line* auf die aktive Zeile innerhalb dieses Textes.

```
1: {$R-,S-,I-,D-,F-,V-,B-}
2:
3: unit txt;
4:
```

```
 5: {  ┌─────────────────────────────────────────────────────┐  }
 6: {  │ Autor         │ Anton Liebetrau, Winterthur/Schweiz │  }
 7: {  │ Copyright     │ 1989, Vieweg-Verlag, Wiesbaden/BRD  │  }
 8: {  │ Programmname  │ Turbo Txt                           │  }
 9: {  │ Beschreibung  │ Basis zur Textverarbeitung          │  }
10: {  │ Version       │ 1.00                                │  }
11: {  │ Stand         │ 24. Februar 1989                    │  }
12: {  └─────────────────────────────────────────────────────┘  }
13:
14: interface
15: const
16:    Equal     = 0;
17:    OneOrMore = 1;
18:    All       = 2;
19:
20:    procedure CreateTxt;
21:      { Eröffnet eine Textstruktur }
22:    procedure DeleteTxt;
23:      { Löscht die aktuelle Textstruktur }
24:    procedure InsertLine;
25:      { Fügt eine Zeile ein }
26:    procedure DeleteLine;
27:      { Löscht die aktuelle Zeile }
28:    procedure DeleteAllLines;
29:      { Löscht alle Zeilen eines Textes }
30:
31:    procedure GetLine(var zeile:string);
32:      { Ermittelt den Text einer Zeile }
33:    procedure PutLine(zeile:string);
34:      { Schreibt einen Text in die aktuelle Zeile }
35:
36:    procedure GetLineAttr(var attr:byte);
37:      { Ermittelt das aktuelle Attribut einer Zeile }
38:    procedure SetLineAttr(attr:byte);
39:      { Setzt das Attribut einer Zeile }
40:    procedure SearchLineAttr(attr,style:byte; forwd:boolean);
41:      { Sucht nach einem Attribut }
42:    function FoundLineAttr:boolean;
43:      { Wahr, wenn Attribut gefunden }
44:
45:    procedure SetUserLineVar(i:integer);
46:      { Jeder Zeile kann ein Integer-Wert übergeben werden }
47:    procedure GetUserLineVar(var i:integer);
48:      { Liest den für beliebige Zwecke gedachte Integer-Wert einer Zeile }
49:    procedure SetUserTxtVar(i:integer);
50:      { Jedem Text kann ein Integer-Wert übergeben werden }
51:    procedure GetUserTxtVar(var i:integer);
52:      { Liest den frei verfügbaren Integer-Wert eines Textes }
53:
54:    procedure GoUp;
55:      { Zeile aufwärts }
```

```
 56:    procedure GoDown;
 57:       { Zeile abwärts }
 58:    procedure GoLine(nr:word);
 59:       { Sprung zu einer bestimmten Zeile }
 60:    procedure GoTop;
 61:       { Sprung zum Textanfang }
 62:    procedure GoBottom;
 63:       { Sprung zum Textende }
 64:    procedure MarkLine;
 65:       { Markiert eine Zeile, um sie schnell wiederzufinden }
 66:    procedure GoMarkedLine;
 67:       { Springt zur markierten Zeile }
 68:
 69:    function TopTxt:boolean;
 70:       { Wahr, wenn aktuelle Zeile dem Textanfang entspricht }
 71:    function BottomTxt:boolean;
 72:       { Wahr, wenn aktuelle Zeile dem Textende entspricht }
 73:
 74:    function TxtError:integer;
 75:       { Ermittelt eine Fehlernummer:                        }
 76:       {                                                     }
 77:       {   0: Kein Fehler aufgetreten                        }
 78:       { -1: Kopfinformation kann nicht eingerichtet werden  }
 79:       { -2: Zeile findet keinen Platz auf dem Heap          }
 80:       { -3: Kein Text eingerichtet                          }
 81:       { -4: Maximal 255 Texte möglich                       }
 82:       { -5: Zeile, Text kann nicht gelöscht werden          }
 83:    function MaxTxtNumber:byte;
 84:       { Ermittelt die höchste Textnummer }
 85:    function TxtNumber:byte;
 86:       { Ermittelt die aktuelle Textnummer }
 87:    procedure SelectTxt(nr:byte);
 88:       { Wählt einen Text }
 89:    function MaxLineNumber:word;
 90:       { Ermittelt die größte Zeilennummer }
 91:    function LineNumber:word;
 92:       { Ermittelt die aktuelle Zeilennummer }
 93:
 94: implementation
 95: type
 96:    zeileptr=^zeile;
 97:    zeile=record                { wichtige Informationen einer Zeile       }
 98:      vorn,dann:zeileptr;       { vorherige, nächste Zeile                 }
 99:      attr,lang:byte;           { Textattribut und -länge                  }
100:      ln:^string;               { Adresse des Textes einer Zeile           }
101:      user:integer              { steht dem Benutzer frei zur Verfügung    }
102:    end;
103:    txtheadptr=^txthead;
104:    txthead=record              { wichtige Informationen eines Textes      }
105:      next:txtheadptr;          { nächster Textkopf                        }
106:      start,ende,               { 1. und letzte Zeile eines Textes         }
```

```
107:      markiert,              { markierte Zeile                          }
108:      aktuell:zeileptr;      { aktuelle Zeile                           }
109:      endenr,markiertnr,     { Zeilennummer der letzten, der            }
110:      aktuellnr:word;        { markierten und aktuellen Zeile           }
111:      user:integer           { steht dem Benutzer frei zur Verfügung    }
112:    end;
113: var
114:    akttxt,starttxt:txtheadptr;  { aktueller und 1. Text                }
115:    line:zeileptr;           { Zeile, die momentan aktiv ist            }
116:    found:boolean;
117:    error:integer;
118:    txtnr,maxtxt:byte;
119:
```

Die vier Funktionen *HeapAddr*, *FragAddr*, *FragCount* und *NOdel* sorgen
dafür, daß auf keinen Fall der Laufzeitfehler Nr. 204 entstehen kann,
wenn versucht wird, Speicherplatz auf dem Heap freizugeben, obwohl die
Fragmentliste voll ist oder ein Zusammenstoß der Heapspitze und der
Fragmentliste kurz bevorsteht. Die Wahrscheinlichkeit, daß dieser Laufzeitfehler auftritt, ist im Normalfall sehr gering; wenn jedoch rege von
den Turbo Pascal-Prozeduren *New*, *Dispose*, *GetMem* und *FreeMem* Gebrauch gemacht und der Heap dabei wie die Sitzfläche eines Thonet-
Stuhles zerlöchert wird (ich habe bewußt auf das Beispiel des Emmenta-
ler-Käses verzichtet), sinkt diese Wahrscheinlichkeit enorm.
Die Minimal-Größe der Fragmentliste (diese merkt sich übrigens die
Stellen der unbenutzten Löcher innerhalb des Heaps) könnte mit der Sy-
stem-Variablen *FreeMin* gesetzt werden. Die Anweisung:

```
FreeMin:=8000;
```

reserviert 8'000 Bytes für die Fragmentliste und bietet somit für mindestens 1'000 Einträge Platz (jeder belegt also 8 Bytes). Da diese Methode
jedoch bis zu maximal 64 kBytes Speicherplatz reserviert (der vielleicht
nie gebraucht wird) und die Gefahr eines auftretenden Laufzeitfehlers Nr.
204 nach wie vor besteht, weist diese Unit der Variablen *FreeMin* keinen
Wert zu.

```
120:    function HeapAddr:longint;
121:      { Ermittelt die Adresse der Heapspitze }
122:    begin
123:      heapaddr:=longint(seg(heapptr^))*16+ofs(heapptr^)
124:    end;
125:
126:    function FragAddr:longint;
127:      { Ermittelt die Adresse der Fragmentliste }
128:    var
129:      o:word;
```

```
130:    begin
131:      o:=ofs(freeptr^);
132:      if o=0 then
133:        fragaddr:=longint(seg(freeptr^))*16+65536
134:      else
135:        fragaddr:=longint(seg(freeptr^))*16+o
136:    end;
137:
138:    function FragCount:word;
139:      { Ermittelt, wieviele Einträge die Fragmentliste enthält. }
140:      { Maximal kann sie 8191 Einträge (jeder belegt 8 Bytes)   }
141:      { aufnehmen.                                              }
142:    begin
143:      fragcount:=(8192-ofs(freeptr^) shr 3) and 8191
144:    end;
145:
146:    function NOdel:boolean;
147:      { WAHR, wenn das Löschen einer dynamischen Variablen nicht }
148:      { möglich ist.                                             }
149:      { Prüft, ob Fragmentliste voll ist oder ein Löschen den Zu- }
150:      { sammenstoß der Fragmentliste und des Heaps bewirkt.       }
151:    begin
152:      nodel:=true;
153:      if fragcount>8190 then exit;
154:      if fragaddr-heapaddr<8 then exit;
155:      nodel:=false
156:    end;
157:
```

Die hier definierten Prozeduren *GetMem* und *FreeMem* erweitern diejenigen von Turbo Pascal so, daß die Größe des Speicherplatzes immer ein
Vielfaches von 8 beträgt. Dies verhindert ein Entstehen von Kleinstlö-
chern (z.B. von 1 Byte), die ebenfalls einen Eintrag in der Fragmentliste
verursachen und wohl nur noch mit Glück wiederverwendet werden.
Da mit den neuen Prozeduren *GetMem* und *FreeMem* nur Speicherblöcke
von 8, 16, 24 ... Bytes reserviert bzw. freigegeben werden, ist die Wahrscheinlichkeit einer argen Durchlöcherung des Heaps gering, da *GetMem*
in den meisten Fällen ein Loch von der richtigen Größe finden kann (übrigens benötigt der Datentyp *zeile* ebenfalls ein Vielfaches von 8 an
Speicherplatz, nämlich 16 Bytes).
Folgende drei Zeilen bewirken dasselbe:

```
1. System.GetMem(pp,((size+7) DIV 8)*8);
2. System.GetMem(pp,((size+7) SHR 3) SHL 3);
3. System.GetMem(pp,(size+7) AND 504);
```

Die 1. Zeile läßt sich leicht durch die 2. ersetzen. Diese zeigt, daß die
beiden Schiebeoperationen nichts anderes tun, als die Bits 0..2 zu löschen

(genau dies bewirkt die 3. Zeile). Somit konnte mit dieser Umwandlung die Geschwindigkeit und die Code-Größe optimiert werden.
Die neue Prozedur *GetMem* verschenkt durchschnittlich 3.5 Bytes pro Zeile, was zugunsten der Heapverwaltung ohne weiteres in Kauf genommen werden kann.

```
158:    procedure GetMem(var p; size:word);
159:      { Schont die Fragmentliste etwas }
160:    var
161:      pp:pointer absolute p;
162:    begin
163:      if size>256 then size:=256;
164:      system.getmem(pp,(size+7) and 504)
165:    end;
166:
167:    procedure FreeMem(var p; size:word);
168:    var
169:      pp:pointer absolute p;
170:    begin
171:      if pp=nil then exit;
172:      if size>256 then size:=256;
173:      system.freemem(pp,(size+7) and 504)
174:    end;
175:
176:    function fehler:boolean;
177:    begin
178:      fehler:=true;
179:      if error<>0 then exit;
180:      if maxtxt=0 then begin
181:        error:=-3;
182:        exit
183:      end;
184:      if akttxt^.start=nil then begin
185:        error:=-2;
186:        exit
187:      end;
188:      fehler:=false
189:    end;
190:
191:    procedure createtxt;
192:    begin
193:      if maxtxt=255 then begin
194:        error:=-4;
195:        exit
196:      end;
197:      if maxavail-100<sizeof(akttxt^) then begin
198:        error:=-1;
199:        exit
200:      end;
```

```
201:      if maxtxt=0 then begin
202:        new(akttxt);
203:        starttxt:=akttxt end
204:      else begin
205:        akttxt^.aktuell:=line;
206:        akttxt:=starttxt;
207:        while akttxt^.next<>nil do akttxt:=akttxt^.next;
208:        new(akttxt^.next);
209:        akttxt:=akttxt^.next
210:      end;
211:      inc(maxtxt);
212:      txtnr:=maxtxt;
213:      with akttxt^ do begin
214:        next:=nil;
215:        if maxavail-100<sizeof(start^) then begin
216:          start:=nil;
217:          error:=-2;
218:          exit
219:        end;
220:        new(start);
221:        ende:=start;
222:        markiert:=nil;
223:        aktuell:=start;
224:        endenr:=1;
225:        markiertnr:=0;
226:        aktuellnr:=1;
227:        user:=0;
228:        line:=start
229:      end;
230:      with line^ do begin
231:        vorn:=nil;
232:        dann:=nil;
233:        attr:=0;
234:        lang:=0;
235:        ln:=nil;
236:        user:=0
237:      end
238:    end;
239:
240:    procedure deletetxt;
241:    var
242:      p:txtheadptr;
243:      i:integer;
244:    begin
245:      if fehler then exit;
246:      deletealllines;
247:      if error<>0 then exit;
248:      if nodel then begin
249:        error:=-5;
250:        exit
251:      end;
```

```
252:      if (txtnr<>1) and (akttxt^.next<>nil) then begin
253:        p:=akttxt^.next;
254:        dispose(akttxt);
255:        akttxt:=p;
256:        p:=starttxt;
257:        for i:=1 to txtnr-2 do p:=p^.next;
258:        p^.next:=akttxt;
259:        line:=akttxt^.aktuell;
260:        dec(maxtxt);
261:        exit
262:      end;
263:      if (txtnr=1) and (akttxt^.next<>nil) then begin
264:        p:=akttxt^.next;
265:        dispose(akttxt);
266:        akttxt:=p;
267:        starttxt:=p;
268:        line:=akttxt^.aktuell;
269:        dec(maxtxt);
270:        exit
271:      end;
272:      dispose(akttxt);
273:      if maxtxt=1 then begin
274:        maxtxt:=0;
275:        txtnr:=0;
276:        starttxt:=nil;
277:        akttxt:=nil;
278:        line:=nil;
279:        exit
280:      end;
281:      akttxt:=starttxt;
282:      for i:=1 to maxtxt-2 do akttxt:=akttxt^.next;
283:      akttxt^.next:=nil;
284:      line:=akttxt^.aktuell;
285:      dec(maxtxt);
286:      dec(txtnr);
287:    end;
288:
289:    procedure deletealllines;
290:    begin
291:      if fehler then exit;
292:      gobottom;
293:      repeat
294:        deleteline
295:      until toptxt or (error<>0);
296:      deleteline
297:    end;
298:
299:    procedure insertline;
300:    var
301:      v,d:zeileptr;
```

```
302:    begin
303:      if fehler then exit;
304:      if maxavail-100<sizeof(line^.dann^) then begin
305:        error:=-2;
306:        exit
307:      end;
308:      v:=line;
309:      d:=line^.dann;
310:      new(line^.dann);
311:      line:=line^.dann;
312:      line^.vorn:=v;
313:      line^.dann:=d;
314:      if d<>nil then d^.vorn:=line;
315:      line^.attr:=0;
316:      line^.lang:=0;
317:      line^.ln:=nil;
318:      line^.user:=0;
319:      with akttxt^ do begin
320:        inc(endenr);
321:        inc(aktuellnr);
322:        if markiertnr>=aktuellnr then inc(markiertnr);
323:        if line^.dann=nil then ende:=line;
324:        aktuell:=line
325:      end
326:    end;
327:
328:    procedure deleteline;
329:    var
330:      v,d:zeileptr;
331:    begin
332:      if fehler then exit;
333:      if nodel then begin
334:        error:=-5;
335:        exit
336:      end;
337:      v:=line^.vorn;
338:      d:=line^.dann;
339:      if (v=nil) and (d=nil) then begin
340:        putline('');
341:        exit
342:      end;
343:      if line^.lang>0 then freemem(line^.ln,succ(line^.lang));
344:      if nodel then begin
345:        error:=-5;
346:        exit
347:      end;
348:      dispose(line);
349:      if akttxt^.markiertnr=akttxt^.aktuellnr then
350:        akttxt^.markiert:=nil;
351:      if akttxt^.markiertnr>akttxt^.aktuellnr then
352:        dec(akttxt^.markiertnr);
```

```
353:      dec(akttxt^.endenr);
354:      if d=nil then begin
355:        line:=v;
356:        akttxt^.aktuell:=v;
357:        line^.dann:=nil;
358:        dec(akttxt^.aktuellnr);
359:        akttxt^.ende:=line;
360:        exit
361:      end;
362:      if v=nil then begin
363:        akttxt^.start:=d;
364:        d^.vorn:=nil;
365:        line:=d;
366:        akttxt^.aktuell:=d;
367:        exit
368:      end;
369:      v^.dann:=d;
370:      d^.vorn:=v;
371:      line:=d;
372:      akttxt^.aktuell:=d
373:    end;
374:
375:    procedure getline(var zeile:string);
376:    begin
377:      if fehler then begin
378:        zeile:='';
379:        exit
380:      end;
381:      if (line^.lang=0) or (line^.ln=nil) then
382:        zeile:=''
383:      else
384:        zeile:=line^.ln^
385:    end;
386:
387:    procedure putline(zeile:string);
388:    var
389:      la:byte absolute zeile;
390:
391:      function size(s:word):integer;
392:      begin
393:        size:=(s+7) and 504
394:      end;
395:
396:    begin
397:      if fehler then exit;
398:      if (la=0) and (line^.lang=0) then exit;
399:      if size(line^.lang)=size(la+1) then begin
400:        line^.ln^:=zeile;
401:        exit
402:      end;
```

```
403:    if line^.lang>0 then begin  { alten Zeileninhalt löschen }
404:      if nodel then begin
405:        error:=-5;
406:        exit
407:      end;
408:      freemem(line^.ln,succ(line^.lang))
409:    end;
410:    if la>0 then begin             { neuen Zeileninhalt schreiben }
411:      if maxavail-100<succ(la) then begin
412:        line^.ln:=nil;
413:        line^.lang:=0;
414:        error:=-2;
415:        exit
416:      end;
417:      getmem(line^.ln,succ(la));
418:      line^.ln^:=zeile
419:    end;
420:    line^.lang:=la
421:  end;
422:
423:  procedure GetLineAttr(var attr:byte);
424:  begin
425:    if fehler then begin
426:      attr:=0;
427:      exit
428:    end;
429:    attr:=line^.attr
430:  end;
431:
432:  procedure SetLineAttr(attr:byte);
433:  begin
434:    if fehler then exit;
435:    line^.attr:=attr
436:  end;
437:
438:  procedure SearchLineAttr(attr,style:byte; forwd:boolean);
439:  var
440:    a:byte;
441:    p:pointer;
442:  begin
443:    found:=false;
444:    if fehler then exit;
445:    p:=line;
446:    a:=line^.attr;
447:    case style of
448:      0:if a=attr then found:=true;
449:      1:if a and attr<>0 then found:=true;
450:      else if a and attr=attr then found:=true
451:    end;
452:    if found then exit;
```

```
453:       repeat
454:         if forwd then godown else goup;
455:         a:=line^.attr;
456:         case style of
457:           0:if a=attr then found:=true;
458:           1:if a and attr<>0 then found:=true;
459:           else if a and attr=attr then found:=true
460:         end
461:       until found or bottomtxt or toptxt;
462:       if not found then line:=p
463:     end;
464:
465:     function FoundLineAttr:boolean;
466:     begin
467:       if fehler then begin
468:         foundlineattr:=false;
469:         exit
470:       end;
471:       foundlineattr:=found
472:     end;
473:
474:     procedure GoUp;
475:     begin
476:       if fehler then exit;
477:       if line^.vorn<>nil then begin
478:         line:=line^.vorn;
479:         akttxt^.aktuell:=line;
480:         dec(akttxt^.aktuellnr)
481:       end
482:     end;
483:
484:     procedure GoDown;
485:     begin
486:       if fehler then exit;
487:       if line^.dann<>nil then begin
488:         line:=line^.dann;
489:         akttxt^.aktuell:=line;
490:         inc(akttxt^.aktuellnr)
491:       end
492:     end;
493:
```

Die Prozedur *GoLine* ermittelt, ob die gesuchte Zeile näher bei der ersten, letzten oder aktuellen Zeile steht und sucht sich dann denn kürzesten Weg.

```
494:     procedure GoLine(nr:word);
495:     begin
496:       if fehler then exit;
497:       if nr<=1 then begin gotop; exit end;
```

```
498:      if nr>=maxlinenumber then begin gobottom; exit end;
499:      if nr=linenumber then exit;
500:      if nr<linenumber then begin
501:        if nr<linenumber-nr then begin
502:          gotop;
503:          while nr<>linenumber do godown end
504:        else
505:          while nr<>linenumber do goup end
506:      else begin
507:        if nr-linenumber<maxlinenumber-nr then
508:          while nr<>linenumber do godown
509:        else begin
510:          gobottom;
511:          while nr<>linenumber do goup
512:        end
513:      end
514:    end;
515:
516:    procedure GoTop;
517:    begin
518:      if fehler then exit;
519:      line:=akttxt^.start;
520:      akttxt^.aktuell:=line;
521:      akttxt^.aktuellnr:=1
522:    end;
523:
524:    procedure GoBottom;
525:    begin
526:      if fehler then exit;
527:      line:=akttxt^.ende;
528:      akttxt^.aktuell:=line;
529:      akttxt^.aktuellnr:=akttxt^.endenr
530:    end;
531:
532:    function TopTxt:boolean;
533:    begin
534:      if fehler then begin
535:        toptxt:=false;
536:        exit
537:      end;
538:      toptxt:=line^.vorn=nil
539:    end;
540:
541:    function BottomTxt:boolean;
542:    begin
543:      if fehler then begin
544:        bottomtxt:=false;
545:        exit
546:      end;
547:      bottomtxt:=line^.dann=nil
548:    end;
```

```
549:
550:    function TxtError:integer;
551:    begin
552:      txterror:=error;
553:      error:=0
554:    end;
555:
556:    function MaxTxtNumber:byte;
557:    begin
558:      maxtxtnumber:=maxtxt
559:    end;
560:
561:    function TxtNumber:byte;
562:    begin
563:      txtnumber:=txtnr
564:    end;
565:
566:    procedure SelectTxt(nr:byte);
567:    begin
568:      if fehler then exit;
569:      if nr<1 then nr:=1;
570:      if nr>maxtxtnumber then nr:=maxtxtnumber;
571:      akttxt^.aktuell:=line;
572:      akttxt:=starttxt;
573:      txtnr:=1;
574:      while txtnr<>nr do begin
575:        akttxt:=akttxt^.next;
576:        inc(txtnr)
577:      end;
578:      line:=akttxt^.aktuell
579:    end;
580:
581:    function MaxLineNumber:word;
582:    begin
583:      if fehler then begin
584:        maxlinenumber:=0;
585:        exit
586:      end;
587:      maxlinenumber:=akttxt^.endenr
588:    end;
589:
590:    function LineNumber:word;
591:    begin
592:      if fehler then begin
593:        linenumber:=0;
594:        exit
595:      end;
596:      linenumber:=akttxt^.aktuellnr
597:    end;
598:
```

```
599:    procedure markline;
600:    begin
601:      if fehler then exit;
602:      akttxt^.markiert:=line;
603:      akttxt^.markiertnr:=akttxt^.aktuellnr
604:    end;
605:
606:    procedure gomarkedline;
607:    begin
608:      if fehler then exit;
609:      if akttxt^.markiert=nil then exit;
610:      line:=akttxt^.markiert;
611:      akttxt^.aktuellnr:=akttxt^.markiertnr
612:    end;
613:
614:    procedure setuserlinevar(i:integer);
615:    begin
616:      if fehler then exit;
617:      line^.user:=i
618:    end;
619:
620:    procedure getuserlinevar(var i:integer);
621:    begin
622:      if fehler then exit;
623:      i:=line^.user
624:    end;
625:
626:    procedure setusertxtvar(i:integer);
627:    begin
628:      if fehler then exit;
629:      akttxt^.user:=i
630:    end;
631:
632:    procedure getusertxtvar(var i:integer);
633:    begin
634:      if fehler then exit;
635:      i:=akttxt^.user
636:    end;
637:
638: begin
639:   found:=false;
640:   error:=0;
641:   txtnr:=0;
642:   maxtxt:=0;
643:   akttxt:=nil;
644:   starttxt:=nil
645: end.
```

# Quellcode der Unit Win

Jedes Fenster verdeckt bei seiner Erzeugung einen Teil des Bildschirmes. Dieser muß gespeichert werden, damit später beim Schließen des Fensters der Bildschirm wieder korrekt restauriert werden kann. Zu diesem Zweck wird der Datenpuffer *pu* eingerichtet, der folgendermaßen definiert ist:

```
TYPE
   PufferType=ARRAY [0..$F000] OF BYTE;
VAR
   pu:^PufferType;
```

Dies ermöglicht ein dynamisches Erzeugen des Puffers auf dem Heap, d.h. die Puffergröße wird erst beim Programmstart bestimmt und nicht schon bei der Compilierung.
Sobald ein neues Fenster geöffnet wird, müssen zusätzlich folgende Parameter des alten gespeichert werden (insgesamt 9 Bytes):

- Eckpunkte
- Aktuelle Cursorposition
- Aktuelle Textfarbe
- Die Farbe des Fensterrahmens (für *WriteTitle*)
- Die Art des Rahmens (für *WriteTitle*)

Zur Speicherung dieser Daten stehen drei Möglichkeiten offen:

a) Puffer als ARRAY definiert. Somit muß die maximale Fensterzahl bereits beim Compilieren festgelegt werden.
b) Puffer als verkettete Liste organisiert. Die Parameter eines Fensters belegen zusätzlichen Speicherplatz auf dem Heap. Hier ist der Fall denkbar, daß der Heap bei der Eröffnung eines Fensters bereits voll ist und die Parameter nicht mehr gespeichert werden können, obwohl der gesamte Puffer für die überschriebenen Bildschirmdaten noch völlig leer ist. Ebenfalls ist es denkbar, daß die Fragmentliste der Heapverwaltung keine weitere Eintragung aufnehmen kann und uns somit das Schließen eines Fensters verweigert bleibt, wollen wir keinen Laufzeitfehler herbeiführen.
c) Aufnahme der Parameter in den bereits vorhandenen Datenpuffer *pu*. Diese Methode vereint die Vorzüge der Variante a) (leicht zu programmieren) und b) (keine festgelegte Anzahl der Fenster); für sie habe ich mich entschieden (nachdem ich diese Unit bereits nach der unter b) beschriebenen Variante implementiert hatte).

Die globale Variable *pufadr* zeigt auf die erste freie Stelle, *maxsize* auf
das Ende des Puffers. Die Variable *org* enthält die Parameter (Eckpunkte,
Randfarbe ...) des momentan aktiven Fensters und ist wie folgt definiert:

```
VAR
  org:RECORD
    x1,y1,x2,y2,
    xpos,ypos,
    tcol,bcol,
    bstyle:BYTE
  END;
```

Die Werte der Variablen *org* werden erst beim Öffnen eines weiteren
Fensters im Puffer gespeichert.
Ein leerer Datenpuffer kann wie folgt dargestellt werden:

Folgendes Rechteck soll in unserem Beispiel die Variable *org* darstellen:

```
(org)      x    (x bezeichnet die aktuelle Fensternummer)
```

Die Prozedur *OpenWindow* (Fenster öffnen) führt nun u.a. folgende
Schritte aus (wenn der Datenpuffer über genügend Speicherkapazität
verfügt):

1)  Speichern der Fenster-Parameter (Variable *org*) auf dem Puffer
2)  Bildschirmdaten, die vom neuen Fenster überschrieben werden, in
    den Puffer schreiben
3)  Neue Fenster-Parameter in der Variablen *org* speichern (die aktuellen
    Parameter befinden sich also noch nicht im Puffer)

Nach dem Öffnen des 1. Fensters enthält unser Puffer folgende Daten:

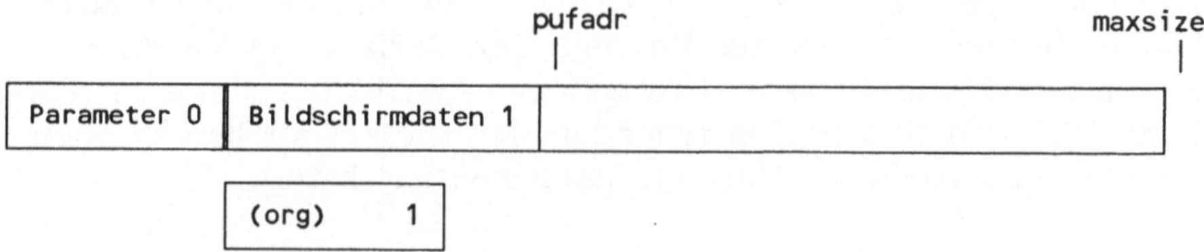

Bitte beachten Sie, daß in "Parameter 0" die Cursor-Position und die Textfarbe des gesamten Bildschirmes enthalten sind (die Eckpunkte, Randfarbe und Randart sind dabei nicht relevant).
Ein 2. Fenster verändert den Pufferinhalt wie folgt:

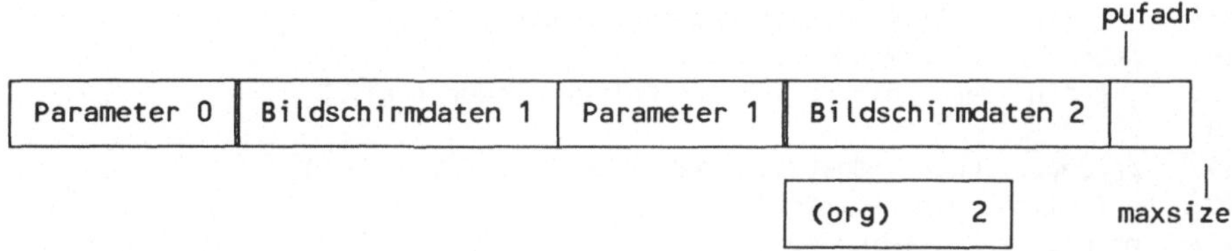


Die Prozedur *CloseWindow* (Fenster schließen) liest aufgrund der Fenster-Parameter die korrekte Anzahl Bytes aus dem Datenpuffer und restauriert mit ihnen denjenigen Bildschirmbereich, der durch das zu schließende Fenster verdeckt wird; anschließend werden die Parameter des neuen Fensters vom Puffer geholt und die Cursor-Position und die Textfarbe auf die für das neue Fenster ursprünglichen Parameter zurückgesetzt.

```
 1: {$R-,S-,I-,D-,F-,V-,B-}
 2:
 3: unit win;
 4:
 5: {  ┌─────────────────────────────────────────────────────┐        }
 6: {  │ Autor        │ Anton Liebetrau, Winterthur/Schweiz   │        }
 7: {  │ Copyright    │ 1989, Vieweg-Verlag, Wiesbaden/BRD     │        }
 8: {  │ Programmname │ Turbo Win                              │        }
 9: {  │ Beschreibung │ Fenstertechnik                         │        }
10: {  │ Version      │ 1.00                                   │        }
11: {  │ Stand        │ 24. Februar 1989                       │        }
12: {  └─────────────────────────────────────────────────────┘        }
13:
14: interface
15: uses
16:    crt;
17: const
18:    WithoutLn = 1;
19:    SingleLn  = 2;
20:    DoubleLn  = 3;
21:
22:    Left      = 1;
23:    Center    = 2;
24:    Right     = 3;
25:
26:    Head      = 1;
27:    Foot      = 2;
```

```
28:
29:    LeftDir   = 1;
30:    DownDir   = 2;
31:    RightDir  = 3;
32:    UpDir     = 4;
33:
34:    procedure SetWindowBufSize(size:word);
35:      { Richtet Puffer für Fensterdaten ein }
36:    procedure CloseWindowBuffer;
37:      { Gibt den Speicher für den Puffer wieder frei. }
38:
39:    procedure OpenWindow(x1,y1,x2,y2,bcolor,bstyle:byte);
40:      { Öffnet ein Fenster }
41:    procedure CloseWindow;
42:      { Schließt ein Fenster }
43:    procedure CloseAllWindows;
44:      { Schließt alle offenen Fenster }
45:
46:    procedure MoveWindow(dir:byte);
47:      { Verschiebt das aktuelle Fenster }
48:    procedure GetWindowPos(var x1,y1,x2,y2:byte);
49:      { Ermittelt die Eckpunkte des aktuellen Fensters }
50:    procedure SetWindowScope(x1,y1,x2,y2:byte);
51:      { Legt einen Bereich fest, in dem sich ein Fenster bewegen darf }
52:    procedure GetWindowScope(var x1,y1,x2,y2:byte);
53:      { Ermittelt aktuellen Bereich, in dem sich ein Fenster bewegen darf }
54:
55:    procedure Border(color,style:byte);
56:      { Zeichnet einen Rahmen um das aktuelle Fenster }
57:    procedure WriteTitle(title:string; color,style,wo:byte);
58:      { Kopf- oder Fußtext eines Fensters }
59:    procedure WriteRel(x,y:byte; txt:string);
60:      { Schreibt einen Text, ohne Fenster zu rollen }
61:    procedure WriteAbs(x,y:byte; txt:string);
62:      { Ermöglicht das Schreiben außerhalb eines Fensters }
63:    procedure Box(x1,y1,x2,y2,s:byte);
64:      { Zeichnet ein Rechteck auf den Bildschirm }
65:
66:    function WindowError:integer;
67:      { Liefert Fehlernummer ...                            }
68:      {  0: kein Fehler                                     }
69:      { -1: bereits alle Fenster geschlossen                }
70:      { -2: Fensterpuffer voll                              }
71:      { -3: Fensterpuffer kann nicht eingerichtet werden }
72:      { -4: Fensterpuffer kann nicht freigegeben werden  }
73:      { -5: Fenster zu klein                                }
74:
75:    function WindowNumber:word;
76:      { Liefert aktuelle Fensternummer }
77:    function WindowBufSize:word;
78:      { Ermittelt die verbleibende Größe des Puffers }
```

```
 79:    function WindowSize(x1,y1,x2,y2:byte):word;
 80:       { Ermittelt den Speicherbedarf eines Fensters }
 81:
 82: implementation
 83: type
 84:    puffertype=array [0..$f000] of byte;
 85: var
 86:    screenadr:word;
 87:    error,wnr:integer;
 88:    init:boolean;
 89:    pufadr,maxsize:word;
 90:    pu:^puffertype;
 91:    org:record
 92:       x1,y1,x2,y2,          { Fenster-Eckpunkte }
 93:       xpos,ypos,            { Cursor-Position   }
 94:       tcol,bcol,            { Text-, Randfarbe  }
 95:       bstyle:byte           { Randart           }
 96:    end;
 97:    sx1,sy1,sx2,sy2:byte;
 98:
 99:    procedure korrekt(var x1,y1,x2,y2:byte);
100:       { Vertauscht die einzelnen Koordinaten so, daß (x1,y1) die linke }
101:       { obere Ecke und (x2,y2) die rechte untere Ecke eines Fensters   }
102:       { bezeichnet.                                                    }
103:       { Nach dem Aufruf dieser Prozedur liegen <x1> und <x2> im Bereich }
104:       { 1..80, <y1> und <y2> im Bereich 1..25.                         }
105:    var
106:       h:byte;
107:    begin
108:       if x1>x2 then begin h:=x1; x1:=x2; x2:=h end;
109:       if y1>y2 then begin h:=y1; y1:=y2; y2:=h end;
110:       if x1<1 then x1:=1;
111:       if x2>80 then x2:=80;
112:       if y1<1 then y1:=1;
113:       if y2>25 then y2:=25
114:    end;
115:
```

Jedem Zeichen auf dem Bildschirm ist ein Attribut zugeordnet, deshalb
benötigt jede Bildschirmstelle 2 Bytes Speicherplatz. Die in der Funktion
*WindowSize* addierten 9 Bytes kommen daher, daß für jedes Fenster Parameter gesichert werden müssen (Fenster-Eckpunkte, Cursor-Position,
Textfarbe ...).

```
116:    function windowsize(x1,y1,x2,y2:byte):word;
117:    begin
118:       korrekt(x1,y1,x2,y2);
```

```
119:      windowsize:=succ(x2-x1)*succ(y2-y1)*2+9
120:    end;
121:
```

Die Prozedur *MoveFromScreen* entstammt der "Editor-Toolbox, Version
1.0" von Heimsoeth-Borland und verhindert Bildschirmstörungen, die üblicherweise auftreten, wenn bei gewissen Bildschirm-Karten (z.B. CGA)
direkt auf den Bildschirmspeicher zugeriffen wird.

```
122:    procedure movefromscreen(var source,dest; length:integer);
123:    begin
124:      if (screenadr=$b000) or not checksnow then begin
125:        move(source,dest,length);
126:        exit
127:      end;
128:      length:=length shr 1;
129:      inline($1E/$55/$BA/$DA/$03/$C5/$B6/source/$C4/$BE/dest/$8B/$8E/
130:        length /$FC/$EC/$D0/$D8/$72/$FB/$FA/$EC/$D0/$D8/$73/$FB/$AD/
131:        $FB/$AB/$E2/$F0/$5D/$1F);
132:    end;
133:
134:    function memxy(x,y:byte):integer;
135:    begin
136:      memxy:=pred(y)*160+pred(x) shl 1
137:    end;
138:
139:    procedure box(x1,y1,x2,y2,s:byte);
140:    const
141:      lo:string[3]=#32#218#201;
142:      ro:string[3]=#32#191#187;
143:      lu:string[3]=#32#192#200;
144:      ru:string[3]=#32#217#188;
145:      ho:string[3]=#32#196#205;
146:      se:string[3]=#32#179#186;
147:    var
148:      i:integer;
149:      h:string[80];
150:    begin
151:      if not (s in [1,2,3]) then s:=singleln;
152:      writerel(x1,y1,lo[s]);
153:      fillchar(h,x2-x1,ho[s]);
154:      h[0]:=char(pred(x2-x1));
155:      writerel(succ(x1),y1,h);
156:      writerel(x2,y1,ro[s]);
157:      for i:=succ(y1) to pred(y2) do begin
158:        writerel(x1,i,se[s]);
159:        writerel(x2,i,se[s])
160:      end;
161:      writerel(x1,y2,lu[s]);
```

```
162:      writerel(succ(x1),y2,h);
163:      writerel(x2,y2,ru[s])
164:    end;
165:
166:    procedure setwindowbufsize(size:word);
167:    begin
168:      if init then exit;
169:      if size>$f000 then size:=$f000;
170:      if size<$1000 then size:=$1000;
171:      if maxavail<size then begin
172:        error:=-3;
173:        exit
174:      end;
175:      init:=true;
176:      getmem(pu,size);
177:      maxsize:=size
178:    end;
179:
180:    function HeapAddr:longint;
181:      { Ermittelt die Adresse der Heapspitze }
182:    begin
183:      heapaddr:=longint(seg(heapptr^))*16+ofs(heapptr^)
184:    end;
185:
186:    function FragAddr:longint;
187:      { Ermittelt die Adresse der Fragmentliste }
188:    var
189:      o:word;
190:    begin
191:      o:=ofs(freeptr^);
192:      if o=0 then
193:        fragaddr:=longint(seg(freeptr^))*16+65536
194:      else
195:        fragaddr:=longint(seg(freeptr^))*16+o
196:    end;
197:
198:    function FragCount:word;
199:      { Ermittelt, wieviele Einträge die Fragmentliste enthält. }
200:      { Maximal kann sie 8191 Einträge (jeder belegt 8 Bytes)   }
201:      { aufnehmen.                                              }
202:    begin
203:      fragcount:=(8192-ofs(freeptr^) shr 3) and 8191
204:    end;
205:
206:    function NOdel:boolean;
207:      { WAHR, wenn das Löschen einer dynamischen Variablen nicht }
208:      { möglich ist.                                             }
209:      { Prüft, ob Fragmentliste voll ist oder ein Löschen den Zu- }
210:      { sammenstoß der Fragmentliste und des Heaps bewirkt.       }
```

```
211:   begin
212:     nodel:=true;
213:     if fragcount>8190 then exit;
214:     if fragaddr-heapaddr<8 then exit;
215:     nodel:=false
216:   end;
217:
218:   procedure CloseWindowBuffer;
219:   begin
220:     if maxsize=0 then exit;
221:     if nodel then begin
222:       error:=-4;
223:       exit
224:     end;
225:     if wnr>0 then textattr:=pu^[6];
226:     freemem(pu,maxsize);
227:     wnr:=0;
228:     maxsize:=0;
229:     pufadr:=0;
230:     init:=false;
231:     window(1,1,80,25);
232:     clrscr
233:   end;
234:
235:   procedure OpenWindow(x1,y1,x2,y2,bcolor,bstyle:byte);
236:   var
237:     i,lang,memadr:integer;
238:   begin
239:     error:=0;
240:     if not init then setwindowbufsize($2000);
241:     if error<>0 then exit;
242:     if windowsize(x1,y1,x2,y2)>windowbufsize then begin
243:       error:=-2;
244:       exit
245:     end;
246:     korrekt(x1,y1,x2,y2);
247:     if (x2-x1<2) or (y2-y1<2) then begin
248:       error:=-5;
249:       exit
250:     end;
251:     with org do begin
252:       xpos:=wherex;
253:       ypos:=wherey;
254:       tcol:=textattr
255:     end;
256:     move(org,pu^[pufadr],9);   { Parameter in Puffer schreiben }
257:     inc(pufadr,9);
258:     org.x1:=x1;
259:     org.y1:=y1;
260:     org.x2:=x2;
261:     org.y2:=y2;
```

```
262:      org.bcol:=bcolor;
263:      org.bstyle:=bstyle;
264:      lang:=succ(x2-x1)*2;
265:      memadr:=memxy(x1,y1);
266:      for i:=y1 to y2 do begin
267:        movefromscreen(mem[screenadr:memadr],pu^[pufadr],lang);
268:        inc(pufadr,lang);
269:        inc(memadr,160)
270:      end;
271:      inc(wnr);
272:      border(bcolor,bstyle);
273:      clrscr
274:    end;
275:
276:    procedure CloseWindow;
277:    var
278:      i,lang,memadr:integer;
279:    begin
280:      if wnr=0 then begin
281:        error:=-1;
282:        exit
283:      end;
284:      dec(wnr);
285:      lang:=succ(org.x2-org.x1)*2;
286:      memadr:=memxy(org.x1,org.y2);
287:      for i:=org.y2 downto org.y1 do begin
288:        dec(pufadr,lang);
289:        movefromscreen(pu^[pufadr],mem[screenadr:memadr],lang);
290:        dec(memadr,160)
291:      end;
292:      dec(pufadr,9);
293:      move(pu^[pufadr],org,9);    { Neue Parameter ermitteln }
294:      with org do begin
295:        if wnr=0 then
296:          window(x1,y1,x2,y2)
297:        else
298:          window(x1+1,y1+1,x2-1,y2-1);
299:        textattr:=tcol;
300:        gotoxy(xpos,ypos)
301:      end
302:    end;
303:
304:    procedure CloseAllWindows;
305:    begin
306:      while wnr>0 do closewindow
307:    end;
308:
309:    procedure MoveWindow(dir:byte);
310:    var
311:      h1,h2:array [1..160] of byte;
312:      xla,yla,i,
```

```
313:       x,y,x1,x2,y1,y2:byte;
314:       adr:word;
315:     begin
316:       if wnr=0 then begin
317:         error:=-1;
318:         exit
319:       end;
320:       x1:=org.x1; x2:=org.x2;
321:       y1:=org.y1; y2:=org.y2;
322:       case dir of
323:         leftdir :if x1<=sx1 then exit;
324:         rightdir:if x2>=sx2 then exit;
325:         updir   :if y1<=sy1 then exit;
326:         downdir :if y2>=sy2 then exit;
327:       end;
328:       x:=wherex;
329:       y:=wherey;
330:       xla:=succ(x2-x1)*2;
331:       yla:=succ(y2-y1);
332:       adr:=pufadr-xla*yla;
333:       case dir of
334:         leftdir:
335:           begin
336:             move(pu^[pufadr-2],h1,2);
337:             move(pu^[adr],pu^[adr+2],pufadr-adr-2);
338:             for i:=y1 to y2 do begin
339:               movefromscreen(mem[screenadr:memxy(x1-1,i)],pu^[adr],2);
340:               movefromscreen(mem[screenadr:memxy(x1,i)],
341:                               mem[screenadr:memxy(x1-1,i)],xla);
342:               inc(adr,xla);
343:               if i<y2 then
344:                 movefromscreen(pu^[adr],mem[screenadr:memxy(x2,i)],2)
345:               else
346:                 movefromscreen(h1,mem[screenadr:memxy(x2,i)],2)
347:             end;
348:             dec(x1);
349:             dec(x2)
350:           end;
351:         downdir:
352:           begin
353:             movefromscreen(mem[screenadr:memxy(x1,y2+1)],h1,xla);
354:             move(pu^[adr],h2,xla);
355:             move(pu^[adr+xla],pu^[adr],xla*pred(yla));
356:             move(h1,pu^[pufadr-xla],xla);
357:             for i:=y2 downto y1 do
358:               movefromscreen(mem[screenadr:memxy(x1,i)],
359:                               mem[screenadr:memxy(x1,i+1)],xla);
360:             movefromscreen(h2,mem[screenadr:memxy(x1,y1)],xla);
361:             inc(y1);
362:             inc(y2)
363:           end;
```

```
364:        rightdir:
365:          begin
366:            move(pu^[adr],h1,2);
367:            move(pu^[adr+2],pu^[adr],pufadr-adr-2);
368:            adr:=pufadr-2;
369:            for i:=y2 downto y1 do begin
370:              movefromscreen(mem[screenadr:memxy(x2+1,i)],pu^[adr],2);
371:              movefromscreen(mem[screenadr:memxy(x1,i)],h2,xla);
372:              movefromscreen(h2,mem[screenadr:memxy(x1+1,i)],xla);
373:              dec(adr,xla);
374:              if i>y1 then
375:                movefromscreen(pu^[adr],mem[screenadr:memxy(x1,i)],2)
376:              else
377:                movefromscreen(h1,mem[screenadr:memxy(x1,i)],2)
378:            end;
379:            inc(x1);
380:            inc(x2)
381:          end;
382:        updir:
383:          begin
384:            movefromscreen(mem[screenadr:memxy(x1,y1-1)],h1,xla);
385:            move(pu^[pufadr-xla],h2,xla);
386:            move(pu^[adr],pu^[adr+xla],xla*pred(yla));
387:            move(h1,pu^[adr],xla);
388:            for i:=y1 to y2 do
389:              movefromscreen(mem[screenadr:memxy(x1,i)],
390:                              mem[screenadr:memxy(x1,i-1)],xla);
391:            movefromscreen(h2,mem[screenadr:memxy(x1,y2)],xla);
392:            dec(y1);
393:            dec(y2)
394:          end;
395:      end; { case }
396:      org.x1:=x1; org.x2:=x2;
397:      org.y1:=y1; org.y2:=y2;
398:      window(x1+1,y1+1,x2-1,y2-1);
399:      gotoxy(x,y)
400:    end;
401:
402:    procedure GetWindowPos(var x1,y1,x2,y2:byte);
403:    begin
404:      x1:=org.x1;
405:      y1:=org.y1;
406:      x2:=org.x2;
407:      y2:=org.y2
408:    end;
409:
410:    procedure SetWindowScope(x1,y1,x2,y2:byte);
411:    begin
412:      korrekt(x1,y1,x2,y2);
413:      sx1:=x1;
414:      sy1:=y1;
```

```
415:      sx2:=x2;
416:      sy2:=y2
417:    end;
418:
419:    procedure GetWindowScope(var x1,y1,x2,y2:byte);
420:    begin
421:      x1:=sx1;
422:      y1:=sy1;
423:      x2:=sx2;
424:      y2:=sy2
425:    end;
426:
427:    function WindowError:integer;
428:    begin
429:      windowerror:=error;
430:      error:=0
431:    end;
432:
433:    function WindowNumber:word;
434:    begin
435:      windownumber:=wnr
436:    end;
437:
438:    function WindowBufSize:word;
439:    begin
440:      WindowBufSize:=maxsize-pufadr
441:    end;
442:
443:    procedure border(color,style:byte);
444:    var
445:      x,y,farbe:byte;
446:    begin
447:      if wnr=0 then begin
448:        error:=-1;
449:        exit
450:      end;
451:      farbe:=textattr;
452:      textattr:=color;
453:      x:=wherex;
454:      y:=wherey;
455:      if not (style in [1,2,3]) then style:=singleln;
456:      with org do begin
457:        bcol:=color;
458:        bstyle:=style;
459:        window(1,1,80,25);
460:        box(x1,y1,x2,y2,style);
461:        window(x1+1,y1+1,x2-1,y2-1)
462:      end;
463:      gotoxy(x,y);
464:      textattr:=farbe
465:    end;
```

```
466:
467:    procedure writetitle(title:string; color,style,wo:byte);
468:    const
469:      str:string[3]=#32#196#205;
470:    var
471:      la:byte absolute title;
472:      x,y,yy,farbe,i:byte;
473:      temp:string;
474:      min,max:word;
475:    begin
476:      if wnr=0 then begin
477:        error:=-1;
478:        exit
479:      end;
480:      min:=windmin;
481:      max:=windmax;
482:      windmin:=$0000;
483:      windmax:=$184f;
484:      farbe:=textattr;
485:      if wo=head then yy:=org.y1 else yy:=org.y2;
486:      if not (style in [1,2,3]) then style:=center;
487:      with org do begin
488:        textattr:=bcol;
489:        fillchar(temp,80,str[bstyle]);
490:        temp[0]:=char(x2-x1-1);
491:        writerel(succ(x1),yy,temp);
492:        textattr:=color;
493:        if la>pred(x2-x1) then la:=pred(x2-x1);
494:        case style of
495:          1:writerel(x1+1,yy,title);
496:          2:writerel((x2+x1+1) div 2-la div 2,yy,title);
497:          3:writerel(x2-la,yy,title)
498:        end;
499:        windmin:=min;
500:        windmax:=max
501:      end;
502:      textattr:=farbe
503:    end;
504:
505: var
506:    txtb:array [1..160] of byte;
507:    txtc:array [1..160] of char absolute txtb;
508:
509:    procedure writerel(x,y:byte; txt:string);
510:    var
511:      len:byte absolute txt;
512:      i,k:byte;
513:    begin
514:      if len=0 then exit;
515:      if (y=0) or (x=0) then exit;
516:      inc(x,lo(windmin));
```

```
517:      inc(y,hi(windmin));
518:      if y>succ(hi(windmax)) then exit;
519:      if x>succ(lo(windmax)) then exit;
520:      if len>lo(windmax)-x+2 then len:=lo(windmax)-x+2;
521:      fillchar(txtb,len shl 1,textattr);
522:      k:=1;
523:      for i:=1 to len do begin
524:        txtc[k]:=txt[i];
525:        inc(k,2)
526:      end;
527:      movefromscreen(txtb,mem[screenadr:memxy(x,y)],len shl 1)
528:    end;
529:
530:    procedure writeabs(x,y:byte; txt:string);
531:    var
532:      min,max:word;
533:    begin
534:      min:=windmin;
535:      max:=windmax;
536:      windmin:=$0000;
537:      windmax:=$184f;
538:      writerel(x,y,txt);
539:      windmin:=min;
540:      windmax:=max
541:    end;
542:
543: begin
544:    if lastmode=7 then
545:      screenadr:=$b000     { Monochrom          }
546:    else
547:      screenadr:=$b800;    { Farb-Bildschirm }
548:    pufadr:=0;
549:    maxsize:=0;
550:    init:=false;
551:    error:=0;
552:    wnr:=0;
553:    with org do begin
554:      x1:=1;
555:      y1:=1;
556:      x2:=80;
557:      y2:=25
558:    end;
559:    sx1:=1;
560:    sy1:=1;
561:    sx2:=80;
562:    sy2:=25
563: end.
```

# Anhang

# Anhang A
# Das Schreiben von Units

Ob ein großes Software-Projekt je mit Erfolg abgeschlossen werden kann, hängt hauptsächlich von der Übersichtlichkeit des Programm-Codes ab. Diese läßt sich besonders dann fördern, wenn einzelne Routinen und Programmteile in kleine Einheiten (Module oder Units) aufgeteilt werden können.
Die unter Turbo Pascal gebildeten Units werden einzelnen compiliert und verkürzen somit die gesamte Compilations-Zeit eines komplexen Software-Projektes; außerdem besteht die Möglichkeit, Units auf dem Software-Markt anzubieten, ohne den Quellcode gezwungenermaßen preiszugeben.

Eine Unit besteht aus folgenden Teilen:

- Unit-Kopf
- INTERFACE-Teil
- IMPLEMENTATION-Teil
- Initialisierungs-Teil (fakultativ)

Folgender Programm-Code zeigt, wie eine Unit aufgebaut wird:

```
UNIT <name>;

INTERFACE
USES <liste>;       { benötigte Units (fakultativ) }
  { Öffentliche Deklarationen, ...   }
  { ... Schnittstelle zur Außenwelt  }

IMPLEMENTATION
USES <liste>;       { erst ab Turbo Pascal 5.0 (fakultativ) }
  { Private Deklarationen und ...    }
  { ... Programm-Code der Routinen   }

BEGIN
  { Initialisierung von Variablen ... (fakultativ) }
END.
```

**Unit-Kopf:** Dem reservierten Wort UNIT folgt ein Name, der zur Identifizierung einer Unit gebraucht wird und mit dem Dateinamen übereinstimmen muß (ohne Dateierweiterung):

```
UNIT DispMan;  { Dateiname: DISPMAN.PAS }
```

**INTERFACE-Teil:** Er beginnt mit dem reservierten Wort INTERFACE und endet vor dem Wort IMPLEMENTATION. Im Interface-Teil werden alle Funktionen, Prozeduren, Variablen, Konstanten und Datentypen definiert, die von einem Programm oder einer anderen Unit verwendet werden dürfen und somit öffentlich sind.

Prozeduren und Funktionen werden hier nur mit ihren Namen und den vollständigen Parameter-Listen aufgeführt, der eigentliche Programmcode befindet sich im IMPLEMENTATION-Teil.

Falls eine Unit andere Units benötigt, sind diese im Interface-Teil mit USES einzubinden (ausgenommen der Unit **System**):

```
UNIT DispMan;

INTERFACE
USES
  Crt;
VAR
  esc:BOOLEAN;

  PROCEDURE Beep(anz:BYTE);
    { Signalton }
  .
  .
```

**IMPLEMENTATION-Teil:** Er beginnt mit dem reservierten Wort IMPLEMENTATION und enthält den eigentlichen Programmcode aller Prozeduren und Funktionen, die im Interface-Teil einer Unit definiert worden sind.

Prozeduren, Funktionen, Konstanten, Variablen und Datentypen, die im Implementations-Teil definiert werden (und nicht im Interface-Teil), sind unsichtbar, d.h. sie können in einem Programm, das die entsprechende Unit eingebunden hat, nicht verwendet werden.

Die Köpfe der Prozeduren und Funktionen, die bereits im Interface-Teil definiert worden sind, müssen die gleiche Schreibweise wie im Interface-Teil haben (es ist auch möglich, nur den Routinen-Namen aufzuführen und die Parameter-Liste wegzulassen).

Turbo Pascal 5.0 erlaubt es, im IMPLEMENTATION-Teil einer Unit andere Units einzubinden. Dies ist dann nötig, wenn sich zwei Units gegenseitig voraussetzen.

```
  .
  .
IMPLEMENTATION
VAR
  altexit:POINTER;
```

```
    PROCEDURE Beep(anz:BYTE);
    VAR
      i:BYTE;
    BEGIN
      FOR i:=1 TO anz DO BEGIN
        IF KeyPressed THEN BEGIN
          esc:=TRUE;
          Exit
        END;
        Sound(440);
        Delay(100);
        NoSound;
        Delay(100)
      END
    END;

  {$F+}
    PROCEDURE schluss;   { Exit-Prozedur, siehe weiter unten }
    BEGIN
      WriteLn('Programm-Ende oder Laufzeit-Fehler');
      ExitProc:=altexit
    END;
  {$F-}
  .
  .
```

**Initialisierungs-Teil:** Jeder Unit kann fakultativ ein Teil hinzugefügt
werden, der genau einmal ausgeführt und meistens dazu gebraucht wird,
um Variablen gewisse Startwerte zuzuweisen, auf dem Heap einen Puffer
einzurichten oder eine Exit-Prozedur (siehe weiter unten) zu installieren.
Der Initialisierungs-Teil wird zwischen den beiden reservierten Wörtern
BEGIN und END nach dem IMPLEMENTATION-Teil geschrieben:

```
  .
  .
BEGIN
  esc:=FALSE;
  altexit:=ExitProc;
  ExitProc:=Addr(schluss)
END.
```

Units werden wie gewöhnliche Programme mit dem integrierten Editor
geschrieben und compiliert (es entstehen dabei .TPU-Dateien), jedoch
können sie zu Testzwecken nicht gestartet werden. Schreiben Sie hierzu
ein kleines Programm, das die zu überprüfende Unit einbindet.
Einzelne Begriffe, die in einer Unit öffentlich definiert sind, können mit
ihrem Namen aufgerufen werden, sobald diese Unit von einem Programm
oder einer anderen Unit eingebunden worden ist. Es besteht die Möglich-

keit, einem Begriff den Unit-Namen und einen Punkt voranzustellen.
Dies ist besonders dann notwendig, wenn mehrere Units bestehen, die die
gleichen Namen für Bezeichner verwendet haben.
Der Linker von Turbo Pascal entfernt automatisch Prozeduren und Funktionen (unter Turbo Pascal 5.0 auch Variablen und typisierte Konstanten)
aus dem Programm-Code, die in einer Unit definiert sind, aber in einem
Programm keine Verwendung finden.

**Exit-Prozeduren:** Jede Unit unter Turbo Pascal kann im IMPLEMENTA-
TION-Teil eine Exit-Prozedur enthalten, die beim Programmende oder
bei einem Laufzeitfehler aufgerufen wird. Sie kann beispielsweise dazu
verwendet werden, noch offene Dateien zu schließen oder gewisse Eigenschaften des Computer-Systems, die während eines Programmes verändert
worden sind, zu restaurieren (z.B. Cursor-Größe oder Bildschirm-Modus).
Eine Exit-Prozedur darf keine Parameter enthalten und muß als *far* deklariert werden:

```
{$F+}
PROCEDURE schluss;  { Parameterlos }
BEGIN
  { Programm-Code }
END;
{$F-}
```

Um die Exit-Prozedur *schluss* dem System bekannt zu geben, muß ihre
Adresse der Systemvariablen *ExitProc* (vom Typ POINTER) übergeben
werden, deren alter Wert aber zuvor gerettet werden soll, da ja bereits
eine Exit-Prozedur existieren kann (installiert in einer anderen Unit).
Damit auch diese ausgeführt wird, ist der Variablen *ExitProc* am Ende
der Exit-Prozedur *schluss* der ursprüngliche Wert zuzuweisen. Somit wird
es möglich, eine ganze Kette von Exit-Prozeduren ausführen zu lassen,
die genau dann abbricht, wenn *ExitProc* beim Verlassen der Exit-Prozedur den Wert NIL enthält (nur nebenbei: vor jedem Aufruf einer Exit-
Prozedur wird der Systemvariablen *ExitProc* automatisch der Wert NIL
zugeordnet):

```
UNIT DispMan;
.

.
IMPLEMENTATION
VAR
  altexit:POINTER;
  .

  .
```

```
  {$F+}
  PROCEDURE schluss;
  BEGIN
    TextMode(LastMode);
    IF ErrorAddr<>NIL THEN WriteLn('Laufzeitfehler: ',ExitCode);
    ExitProc:=altexit
  END;
  {$F-}

BEGIN  { Initialisierungs-Teil }
  altexit:=ExitProc;
  ExitProc:=Addr(schluss)
  .
  .
```

Mit der Systemvariablen *ErrorAddr* (vom Typ POINTER; enthält einen
Wert ungleich NIL, wenn ein Laufzeitfehler aufgetreten ist) kann die
Stelle eines Laufzeitfehlers, mit *ExitCode* (INTEGER) die Fehlernummer
(entspricht den Werten von *IOresult*) ermittelt werden.

**Overlays:** Ab Turbo Pascal 5.0 besteht die Möglichkeit, einzelne Units in
Overlays zu verwandeln. Overlay-Dateien werden erst dann in den Speicher geladen, wenn einzelne Routinen daraus gebraucht werden. Mehrere
Overlays teilen sich denselben Speicherplatz und ermöglichen so eine Pro-
gramm-Größe, die weit umfangreicher ist als der verfügbare Arbeitsspeicher.
Alle Overlays befinden sich nach der Compilierung des gesamten Programmes in einer einzigen Datei, deren Name derselbe ist wie derjenige
des Hauptprogrammes; als Dateierweiterung wird jedoch .OVR verwendet.

**Die Unit:** Eine Unit, die als Overlay verwendet werden soll, muß folgende
Punkte erfüllen:

a)  Die Compiler-Schalter **O** (für Overlay) und **F** (far-Aufrufe) müssen
    bei der Compilierung einer Unit aktiv sein (also {$O+} und {$F).
b)  Eine "Overlay-Unit" darf keinen Initialisierungs-Teil besitzen! Da
    sehr viele Units eine Initialisierung brauchen, scheint es mir sinnvoll,
    eine Initialisierungs-Prozedur zu schreiben, die zu einem späteren
    Zeitpunkt vom Hauptprogramm aufgerufen wird.
    Variablen, denen im Normalfall im Initialisierungs-Teil ein Wert zu-
    gewiesen wird, können in vielen Fällen durch typisierte Konstanten
    ersetzt werden (die ja eigentlich nichts anderes sind als initialisierte
    Variablen).

c)  Eine "Overlay-Unit" darf zu Beginn keinen Speicherplatz auf dem Heap reservieren oder dynamische Variablen erzeugen. Auch hier kann eine Initialisierungs-Prozedur abhelfen.

**Das Hauptprogramm:** Ein Hauptprogramm, das Overlays verwenden will, muß folgende Regeln beachten:

a)  Alle Routinen des Hauptprogramms müssen als **far** deklariert werden (schreiben Sie hierzu den Compiler-Befehl {$F+} am Anfang des Programms).

b)  Das Hauptprogramm muß die Unit **Overlay** als erste Unit in den Programm-Code einbinden.

c)  Alle Units, die in einem Programm als Overlays verwendet werden sollen, sind mit der Compiler-Anweisung **O** dem Hauptprogramm bekanntzugeben (z.B. {$O test}).

d)  Die Overlay-Datei (.OVR) muß der Overlay-Verwaltung mit der Prozedur *OvrInit* bekannt gemacht werden.

```
PROGRAM OvrTest;
{$F+}
USES
  Overlay,ovr1,ovr2;

{$O ovr1 }
{$O ovr2 }

BEGIN
  OvrInit('OVRTEST.OVR');
    .
    .
```

Die in diesem Buch beschriebenen Units sind nicht als Overlays ausgelegt. Mit etwas Umschreib-Arbeit lassen sie sich aber relativ leicht in Overlays umwandeln (ganz ohne Probleme sind die beiden Units **Standard** und **Txt**).

# Anhang B
# Übersicht der Routinen

| | |
|---|---|
| **AnyButton** | Prüft, ob eine beliebige Maustaste gedrückt wird |
| **AsciiTable** | Ascii-Tabelle |
| **BeepOff** | Schaltet den Warnton aus, der bei den Prozeduren *ReadInt*, *ReadReal* und *ReadStr* verwendet wird |
| **BeepOn** | Schaltet den Warnton ein (Standardeinstellung) |
| **BigCursor** | Verwandelt den Text-Cursor in einen Block |
| **Bin** | Wandelt einen Wert ins binäre Zahlensystem um |
| **BitSet** | Prüft, ob ein bestimmtes Bit gesetzt ist |
| **Border** | Zeichnet um das aktuelle Fenster einen Rahmen |
| **BottomTxt** | Ermittelt den Wert TRUE, wenn die letzte Zeile eines Textes erreicht ist |
| **Box** | Zeichnet einen Rahmen |
| **Buttons** | Ermittelt die verfügbaren Maustasten |
| **CalcAOS** | Taschenrechner mit AOS-Logik |
| **CharRange** | Prüft, ob sich ein Zeichen in einem gewünschten Bereich befindet |
| **ClearKbd** | Löscht den Tastaturpuffer |
| **CloseAllWindows** | Schließt alle geöffneten Fenster |
| **CloseFastRead** | Schließt Datei für schnelles Lesen der Festplatte/Diskette |
| **CloseFastWrite** | Schließt Datei für schnelles Schreiben auf Festplatte/Diskette |
| **CloseLex** | Schließt ein Wörterbuch |
| **CloseWindow** | Schließt das aktuelle Fenster |
| **CloseWindowBuf** | Gibt den für Bildschirm-Daten reservierten Speicherbereich frei |
| **ClrBit** | Löscht ein bestimmtes Bit |
| **COM** | Ermittelt die Anzahl der seriellen Schnittstellen |
| **CompoundWord** | Prüft, ob ein Wort aus mehreren bekannten Wörtern zusammengesetzt ist |
| **ConvertOff** | Schaltet die Umrechnung (in Abhängigkeit des aktuellen Bildschirm-Modus) für die Maus-Position aus |
| **ConvertOn** | Schaltet die Umrechnung (in Abhängigkeit des gesetzten Bildschirm-Modus) für die Maus-Position ein (entspricht der Standard-Einstellung) |
| **CopyBuffer** | Richtet für *CopyFile* einen Puffer ein |
| **CopyError** | Ermittelt eine Fehlernummer<br>-1 Datei kann nicht in sich selbst kopiert werden<br>-2 Kein Datenpuffer eingerichtet |

|  |  |
|---|---|
|  | Positive Werte entsprechen den Fehlernummern der Turbo Pascal-Funktion *IOresult* und treten bei Problemen mit der Festplatte/Diskette auf |
| **CopyFile** | Kopiert eine Datei |
| **CountWords** | Zählt alle in einem Wörterbuch vorhandenen Wörter |
| **CPU87** | Prüft zur Laufzeit, ob ein mathematischer Coprozessor vorhanden ist |
| **CreateLex** | Erzeugt ein neues Wörterbuch |
| **CreateTxt** | Schafft eine neue Textstruktur |
| **CursorOff** | Schaltet den Text-Cursor aus |
| **CursorOn** | Schaltet den Text-Cursor ein |
| **Deleted** | Prüft, ob ein Wort gelöscht worden ist |
| **DeleteLine** | Löscht die aktuelle Zeile |
| **DeleteTxt** | Löscht den gesamten aktuellen Text |
| **DeleteWord** | Löscht ein Wort |
| **DelZero** | Eliminiert führende Nullen |
| **DoubleClick** | Prüft, ob eine Maustaste in einer gewissen Zeitspanne zwei Mal gedrückt wird |
| **Drives** | Ermittelt die verfügbaren Laufwerke |
| **EndFastRead** | Prüft, ob Dateiende erreicht ist |
| **EnvironCount** | Ermittelt die Anzahl der Environment-Einträge |
| **EnvironStr** | Übergibt einen Environment-Eintrag |
| **ErrorMsg** | Übergibt eine Fehlermeldung in deutscher Sprache |
| **FastIOError** | Prüft, ob bei den schnellen Schreib- und Leseoperationen ein Fehler aufgetreten ist (die Fehlernummer entsprechen der Turbo Pascal-Funktion *IOresult*) |
| **FastRead** | Übergibt ein gelesenes Zeichen |
| **FastWrite** | Schreibt ein Zeichen auf Festplatte/Diskette |
| **FileExist** | Prüft, ob eine bestimmte Datei vorhanden ist |
| **FillScr** | Füllt den gesamten Bildschirm mit einem Zeichen |
| **FirstUpper** | Wandelt eine Zeichenkette so um, daß der erste Buchstabe groß, die restlichen hingegen klein geschrieben sind |
| **Float** | Stellt eine reelle Zahl mit Fließkomma dar |
| **FloppyDrives** | Ermittelt die Anzahl verfügbarer Disketten-Laufwerke |
| **FoundLineAttr** | Ermittelt den Wert TRUE, falls die Suche nach einem Attribut (siehe *SearchAttr*) erfolgreich war |
| **FreeKbd** | Ermittelt, wieviele Zeichen der Tastatur-Puffer noch aufnehmen kann |
| **FreeRam** | Ermittelt den freien Speicherplatz (ohne Heap) |
| **GetClickPos** | Ermittelt die Position, bei der eine Maustaste gedrückt wurde |

| | |
|---|---|
| **GetCursor** | Ermittelt die Nummer der ersten und der letzten Rasterzeile des Textcursors |
| **GetLine** | Ermittelt die Zeichenkette der aktuellen Zeile, die auf dem Heap abgelegt ist |
| **GetLineAttr** | Ermittelt das Attribut der aktuellen Zeile |
| **GetMethod** | Ermittelt, ob das aktuelle Wörterbuch auf der Festplatte/Diskette oder im Arbeitsspeicher zu suchen ist |
| **GetMotion** | Ermittelt die relative Mausbewegung in der Einheit "Mickey" |
| **GetMousePos** | Ermittelt die aktuelle Position des Mauszeigers |
| **GetReleasePos** | Ermittelt die Position, bei der eine Maustaste losgelassen wurde |
| **GetScrMode** | Ermittelt den aktuellen Bildschirmmodus |
| **GetUserLineVar** | Liest den für beliebige Zwecke verfügbaren INTEGER-Wert einer Zeile |
| **GetUserTxtVar** | Liest den für beliebige Zwecke verfügbaren INTEGER-Wert eines Textes |
| **GetWindowPos** | Ermittelt die Eckpunkte des aktuellen Fensters |
| **GetWindowScope** | Ermittelt den aktuellen Bewegungsfreiraum eines Fensters |
| **GoBottom** | Springt zum Textende |
| **GoDown** | Springt zur folgenden Zeile |
| **GoLine** | Springt zu einer beliebigen Zeile |
| **GoMarkedLine** | Springt zu der mit *MarkLine* markierten Zeile |
| **GoTop** | Springt zum Textanfang |
| **GoUp** | Springt zur vorangehenden Zeile |
| **Hex** | Wandelt einen Wert ins hexadezimale Zahlensystem um |
| **InitMouse** | Setzt einige Maus-Parameter auf ihre Anfangswerte zurück |
| **Inserted** | Prüft, ob ein Wort eingefügt worden ist |
| **InsertLine** | Fügt nach der aktuellen Zeile eine weitere ein |
| **InsertWord** | Fügt ein Wort ins Wörterbuch ein |
| **InStr** | Prüft, ob eine Zeichenkette in einer anderen (ab einer bestimmten Position) enthalten ist |
| **IntRange** | Prüft, ob sich ein ganzzahliger Wert in einem gewünschten Bereich befindet |
| **IsConvertOn** | Prüft, ob die Maus-Koordinaten umgewandelt werden (in Abhängigkeit des gesetzten Bildschirm-Modus) |
| **IsMouseOn** | Prüft, ob der Mauszeiger sichtbar ist |
| **KeyStatus** | Prüft, welche der Umschalttasten (CTRL, ALT ...) gedrückt werden |

| | |
|---|---|
| **LeftButton** | Prüft, ob die linke Maustaste gedrückt wird |
| **LexError** | Ermittelt eine Fehlernummer: |
| | -1 Anzahl Wörter nicht korrekt |
| | -2 Kein Wörterbuch gewählt |
| | -3 Wörterbuch nicht gefunden |
| | -4 Wörterbuch defekt |
| | -5 Wörterbuch findet keinen Platz im Arbeitsspeicher |
| | -6 Wörterbuch voll |
| | Positive Werte entsprechen den Fehlernummern der Turbo Pascal-Funktion *IOresult* und treten bei Problemen mit der Festplatte/Diskette auf |
| **LineNumber** | Ermittelt die aktuelle Zeilennummer |
| **LongFileName** | Stellt einem Dateinamen den vollständigen Suchpfad voran |
| **LookKbd** | Liest das erste Zeichen des Tastaturpuffers, ohne dieses zu entfernen |
| **Lower** | Wandelt eine Zeichenkette in Kleinbuchstaben um |
| **LPT** | Ermittelt die Anzahl der verfügbaren parallelen Schnittstellen |
| **LString** | Übergibt eine Zeichenkette, die von einer anderen links abgeschnitten wurde |
| **LstStatus** | Prüft den Drucker-Status |
| **LTrim** | Beseitigt die einer Zeichenkette vorangestellten Leerzeichen |
| **MarkLine** | Merkt sich die Position einer Zeile, um sie später sehr schnell zu finden |
| **MaxLineNumber** | Ermittelt die maximale Anzahl der Zeilen, die sich in einem Text befinden |
| **MaxRam** | Übergibt die Größe des verfügbaren Arbeitsspeichers |
| **MaxTxtNumber** | Ermittelt die maximale Anzahl der generierten Texte |
| **MenuBlinkNumber** | Legt fest, wie oft ein mit der Maus angewählter Menüpunkt blinken soll |
| **MenuBlinkTime** | Legt die Blinkzeit eines mit der Maus angewählten Menüpunktes fest |
| **MenuGetPos** | Ermittelt die Position eines Menüs innerhalb des aktuellen Fensters |
| **MenuHor** | Ruft ein horizontal angeordnetes Menü auf (Balken-Menü) |
| **MenuInvColor** | Bestimmt die Farbe eines angewählten Menüpunktes |
| **MenuNormColor** | Bestimmt die Farbe der nicht angewählten Menüpunkte |
| **MenuQuick** | Legt fest, ob ein Menü nach dem Aufruf sofort wieder verlassen werden soll |

| | |
|---|---|
| **MenuSetPos** | Legt die Position eines Menüs innerhalb des aktuellen Fensters fest |
| **MenuSpace** | Bestimmt den Freiraum zwischen den einzelnen Menüpunkten bei einem horizontal angeordneten Menü |
| **MenuVert** | Ruft ein vertikal angeordnetes Menü auf (Pull-Down- oder Pop-Up-Menü) |
| **MiddleButton** | Prüft, ob die mittlere Maustaste gedrückt wird |
| **MiniEd** | Ruft den Full-Screen-Editor auf |
| **MouseActRange** | Prüft, ob sich die aktuelle Maus-Position in einem bestimmten rechteckigen Bereich befindet |
| **MouseCondOff** | Schaltet den Mauscursor aus, sobald dieser in einen gewissen Bildschirmausschnitt geführt wird |
| **MouseOff** | Schaltet den Mauscursor aus |
| **MouseOn** | Schaltet den Mauscursor ein |
| **MouseRange** | Prüft, ob sich ein bestimmter Punkt in einem rechteckigen Ausschnitt befindet |
| **MouseReady** | Prüft, ob eine Maus betrieben werden kann |
| **MoveWindow** | Verschiebt das aktuelle Fenster nach links, rechts, oben oder unten |
| **NormCursor** | Verwandelt den Text-Cursor in einen Strich |
| **OpenFastRead** | Öffnet eine Datei, die sehr schnell gelesen werden soll (zeichenweise) |
| **OpenFastWrite** | Öffnet eine Datei, in die sehr schnell geschrieben werden soll (zeichenweise) |
| **OpenLex** | Öffnet ein Wörterbuch |
| **OpenWindow** | Öffnet ein Fenster |
| **ProgSize** | Ermittelt die Größe eines Programmes (in Bytes) |
| **PrtScr** | Druckt den aktuellen Bildschirm aus |
| **PrtScrOff** | Desaktiviert die Taste <PrtScr> |
| **PrtScrOn** | Aktiviert die Taste <PrtScr> |
| **PutLine** | Übergibt einer Zeile eine Zeichenkette, die auf dem Heap abgelegt wird |
| **ReadFileName** | Ruft eine Datei-Auswahl-Box auf und ermöglicht so ein einfach Einlesen eines Dateinamens |
| **ReadInt** | Liest einen ganzzahligen Wert ein |
| **ReadKbd** | Liest das erste Zeichen des Tastaturpuffers |
| **ReadReal** | Liest einen reellen Wert ein |
| **ReadScr** | Liest an einer bestimmten Bildschirmstelle ein Zeichen |
| **ReadStr** | Liest eine Zeichenkette ein |
| **RealRange** | Prüft, ob sich ein reeller Wert in einem bestimmten Bereich befindet |

| | |
|---|---|
| **Replicate** | Bildet aus einem Zeichen eine Zeichenkette beliebiger Länge |
| **RightButton** | Ermittelt, ob die rechte Maustaste gedrückt wird |
| **Rnd** | Ermittelt eine Zufallszahl, die sich in einem gewissen Bereich befindet |
| **RString** | Übergibt eine Zeichenkette, die von einer anderen rechts abgeschnitten wurde |
| **RTrim** | Eliminiert die einer Zeichenkette folgenden Leerzeichen |
| **SearchLineAttr** | Sucht nach einem Attribut; es besteht die Möglichkeit, in Richtung Textanfang oder -ende zu suchen |
| **SelectTxt** | Stellt einen bestimmten Text zur Verfügung |
| **SetBit** | Setzt ein bestimmtes Bit |
| **SetCursor** | Setzt die erste und letzte Rasterzeile des Textcursor |
| **SetGraphCursor** | Definiert einen neuen Cursor für den Graphik-Modus |
| **SetLineAttr** | Setzt für die aktuelle Zeile ein Attribut |
| **SetMethod** | Legt fest, ob ein Wörterbuch auf der Festplatte/Diskette oder im Arbeitsspeicher zu suchen ist |
| **SetMousePos** | Setzt den Mauszeiger an einen bestimmten Punkt |
| **SetMouseRange** | Definiert einen Bereich, in dem sich der Mauszeiger bewegen darf |
| **SetMouseStyle** | Wählt einen vordefinierten Graphik-Cursor |
| **SetRatio** | Legt das Ausmaß einer Mausbewegung fest |
| **SetScrMode** | Setzt einen beliebigen Bildschirmmodus |
| **SetTextCursor** | Definiert einen neuen Text-Cursor |
| **SetThreshold** | Legt fest, wann die Geschwindigkeit des Mauszeigers verdoppelt werden soll |
| **SetUserLineVar** | Übergibt einer Zeile einen frei verfügbaren INTEGER-Wert |
| **SetUserTxtVar** | Übergibt einem Text einen frei verfügbaren INTEGER-Wert |
| **SetWindowBufSize** | Reserviert auf dem Heap Speicher für Bildschirm-Daten |
| **SetWindowScope** | Legt den Bewegungsfreiraum eines Fensters fest |
| **ShortFileName** | Stellt einen Dateinamen ohne führenden Suchpfad zur Verfügung |
| **SingleClick** | Prüft, ob eine Maustaste während einer gewissen Zeitspanne genau einmal gedrückt wird |
| **SpecialError** | Ermittelt, ob ein Fehler aufgetreten ist:<br>-1 Fenster kann nicht geöffnet werden<br>-2 Zu wenige Menü-Einträge<br>-3 Menü außerhalb des Fensters |

| | |
|---|---|
| **SplitEnvironStr** | Teilt einen Environment-Eintrag in zwei Teile |
| **StartTimer** | Startet die interne Stoppuhr |
| **StopTimer** | Hält die aktuelle Laufzeit der internen Stoppuhr fest |
| **TimerSec** | Ermittelt, wie lange die Stoppuhr eingeschaltet war (in Sekunden) |
| **TopTxt** | Ermittelt den Wert TRUE, wenn die erste Zeile eines Textes erreicht ist |
| **Trim** | Entfernt alle Leerzeichen, die sich in einer Zeichenkette befinden |
| **TxtError** | Ermittelt eine Fehlernummer: |
| | -1 Kopfinformation kann nicht eingerichtet werden |
| | -2 Zeile finden keinen Platz auf dem Heap |
| | -3 Kein Text eingerichtet |
| | -4 Maximal nur 255 Texte möglich |
| | -5 Zeile oder Text kann nicht gelöscht werden |
| **TxtNumber** | Ermittelt die aktuelle Textnummer (0, falls kein Text vorhanden ist) |
| **Upper** | Wandelt eine Zeichenkette in Großbuchstaben um |
| **ValBin** | Wandelt einen binären Wert um |
| **ValHex** | Wandelt einen hexadezimalen Wert um |
| **Version** | Ermittelt die verwendete DOS-Version |
| **WindowBufSize** | Ermittelt die verbleibende Größe des Bildschirm-Puffers |
| **WindowError** | Ermittelt eine Fehlernummer: |
| | -1 Es sind bereits alle Fenster geschlossen |
| | -2 Fensterpuffer voll |
| | -3 Fensterpuffer kann nicht eingerichtet werden |
| | -4 Fensterpuffer kann nicht gelöscht werden |
| | -5 Fenster zu klein |
| **WindowNumber** | Ermittelt die aktuelle Fensternummer |
| **WindowSize** | Ermittelt den Speicherbedarf eines Fensters |
| **WordExist** | Prüft, ob ein Wort bekannt ist |
| **WordNumber** | Ermittelt die aktuelle Anzahl Wörter |
| **WriteAbs** | Ermöglicht das Schreiben außerhalb eines Fensters |
| **WriteKbd** | Schreibt ein Zeichen in den Tastatur-Puffer |
| **WriteRel** | Schreibt einen Text, ohne den Fensterinhalt bei Bedarf nach oben zu rollen |
| **WriteScr** | Schreibt an einer beliebigen Stelle ein Zeichen auf den Bildschirm |
| **WriteTitle** | Fügt einem Fenster eine Kopf- oder Fußzeile hinzu |

# Anhang C
# Tastencodes

Allen Tasten können zwei Codes zugeordnet werden; sie werden ASCII- und Scan-Code genannt. Der Scan-Code gibt über die Lage einer Taste Auskunft und bleibt bei Buchstaben-Tasten unverändert, auch wenn zusätzlich zur Taste noch eine der Umschalttasten SHIFT, CTRL oder ALT gedrückt wird.
Falls in den unten folgenden Tabellen für eine bestimmte Taste nur ein Code angegeben ist, handelt es sich immer um den ASCII-Code. Bei zwei Codes entspricht der erste Wert dem ASCII- (er ist immer 0) und der zwei dem Scan-Code.

## Funktionstasten

| Taste | allein | Shift | Ctrl | Alt |
|-------|--------|-------|-------|-------|
| F1 | 0 59 | 0 84 | 0 94 | 0 104 |
| F2 | 0 60 | 0 85 | 0 95 | 0 105 |
| F3 | 0 61 | 0 86 | 0 96 | 0 106 |
| F4 | 0 62 | 0 87 | 0 97 | 0 107 |
| F5 | 0 63 | 0 88 | 0 98 | 0 108 |
| F6 | 0 64 | 0 89 | 0 99 | 0 109 |
| F7 | 0 65 | 0 90 | 0 100 | 0 110 |
| F8 | 0 66 | 0 91 | 0 101 | 0 111 |
| F9 | 0 67 | 0 92 | 0 102 | 0 112 |
| F10 | 0 68 | 0 93 | 0 103 | 0 113 |

## Cursor-Steuertasten

| Taste | allein | Shift | Ctrl | Alt |
|-------|--------|-------|-------|-------|
| <- | 0 75 | 52 | 0 115 | 4 |
| -> | 0 77 | 54 | 0 116 | 6 |
| Pfeil auf | 0 72 | 56 | -- | 8 |
| Pfeil ab | 0 80 | 50 | -- | 2 |
| Home | 0 71 | 55 | 0 119 | 7 |
| End | 0 79 | 49 | 0 117 | 1 |
| PgUp | 0 73 | 57 | 0 132 | 9 |
| PgDn | 0 81 | 51 | 0 118 | 3 |

## Sonstige Tasten

| Taste | allein | Shift | Ctrl | Alt |
|---|---|---|---|---|
| Ins | 0 82 | 48 | -- | -- |
| Del | 0 83 | 46 | -- | 80 |
| Esc | 27 | 27 | 27 | -- |
| \|<- (BS) | 8 | 8 | 127 | -- |
| ->\| (Tab) | 9 | 0 15 | -- | -- |
| Return | 13 | 13 | 10 | -- |

## Buchstaben-Tasten

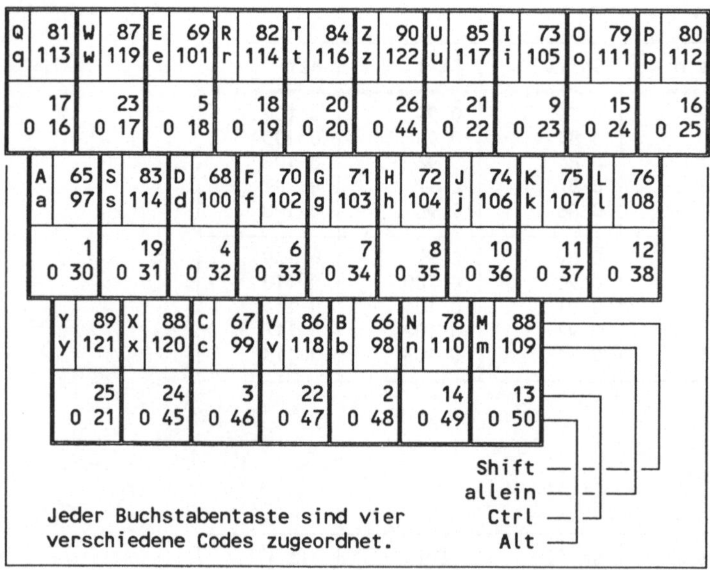

# Anhang D
# Graphikzeichen für Tabellen

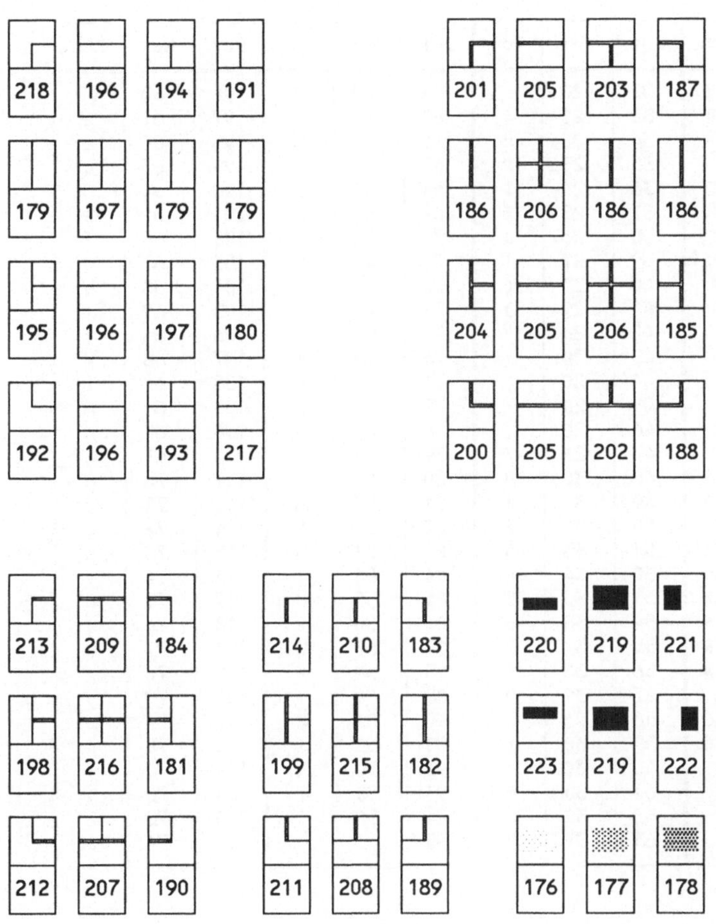

# Anhang E
# IBM-Zeichensatz

| Dez | Hex | Zch | Dez | Hex | Zch | Dez | Hex | Zch | Dez | Hex | Zch |
|---|---|---|---|---|---|---|---|---|---|---|---|
| 0 | 0 | NUL | 32 | 20 | | 64 | 40 | @ | 96 | 60 | |
| 1 | 1 | SOH | 33 | 21 | ! | 65 | 41 | A | 97 | 61 | a |
| 2 | 2 | STX | 34 | 22 | " | 66 | 42 | B | 98 | 62 | b |
| 3 | 3 | ETX | 35 | 23 | # | 67 | 43 | C | 99 | 63 | c |
| 4 | 4 | EOT | 36 | 24 | $ | 68 | 44 | D | 100 | 64 | d |
| 5 | 5 | ENQ | 37 | 25 | % | 69 | 45 | E | 101 | 65 | e |
| 6 | 6 | ACK | 38 | 26 | & | 70 | 46 | F | 102 | 66 | f |
| 7 | 7 | BEL | 39 | 27 | ' | 71 | 47 | G | 103 | 67 | g |
| 8 | 8 | BS | 40 | 28 | ( | 72 | 48 | H | 104 | 68 | h |
| 9 | 9 | HT | 41 | 29 | ) | 73 | 49 | I | 105 | 69 | i |
| 10 | A | LF | 42 | 2A | * | 74 | 4A | J | 106 | 6A | j |
| 11 | B | VT | 43 | 2B | + | 75 | 4B | K | 107 | 6B | k |
| 12 | C | FF | 44 | 2C | , | 76 | 4C | L | 108 | 6C | l |
| 13 | D | CR | 45 | 2D | - | 77 | 4D | M | 109 | 6D | m |
| 14 | E | SO | 46 | 2E | . | 78 | 4E | N | 110 | 6E | n |
| 15 | F | SI | 47 | 2F | / | 79 | 4F | O | 111 | 6F | o |
| 16 | 10 | DLE | 48 | 30 | 0 | 80 | 50 | P | 112 | 70 | p |
| 17 | 11 | DC1 | 49 | 31 | 1 | 81 | 51 | Q | 113 | 71 | q |
| 18 | 12 | DC2 | 50 | 32 | 2 | 82 | 52 | R | 114 | 72 | r |
| 19 | 13 | DC3 | 51 | 33 | 3 | 83 | 53 | S | 115 | 73 | s |
| 20 | 14 | DC4 | 52 | 34 | 4 | 84 | 54 | T | 116 | 74 | t |
| 21 | 15 | NAK | 53 | 35 | 5 | 85 | 55 | U | 117 | 75 | u |
| 22 | 16 | SYN | 54 | 36 | 6 | 86 | 56 | V | 118 | 76 | v |
| 23 | 17 | ETB | 55 | 37 | 7 | 87 | 57 | W | 119 | 77 | w |
| 24 | 18 | CAN | 56 | 38 | 8 | 88 | 58 | X | 120 | 78 | x |
| 25 | 19 | EM | 57 | 39 | 9 | 89 | 59 | Y | 121 | 79 | y |
| 26 | 1A | SUB | 58 | 3A | : | 90 | 5A | Z | 122 | 7A | z |
| 27 | 1B | ESC | 59 | 3B | ; | 91 | 5B | [ | 123 | 7B | { |
| 28 | 1C | FS | 60 | 3C | < | 92 | 5C | \ | 124 | 7C | \| |
| 29 | 1D | GS | 61 | 3D | = | 93 | 5D | ] | 125 | 7D | } |
| 30 | 1E | RS | 62 | 3E | > | 94 | 5E | ^ | 126 | 7E | ~ |
| 31 | 1F | US | 63 | 3F | ? | 95 | 5F | _ | 127 | 7F | DEL |

| Dez | Hex | Zch | Dez | Hex | Zch | Dez | Hex | Zch | Dez | Hex | Zch |
|-----|-----|-----|-----|-----|-----|-----|-----|-----|-----|-----|-----|
| 128 | 80 | Ç | 160 | A0 | á | 192 | C0 | └ | 224 | E0 | $\alpha$ |
| 129 | 81 | ü | 161 | A1 | í | 193 | C1 | ┴ | 225 | E1 | $\beta$ |
| 130 | 82 | é | 162 | A2 | ó | 194 | C2 | ┬ | 226 | E2 | $\Gamma$ |
| 131 | 83 | â | 163 | A3 | ú | 195 | C3 | ├ | 227 | E3 | $\pi$ |
| 132 | 84 | ä | 164 | A4 | ñ | 196 | C4 | ─ | 228 | E4 | $\Sigma$ |
| 133 | 85 | à | 165 | A5 | Ñ | 197 | C5 | ┼ | 229 | E5 | $\sigma$ |
| 134 | 86 | å | 166 | A6 | ª | 198 | C6 | ╞ | 230 | E6 | $\mu$ |
| 135 | 87 | ç | 167 | A7 | º | 199 | C7 | ╟ | 231 | E7 | $\tau$ |
| 136 | 88 | ê | 168 | A8 | ¿ | 200 | C8 | ╚ | 232 | E8 | $\Phi$ |
| 137 | 89 | ë | 169 | A9 | ⌐ | 201 | C9 | ╔ | 233 | E9 | $\Theta$ |
| 138 | 8A | è | 170 | AA | ¬ | 202 | CA | ╩ | 234 | EA | $\Omega$ |
| 139 | 8B | ï | 171 | AB | ½ | 203 | CB | ╦ | 235 | EB | $\delta$ |
| 140 | 8C | î | 172 | AC | ¼ | 204 | CC | ╠ | 236 | EC | $\infty$ |
| 141 | 8D | ì | 173 | AD | ¡ | 205 | CD | ═ | 237 | ED | $\phi$ |
| 142 | 8E | Ä | 174 | AE | « | 206 | CE | ╬ | 238 | EE | $\epsilon$ |
| 143 | 8F | Å | 175 | AF | » | 207 | CF | ╧ | 239 | EF | $\cap$ |
| 144 | 90 | É | 176 | B0 | ░ | 208 | D0 | ╨ | 240 | F0 | $\equiv$ |
| 145 | 91 | æ | 177 | B1 | ▒ | 209 | D1 | ╤ | 241 | F1 | $\pm$ |
| 146 | 92 | Æ | 178 | B2 | ▓ | 210 | D2 | ╥ | 242 | F2 | $\geq$ |
| 147 | 93 | ô | 179 | B3 | │ | 211 | D3 | ╙ | 243 | F3 | $\leq$ |
| 148 | 94 | ö | 180 | B4 | ┤ | 212 | D4 | ╘ | 244 | F4 | $\int$ |
| 149 | 95 | ò | 181 | B5 | ╡ | 213 | D5 | ╒ | 245 | F5 | $\int$ |
| 150 | 96 | û | 182 | B6 | ╢ | 214 | D6 | ╓ | 246 | F6 | $\div$ |
| 151 | 97 | ù | 183 | B7 | ╖ | 215 | D7 | ╫ | 247 | F7 | $\approx$ |
| 152 | 98 | ÿ | 184 | B8 | ╕ | 216 | D8 | ╪ | 248 | F8 | ° |
| 153 | 99 | Ö | 185 | B9 | ╣ | 217 | D9 | ┘ | 249 | F9 | • |
| 154 | 9A | Ü | 186 | BA | ║ | 218 | DA | ┌ | 250 | FA | · |
| 155 | 9B | ¢ | 187 | BB | ╗ | 219 | DB | █ | 251 | FB | $\sqrt{}$ |
| 156 | 9C | £ | 188 | BC | ╝ | 220 | DC | ▄ | 252 | FC | $\eta$ |
| 157 | 9D | ¥ | 189 | BD | ╜ | 221 | DD | ▌ | 253 | FD | ² |
| 158 | 9E | ₧ | 190 | BE | ╛ | 222 | DE | ▐ | 254 | FE | ■ |
| 159 | 9F | ƒ | 191 | BF | ┐ | 223 | DF | ▀ | 255 | FF | |

# Literaturhinweise


AHO, Alfred V.; HOPCROFT, John E.; ULLMAN, Jeffrey D.:
    Data Structures and Algorithms; Addison-Wesley, New York
HÖFS, Wolfgang:
    MS-DOS; Software-Ratgeber; Sybex-Verlag, Düsseldorf
LIEBETRAU, Anton:
    Turbo Pascal 4.0 von A..Z; Vieweg-Verlag, Wiesbaden
NORTON, Peter:
    Die verborgenen Möglichkeiten des IBM PC; Hanser-Verlag,
    München
NORTON, Peter:
    Programmierhandbuch für den IBM PC; Vieweg-Verlag,
    Wiesbaden
SCHÄPERS, Arne:
    Turbo Pascal 5.0; Konzepte, Analysen, Tips & Tricks;
    Addison-Wesley, Bonn
SEDGEWICK, Robert:
    Algorithms; Addison-Wesley, New York
WIRTH, Niklaus:
    Algorithmen und Datenstrukturen; Teubner-Verlag, Stuttgart
WOLVERTON, Van:
    MS-DOS; Vieweg-Verlag, Wiesbaden

# Nachwort

Die Anstrengungen auf dem Gebiet der künstlichen Intelligenz sind enorm; jeder, der sich vor einem durchbrechenden Erfolg fürchtet, glaubt vielleicht, daß bald eine Maschine aus Stahl, Draht und Kunststoff die Bestsellerliste der Belletristik anführen, die Kunstfreunde in Ausstellungen locken und als Band-Mitglied in einem Jazz-Quartett zuverläßig am Baß improvisieren wird.

Ich behaupte, daß es nicht einmal gelingen wird, eine Maschine zu bauen, die fähig ist, jeden ihr vorgesetzten Dreisatz zu lösen:

a)  Dreizehn Karotten kosten sFr. 8.50; wieviel kostet die doppelte Menge? (normaler Dreisatz)

b)  Vier Arbeiter bauen in dreizehn Wochen ein Waldhaus; wie lange brauchen sieben Arbeiter dazu? (umgekehrter Dreisatz)

c)  Zwei Eier werden auf kleinem Feuer in einer Stunde zu Stein. Wie lange brauchen drei Eier?

d)  Fünfzig schwarz gekleidete Männer mit roten Halstüchern tragen zusammen einen Granitblock von zwei Tonnen und brechen nach zehn Metern zusammen. Wie weit kommen drei Männer?

e)  Ein Tisch mit vier Beinen wackelt während dem Mittagessen achtzehn Mal. Wie oft würde ein Tisch mit drei Beinen wackeln?

f)  Max kauft sich eine Büchergestell und braucht für den Zusammenbau einunddreißig Minuten. Wie lang hätte Moritz dazu gebraucht?

g)  Bei der Firma Sarkoph AG arbeiten fünfzehn Laufburschen für einen Stundenlohn von sFr. 10.30; wieviele hätten lieber einen Stundenlohn von sFr. 13.50?

Der Dreisatz gehört sicherlich zu den einfacheren Dingen der Mathematik und kann bereits von Jugendlichen korrekt gelöst werden (auch die "unechten" Dreisätze). Er erfordert etwas allgemeines Wissen, Verstand, Logik und die Beherrschung der mathematischen Grundoperationen.

Der Computer kann über Wissen und Logik verfügen, Dividieren und Multiplizieren in windeseile, Verstand haben wird er jedoch nie.

# Sachwortverzeichnis

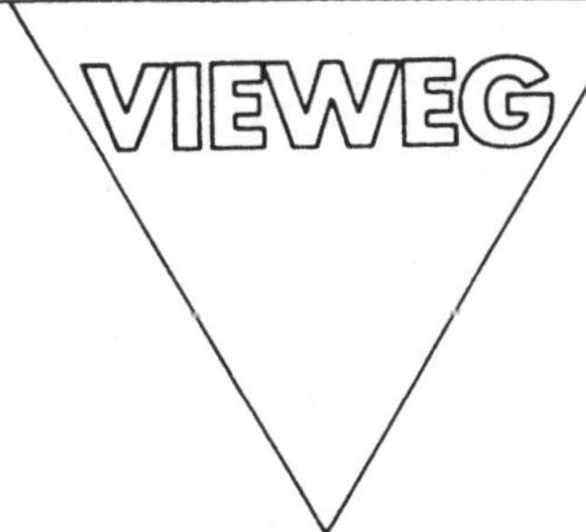



Markus Weber


# Vieweg GraphikManager: ARA

Ein kompaktes speicherresidentes Graphikprogramm für die EGA-Graphikkarte.

*1989. HC. Handbuch VI, 58 Seiten. 16,2 x 22,9 cm. 5 1/4"-Diskette für IBM PC XT/AT und Kompatible mit einer EGA-Karte und mind. 256 KB Hauptspeicher. Mit MS-DOS ab Version 2.00 und einer linkbaren Programmiersprache.*

Der Vieweg GraphikManager ARA umfaßt die wichtigsten Graphikpakete, die man für den Aufbau professioneller Schaubilder benötigt und belegt sehr wenig Speicherplatz (13 KB). Alle Routinen von ARA können von linkbaren Programmiersprachen eingebunden werden. Der Vieweg GraphikManager ist z. B. mit Assembler, Turbo Pascal 4.0 und 5.0 und C ohne Problem zu verwenden. Dies wird an einem Beispielprogramm in C anschaulich demonstriert. Ein professioneller GraphikManager für den engagierten Programmierer!

**Zur Reihe Software bei Vieweg:**
*Vieweg Software* ist sowohl für den professionellen als auch für den engagierten privaten PC-Benutzer. Jedes Paket der Reihe *Vieweg Software* basiert auf praktischen Anwendungen, die im betrieblichen Alltag funktionstüchtig und effektiv zum Einsatz kommen. Damit werden dem Anwender immer funktionsgerechte, lauffähige und arbeitserleichternde Tools zur Verfügung gestellt.

*Vieweg Software* lebt einerseits vom Dialog zwischen Anwender und Entwickler und unterliegt andererseits der ständigen Fortentwicklung. Tips, Hinweise, Verbesserungsvorschläge etc. werden geprüft und gegebenenfalls in das existierende Software-Paket aufgenommen. Somit entwickelt sich eine neue Publikations-Kategorie: die USER SUPPORTED SOFTWARE.

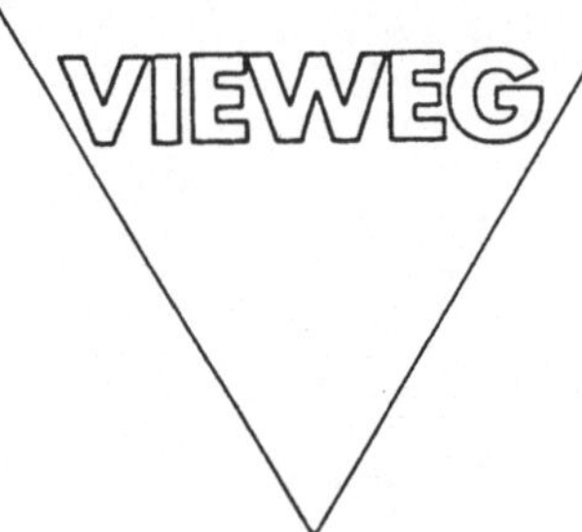


Karl Scheurer

# Vieweg DeskManager

Eine menügesteuerte Benutzeroberfläche für die effektive Festplattenorganisation. *1989. HC. Handbuch ca. 30 Seiten. 16,2 x 22,9 cm. 5 1/4"-Diskette für IBM PC XT/AT und Kompatible mit MS-DOS ab Version 2.00.*

Der Vieweg DeskManager ist eine über Maus oder Tastatur leicht steuerbare, menügeführte, mit einer Identifikation und einem Passwort geschützte Benutzeroberfläche für alle MS-DOS-PCs. Mit dem DeskManager lassen sich Festplatten auch für den ungeübten Benutzer optimal verwalten und organisieren.

Das Programm enthält zwei Teile:

1. *DeskManager für den Anwender.* Alle Dateien, die für festgelegte Anwendungen benötigt werden, werden dem Anwender oder Anwenderkreis zugeordnet. Somit gibt es für jeden Benutzer nur Zugriffsrechte auf „seine Dateien".

2. *DeskManager für den Systemverwalter.* Dieser Superuser legt die Verzeichnisse und die Anwendungsliste für alle Benutzer an. Er legt die System- und Zugriffsrechte für alle Dateien und Verzeichnisse fest.

### Zur Reihe Software bei Vieweg:

*Vieweg Software* ist sowohl für den professionellen als auch für den engagierten privaten PC-Benutzer. Jedes Paket der Reihe *Vieweg Software* basiert auf praktischen Anwendungen, die im betrieblichen Alltag funktionstüchtig und effektiv zum Einsatz kommen. Damit werden dem Anwender immer funktionsgerechte, lauffähige und arbeitserleichternde Tools zur Verfügung gestellt.

*Vieweg Software* lebt einerseits vom Dialog zwischen Anwender und Entwickler und unterliegt andererseits der ständigen Fortentwicklung. Tips, Hinweise, Verbesserungsvorschläge etc. werden geprüft und gegebenenfalls in das existierende Software-Paket aufgenommen. Somit entwickelt sich eine neue Publikations-Kategorie: die USER SUPPORTED SOFTWARE.